Baden-Württemberg

AF201775

Deutschbuch

Differenzierende Ausgabe

Arbeitsheft

Lösungen

3

Cornelsen

Zu einer Ballade schreiben

Seite 4 + 5

2 a *Mögliche Lösung:*
- **Wer** ist am Geschehen beteiligt? → Vater, Mutter, Söhnchen, Sohn (Z.1), Polizei (Z.37)
- **Wo** spielt sich das Geschehen ab? → nach Süden (Z.2), Autobahn (Z.3), Rasthaus (Z.17), Parkplatz (Z.29), im Bus der Polizei (Z.37)
- **Was** geschieht Aufregendes? → Kai ist weg! (Z.25), kurvt der Papa (Z.30), ruft Mama (Z.31), Benny ängstlich (Z.32), im Bus der Polizei ... der Bruder Kai (Z.37f.), hatte Durst (Z.42), Auto plötzlich weg (Z.44), Polizei ... gefunden (Z.47)

b Gefühle der beteiligten Figuren: Söhnchen quengelt (Z.5), froh (Z.8), greint (Z.9) − Mama heiter (Z.22) − Blankes Entsetzen (Z.25) − Benny ängstlich (Z.32), nah dran zu flennen (Z.34), glaubt, er sieht Gespenster (Z.36) − stolz der Bruder Kai (Z.38) − Umarmung, Küsse, Tränen (Z.41) − (Kai) Riesenschreck (Z.43) − hoffte sehr (Z.46) − Eltern ... bleich (Z.49)

3 *Beispiellösung für Erzählschritte:*
(Strophe 1:) Vierköpfige Familie fährt auf der Autobahn Richtung Süden. − (Strophe 2:) Söhnchen quengelt, Vater hält auf Parkplatz an. − (Strophe 3:) Weiterfahrt, Söhnen ist langweilig, spielen Karten. − (Strophe 4:) Abend, Mutter hört Musik, Söhne schlafen. − (Strophe 5:) Eltern müde, trinken auf Rastplatz Kaffee. − (Strophe 6:) Weiterfahrt, Mutter fragt gut gelaunt, ob alles in Ordnung sei. − (Strophe 7:) Familie stellt entsetzt fest, dass Kai fehlt, kehrt um, informiert Polizei. − (Strophe 8:) Angst, Suche auf dem Rastplatz nach dem Jungen. − (Strophe 9:) Benny entdeckt Kai. − (Strophe 10:) Stolzer Kai im Polizeibus − (Strophe 11/12:) Kai erklärt sein Verschwinden. − (Strophe 13:) Mahnung der Polizei

4 **Höhepunkt(e):** Strophe 7, 8 und 9
Begründung: Die Spannung steigt, weil Kai verschwunden ist und die ganze Familie panisch nach ihm sucht. Die Anspannung und Angst ist spürbar.

Stärken stärken: Einen Brief zu einer Ballade schreiben
Seite 6 + 7

●○○ 1 *Mögliche Ideen für das Cluster:*
Kai allein auf der Autobahnraststätte: „Wo sind meine Eltern?", „Wie konnte mich meine Familie vergessen?", „Ich vermisse meine Mama!", fürchtete sich, war allein, war verloren, weinte ...
Kai in der Obhut der Polizei: fühlte sich sicher, hatte Spaß, lachte, war fröhlich, war aufgeregt, war begeistert, „Wenn mich meine Eltern jetzt nur sehen könnten!" „Das ist die beste Autofahrt meines Lebens!"...

●○○ 2 *So könnte ein möglicher Briefanfang aussehen:*
Liebe Großeltern,   Amalfi, den 22.08.20XX
ihr werdet mir ganz bestimmt nicht glauben, was mir auf der Fahrt nach Amalfi passiert ist!
Meine Familie vergaß mich an einer Autobahnraststätte.

●○○ 3 b **Richtige Reihenfolge:** 4, 7, 2, 6, 3, 5, 1
c *Möglicher Hauptteil des Briefes:*
Wir machten gerade eine Pause an einer Raststätte. Benny und ich schliefen im Auto, Mama und Papa tranken im Rasthaus Kaffee. Ich wachte durstig auf, stieg aus und lief ihnen in das Rasthaus hinterher. Aber sie waren nicht mehr dort. Als ich schließlich wieder auf dem Parkplatz ankam, war das Auto plötzlich weg und ich war ganz allein. Ich fühlte mich ganz verloren und habe verängstigt beim Rasthaus auf die anderen gewartet. Sie würden sicherlich schnell kommen. Dann fand mich die Polizei und fuhr mit mir über den Parkplatz. War das ein Spaß! Ich fühlte mich sicher und wünschte mir, dass mich Mama und Papa so sehen könnten: am Steuer eines echten Polizeiwagens! Und dann entdeckte ich sie. Sofort drückte ich auf die Sirene. Als wir alle ausstiegen, fiel ich ihnen in die Arme.

●○○ 4 *Möglicher Schluss:*
Das war die beste Autofahrt meines Lebens! Ich hätte nie gedacht, dass das Beste am ganzen Urlaub die Hinfahrt ist!
Alles Liebe,
Euer Kai

Stärken stärken: Einen Tagebucheintrag zu einer Ballade schreiben
Seite 8

●●○ 1 b **Strophe 6:** Benny fällt auf, dass Kai nicht im Auto ist.
Strophe 9: Benny sieht Kai („einen Geist") im Polizeiwagen.
c Benny hat Angst um seinen Bruder und beginnt beinahe zu weinen.

●●○ 2 *Möglicher Hauptteil:*
Mir schoss durch den Kopf: Was, wenn ihm irgendetwas passiert? Was, wenn wir ihn nie wiederfinden? Meine Angst wuchs von Sekunde zu Sekunde. Es ist mir fast ein bisschen peinlich, aber ich hatte Tränen in den Augen. Als ich Kai dann in diesem Polizeiwagen sah, war ich unglaublich erleichtert. Ihm ging es gut!

○○○ 3 *Mögliche Stichworte:* mehr auf seinen kleinen Bruder achten, selbst einmal mit dem Polizeiwagen fahren, sich bei der Polizei bedanken

○○○ 4 *So könnte ein möglicher Brief aussehen:*
Liebes Tagebuch, Amalfi, den 23. 08. 20XX
eigentlich sind Fahrten in den Urlaub ja langweilig und ziehen sich endlos hin. Heute aber war das völlig anders! Wir waren nach einem kurzen Stopp auf einer Autobahnraststätte gerade wieder losgefahren, als ich mit einem riesigen Schreck bemerkte, dass Kai nicht im Auto war.
Mir schoss durch den Kopf: Was, wenn ihm irgendetwas passiert? Was, wenn wir ihn nie wiederfinden? Meine Angst wuchs von Sekunde zu Sekunde. Es ist mir fast ein bisschen peinlich, aber ich hatte Tränen in den Augen. Als ich Kai dann in diesem Polizeiwagen sah, war ich unglaublich erleichtert. Ihm ging es gut!
Ich habe mir fest vorgenommen mehr auf meinen Bruder zu achten. Außerdem werde ich mich bei den Polizisten dafür bedanken, dass sie meinen Bruder beschützt haben.
Gute Nacht,
Dein Benny

Stärken stärken: Eine Erzählung zu einer Ballade schreiben
Seite 9 + 10 + 11

●●● 1 Zutreffend sind die Sätze B, D und F.

●●● 2 **Was?** Johanna Sebus ertrank beim Versuch, die Nachbarin und ihre Kinder zu retten. — **Wer?** Johanna (Suschen) Sebus, ihre Mutter, die Nachbarin, deren drei Kinder — **Wo?** Am Rhein bei Brienen — **Wann?** 13. Januar 1809 — **Warum?** Wegen des Dammbruchs stieg das Rheinhochwasser sehr schnell an.

●●● 3 Die Handlungsschritte in der richtigen Reihenfolge: B — D — E — A — C

●●● 4 a *Spannungssteigerung durch die Schilderung des Wassers und des Damms (Beispiellösung):*
Strophe 1: Der Damm bekam einen Riss, Wasser floss auf die Felder. — **Strophe 2:** Der Damm wurde vom Wasser abgetragen, die Felder wurden überflutet. — **Strophe 3:** Der Damm verschwand, Wellen ergossen sich über das Land. — **Strophe 4:** Der Damm war weg, das Wasser brauste um den Hügel. — **Strophe 5:** Aus der großen Wasserfläche ragten nur noch einzelne Türme und Bäume.
b Der Höhepunkt der Ballade ist in Strophe 4, Z. 36–40 zu finden, als auch Johanna vom Wasser weggerissen wird.
c **anschauliche Adjektive und Partizipien:** angstvoll, flehend, furchtlos, hilflos, tapfer, verwegen, verzweifelt
treffende Verben: anschwellen, beweinen, retten, überfluten, umbrausen, versinken, wegreißen
d Die Kinder fest an sich gepresst schrie die Frau immer wieder: „Hilfe, das Wasser steigt, holt uns hier weg!" (Passt zu Strophe 2.) — „Ich komme", übertönte das Mädchen laut das Brausen des Wassers, „gleich bin ich bei euch!" (Passt zu Strophe 3.) — „Ihre Mutter konnte sie noch an Land bringen, doch bei der Rettung der Nachbarin und ihrer Kinder ist sie ertrunken", erzählten sich die Menschen im Dorf. (Passt zu Strophe 5.)
e *Beispiellösung:* „Suschen, wo willst du hin?", fragte die Mutter erschrocken. „Das Wasser wird zu tief", jammerte sie. Fest entschlossen entgegnete Suschen: „Ich muss der Nachbarin und den Kindern helfen."

●●○ 5 *So könnte eine Erzählung aussehen:*
An einem eisigen Januartag gingen die Dorfbewohner in Brienen wie gewohnt ihrer Arbeit nach. Da kam es zu einem dramatischen Ereignis.
Johanna Sebus fütterte gerade die Ziege, als ihre Mutter ängstlich nach ihr rief. „Was ist denn?", fragte sie. „Schau hinaus, der Rhein steigt, das Wasser kommt!", schrie die Mutter entsetzt. Johanna lief rasch vor die Tür. Tatsächlich, Felder und Wege waren überflutet. „Schnell, Mutter, wir müssen sofort weg, sonst sind wir eingeschlossen", entschied Johanna mutig und nahm ihre verzagte Mutter an die Hand. Die Nachbarin, Frau Gastrup, stand mit ihren drei Kindern vor der Tür und flehte: „Nimm uns mit, wir wollen auch nicht ertrinken!" „Ich komme gleich wieder, wartet hier und haltet meine Ziege!", antwortete Johanna geduldig und watete mit der Mutter am Arm zielstrebig durch das Wasser zu einem Hügel. Als sie die Mutter dort sicher im Trockenen abgesetzt hatte, warnte diese eindringlich: „Geh nicht zurück, der Damm verschwindet und die Flut steigt gefährlich!" Doch Johanna kehrte um. Schon reichte ihr das Wasser bis zur Hüfte, als sie entschlossen entgegnete: „Ich kann die arme Frau mit ihren Kindern doch nicht ertrinken lassen, ich komme gleich wieder." Mit festem Schritt überquerte sie den Damm, um zu den Nachbarn zu gelangen. Johanna blickte in die hoffnungsvollen Augen der Kinder, ihre Wangen benetzt mit Tränen, ihre Körper zitternd vor Kälte. Sie beschleunigte ihren Gang, aber die Strömung war so stark. Fest biss sie ihre Zähne aufeinander. „Ich komme! Habt keine Ang-", doch bevor sie die Worte zu Ende sprach, wurde die Familie in die wirbelnde Strömung gerissen. Angstvoll rissen sich die Augen der Kinder auf, bevor sie im Meeresgrund versanken. „Neeein!", schluchzte Johanna und stand nun ganz allein im eiskalten Wasser. Keine Rettung war in Sicht. Und bevor sie sich zu ihrer Mutter umdrehen konnte, riss die Strömung die junge Frau ebenfalls in die Tiefe.
So verstarb die Tapfere und wurde von ihrer Mutter und vielen anderen beweint.

Teste dich! Zu einer Ballade schreiben
Seite 12

1	Richtige Zuordnung: A I – B e – C d – D e – E d – F l	6 Punkte
2	Wer ist beteiligt? Wo ist es passiert? Wann ist es passiert? Was ist geschehen?	4 Punkte
3	Wenn ich aus der Sicht einer Figur einen Brief oder Tagebucheintrag verfasse, schreibe ich in der Ich-Form.	1 Punkt
4	Ich schreibe über etwas, das mich gerade bewegt. → Präsens Ich schreibe über ein vergangenes Ereignis. → Präteritum Ich schreibe über etwas, das in der Vorvergangenheit passiert ist. → Plusquamperfekt	3 Punkte
5	Wir waren auf dem Weg in den Süden, nach Amalfi, als das Unglück geschah.	3 Punkte
	Insgesamt zu erreichende Punktzahl:	17 Punkte

Beschreiben

Eine Person beschreiben
Seite 13

2 *So oder so ähnlich sollte die Gesichtsbeschreibung lauten:*
Der indische Junge hat eine glatte, leicht dunkle Haut. Sein Gesicht ist länglich und seine Haare sind kurz, glänzend und schwarz. Seine braunen Augen werden von vollen, schwarzen Augenbrauen umrahmt. Er hat eine breite Nase, volle Wangen und schmale Lippen. Sein Mund ist geöffnet und man kann seine strahlend weißen Zähne sehen. Sein Kinn ist rund.

Stärken stärken: Eine Person beschreiben
Seite 14

●○○ 1 **Name:** Rao
Geschlecht: weiblich
Alter: ca. 20–25 Jahre
Größe: ca. 1,60–1,70 m
Figur: feminin
Nationalität: indisch
Tätigkeit/Beruf: Studentin

●○○ 2 Rao hält sich in der Bibliothek auf.

●○○ 3 *So oder so ähnlich sollte die Gesichtsbeschreibung lauten:*
Raos rundes Gesicht wird von ihren kräftigen langen schwarzen Haaren umrahmt. Über ihren offenen braunen Augen liegen dunkle geschwungene Augenbrauen. Rao hat eine hohe Stirn, die ihre glatte Haut betont. Außerdem hat sie volle Wangen, einen breiten Mund und ein rundes Kinn. Ihr Mund ist geöffnet und sie zeigt strahlend weiße Zähne. Zudem hat die Studentin Grübchen in den Wangen.

●○○ 4 *So könnte der Schluss geschrieben sein:*
Insgesamt wirkt Rao auf mich sehr **neugierig** und **zielstrebig**. Die Studentin befindet sich nämlich nicht nur in einer Bibliothek, sondern hält lächelnd ein Buch in ihren Händen. Sie macht auf mich den Eindruck, dass sie Wert auf ein gepflegtes Äußeres legt, aber dass ihr auch ihr Studium sehr wichtig ist.

●○○ 5 *Mögliche Personenbeschreibung:*
(Einleitung) Das Foto zeigt die etwa fünfundzwanzigjährige indische Studentin Rao. Sie steht vor den vollen Regalen der Universitätsbibliothek und lächelt in die Kamera.
(Hauptteil) Raos rundes Gesicht wird von ihren kräftigen, langen schwarzen Haaren umrahmt. Über ihren offenen braunen Augen liegen dunkle geschwungene Augenbrauen. Rao hat eine hohe Stirn, die ihre glatte Haut betont. Außerdem hat sie volle Wangen, einen breiten Mund und ein rundes Kinn. Ihr Mund ist geöffnet und sie zeigt strahlend weiße Zähne. Zudem hat die Studentin Grübchen in den Wangen.
Sie trägt ein bunt gemustertes Oberteil, welches ärmellos ist. Als Schmuck dient der Studentin eine leuchtend rote Kette.
Auf dem Foto sieht man Rao mit einem Buch in der Hand, da sie vermutlich in der Bibliothek ist, um zu lernen.
(Schluss) Insgesamt wirkt Rao auf mich sehr neugierig und zielstrebig. Die Studentin befindet sich nämlich nicht nur in einer Bibliothek, sondern hält lächelnd ein Buch in ihren Händen. Sie macht auf mich den Eindruck, dass sie Wert auf ein gepflegtes Äußeres legt, aber dass ihr auch das Studium sehr wichtig ist.

Stärken stärken: Eine Person beschreiben
Seite 15

1 Geschlecht: weiblich – **Alter** (geschätzt): 35 Jahre – **Größe** (geschätzt): 1,65 m – **Figur:** schlank, aufrecht, stehend – Nationalität: indisch – **Tätigkeit:** pflückt Teeblätter – **Hintergrund:** Feld

2 *Markiert sein sollten folgende Formulierungen:*
Kinn: rund – **Wangen:** Pausbacken – **Zähne:** nicht zu erkennen – **Gesichtsform:** länglich – **Stirn:** hoch – **Haare/Frisur:** tiefschwarz, nach hinten gekämmt, zusammengebunden – **Nase:** kurz, schmal – **Haut:** glatt, gebräunt – **Augen:** blicken nach unten, mandelförmig – **Mund:** volle Lippen, lächelt, geschminkt – **Augenbrauen:** dunkel, schmal

3 *Mögliche Verbesserung des Textes:*
Die Kleidung indischer Landarbeiterinnen besteht häufig aus einer schlichten Bluse mit langen Ärmeln aus strapazierfähiger Baumwolle. Dazu tragen sie bunte lange Röcke oder Kleider. Die Füße stecken in einfachen Stoffschuhen oder Strohsandalen. Um Kopf und Gesicht vor der Sonne oder vor Regen zu schützen, bedecken sie ihren Kopf mit einfachen Tüchern. Quer über dem Oberkopf hängt ein Trageriemen, an dem ein Korb befestigt ist.

4 *Möglicher Schluss:*
Obwohl die Frau als Teepflückerin einen schweren Korb trägt und eine anstrengende Tätigkeit ausübt, macht sie auf mich einen zufriedenen Eindruck. Sie blickt in sich gekehrt und entspannt nach unten auf ihre Arbeit und wirkt dabei würdevoll und freundlich.

5 *Mögliche Personenbeschreibung:*
(Einleitung) Auf dem Foto ist eine indische Teepflückerin mittleren Alters (etwa 35 Jahre alt) abgebildet. Sie steht zwischen zwei Reihen von hüfthohen, dunkelgrünen Büschen in einer Teeplantage. Mit beiden Händen pflückt sie Blätter von einem Strauch ab.
(Hauptteil) Die ca. 1,65 m große Frau lächelt in sich gekehrt und blickt nach unten auf ihre Arbeit. Um ihn vor der Sonne oder dem Regen zu schützen, ist ihr Kopf von einem schlichten braunen Tuch bedeckt, das bis auf den Rücken hinab reicht. Ihre dunklen Haare, die nach hinten zusammengebunden wurden, sind deshalb nur am Haaransatz sichtbar. Die Frau lächelt entspannt, die mandelförmigen Augen sind nach unten gerichtet und von schmalen, dunklen Augenbrauen eingerahmt. Ihre Haut ist glatt und gebräunt. Ihre pausbäckigen Wangen, die eher kleine, schmale Nase und ein rundes Kinn bestimmen das längliche Gesicht der Frau, das von einer hohen Stirn abgerundet wird.
Die Teepflückerin trägt traditionelle Arbeitskleidung. Unter einer lindgrünen schlichten Bluse mit weißen Tupfen, deren Ärmel bis zum Ellenbogen reichen, trägt sie ein rohweißes Unterhemd. Das Unterhemd schaut aus dem runden Ausschnitt der Bluse hervor. Um den Bauch hat sie eine ebenfalls weiße Schürze geschlungen, ihre Beine und Füße kann man auf dem Foto nicht erkennen. Als Tragevorrichtung für die Teeernte verläuft quer über ihrem Oberkopf ein breiter, brauner Trageriemen mit einem hellen, geflochtenen Holzkorb.
(Schluss) Die Teepflückerin auf dem Foto wirkt sehr sympathisch. Obwohl sie einen schweren Korb trägt und eine anstrengende Tätigkeit ausübt, macht sie auf mich einen zufriedenen Eindruck. Sie blickt in sich gekehrt und entspannt nach unten auf ihre Arbeit und wirkt dabei würdevoll und freundlich.

Stärken stärken: Ein Bild beschreiben
Seite 16

1 **Hintergrund:** Flussverlauf mit Hügeln und Bäumen, dahinter der Horizont
Mittelgrund: Fluss, an der Seite blühender Strauch, grünender Untergrund
Vordergrund: Frau, traditionell gekleidet, Kleinkind in ihrem Arm, schöpft mit großem Krug Wasser aus dem Fluss

2 a zartlila, olivgrün, lavendelfarben, blassrosa, fleischfarben, dunkelbraun, rosa, orangefarben, tannengrün, graublau, rotbraun, honiggelb, ocker, dunkelgrün
 b Die Farbgebung des Bildes wirkt friedlich, harmonisch, beruhigend, entspannend, eher kühl ...

3 *Mögliche Bildbeschreibung:*
(Einleitung) Das Bild im Hochformat eines unbekannten indischen Malers mit dem Titel „Frau mit Kind beim Wasserholen" stammt aus der zweiten Hälfte des 18. Jahrhunderts. Es ist eine Gouache, also mit Wasserfarben gemalt. Abgebildet ist eine harmonische Flusslandschaft bei Abendstimmung, in der eine Frau Wasser holt.
(Hauptteil) Ein Flusslauf durchzieht das Bild von links unten nach rechts oben. Die Landschaft ist lieblich mit Hügeln, Bäumen und Büschen gestaltet und in unterschiedlichen Grün- und Blautönen gehalten. Im Vordergrund des Bildes beugt sich eine junge Frau mit Kind zum Fluss hinab, um Wasser in ihren Krug zu füllen. Sie hat dunkle, zurückgekämmte Haare, die am Oberkopf und am Rücken von einem ockerfarbenen Schultertuch bedeckt sind. Ihre Augen sind auf den Fluss vor ihr gerichtet. Schmale Augenbrauen, ein fein gezeichneter Mund und eine kleine klassische Nase verleihen ihr ein vornehmes Erscheinungsbild. Der Gesichtsausdruck ist besonnen, sie wirkt konzentriert, ganz auf die Tätigkeit des Wasserschöpfens ausgerichtet. Bekleidet ist die Frau mit einem rotbraunen Sari mit orangefarbenen Blütenmotiven, den eine Bordüre aus weißen und braunen Punkten umsäumt. Der Eindruck, dass es sich bei der Frau um eine wohlhabende Inderin handelt, wird unterstrichen durch den Schmuck, den sie trägt: lange perlenbestückte Ohrringe, eine silberne Halskette, an jedem Gelenk unterschiedlich breite Armreife, Ringe an Daumen, Ring- und Mittelfinger der linken Hand. Auch das Kind trägt Schmuck an den Fußgelenken. Der Blick des Kindes ist von der Mutter abgewandt auf den blühenden Rosenstrauch rechts im Bild gerichtet. Im Bildmittelgrund

und Bildhintergrund ist der geschwungene, lavendelfarbene Flusslauf zu sehen, rechts und links begrenzt von sanften Hügeln, und einer lindgrünen ebenen Fläche. Dunkelgrüne Laubbäume und blühende Sträucher wechseln sich ab. Im rechten Mittelgrund ragt ein zartrosa Rosenstrauch ins Bild hinein.

(Schluss) Insgesamt überwiegen kühle Farbtöne in diesem Bild. Hinter der sanften, blassblauen Hügelkette erzeugt ein rötlicher Horizont abendliche Stimmung. Sämtliche Linien sind geschwungen, die Formen allesamt abgerundet. Dadurch geht von dem Bild eine beruhigende und entspannte Wirkung aus. Das Motiv der weiten Flusslandschaft verstärkt den Eindruck der Harmonie.

Teste dich! Eine Person beschreiben

Seite 17

1 a + b Sinnvolle Reihenfolge der Angaben und   9 Punkte
richtig eingesetzte Adjektive und Partizipien: 18 Punkte
(1) Der indische Kamelhirte ist schätzungsweise 40–50 Jahre alt. (2) Ein markanter schwarzer Schnurrbart ziert das längliche Gesicht. (3) Unter dem orangefarbenen Turban sind seine großen Ohren zu erkennen. (4) Er hat einen ernsten, harten Gesichtsausdruck. (5) Bekleidet ist er mit einem weiten Hemd mit hochgekrempelten Ärmeln. (6) Um den Hals schlingt sich ein breiter Schal mit grauen Streifen. (7) Seine Beine sind mit einer weißen Leinenhose bekleidet. (8) Am linken Handgelenk trägt er eine glitzernde, silberne Uhr. (9) Zum Führen der Kamele hält er einen dünnen Stock in der rechten Hand.

2 *Du könntest folgende Verben gewählt haben:*   6 Punkte
Im Folgenden beschreibe ich einen unbekannten indischen Kamelhirten. Der ungefähr 50-jährige Mann, der sich gerade bei der Arbeit befindet, zeigt keinen freudigen Gesichtsausdruck. Auf dem Kopf trägt er einen leuchtend orangefarbenen Turban. Durch die eingefallenen Wangen mit den tiefen Falten wirkt sein Gesicht ernst und hart. Er bevorzugt helle Kleidung, die ihn vor der Hitze schützt. Aufgrund der auszehrenden Arbeit scheint der Mann früh gealtert.

Insgesamt zu erreichende Punktzahl: 33 Punkte

Schriftlich argumentieren

Seite 18

1 Sachlich sind: B, C, E

2 Richtige Zuordnung von Behauptungen und Begründungen: 1 B – 2 A – 3 E – 4 C – 5 D

3 *Mögliche Lösung:*
1 B Viele Jugendliche verbringen im Winter wenig Zeit im Freien, denn sie kennen kaum Sportarten, die man bei kaltem Wetter draußen ausüben kann. Beispiel: Beispielsweise spielen meine Freunde bei kaltem Wetter viel lieber Brettspiele oder sitzen am PC. – 2 A Schüler können genauso gut mit ihren Eltern wandern gehen, da es Naturfreundehäuser fast überall in der Nähe gibt. Beispiel: Allein in unserer Nähe fallen mir zum Beispiel drei ein. – 3 E Außerdem lernen viele Schüler niemals Wintersportarten kennen, denn ihre Eltern können selbst nicht Ski fahren, und es ist ihnen auch zu teuer. Beispiel: Beispielsweise fahren meine Eltern auch nicht Ski. – 4 C Wintersportarten sprechen auch Schüler an, die schwach sind im Schulsport, weil die Sportarten oft ganz andere Bewegungsabläufe haben, als die meisten Schulsportarten. Beispiel: Snowboarden zum Beispiel ist mit keiner anderen Schulsportart verwandt. – 5 D Zuletzt muss man daran denken, dass man am eigenen Wohnort selten die Möglichkeit hat, Wintersport auszuüben, da die Winter immer milder werden und es Schnee fast nur noch in alpinen Lagen gibt. Beispiel: So liegt etwa in Heidelberg so gut wie nie Schnee.

Stärken stärken: In einem Brief an die Schulleitung argumentieren

Seite 19

●○○ 1 Behauptungen, **Begründungen**, *Beispiele*
An einer Klassenfahrt sollten alle Schüler teilnehmen, **denn sie stärkt die Klassengemeinschaft.** *Das hat zum Beispiel letztes Jahr unser Ausflug in den Kletterpark bewiesen.* In unserer Klasse wollen aber etliche Schüler aus verschiedenen Gründen nicht ins Naturfreundehaus mitfahren. Bei einer Wintersportwoche würden dagegen alle gerne teilnehmen. Eine Wintersportwoche bietet die Gelegenheit, verschiedene interessante Wintersportarten kennen zu lernen, **weil man im Gegensatz zum Aufenthalt im Naturfreundehaus nicht nur wandert oder die üblichen Spiele macht.** *Man kann zum Beispiel Skilanglauf, Eislauf, Eisstockschießen, aber auch Rodeln oder Schneeschuhwandern ausprobieren.*

●○○ 2 a + b Möglicher Einwand der Schulleitung: Eine Skifreizeit ist zu teuer.
Entkräftendes Argument: Sicher könnten Sie uns entgegenhalten, dass eine Skifreizeit zu teuer wird, aber wir haben uns aus kleineren Skigebieten schon Angebote zukommen lassen und dabei festgestellt, dass Unterkunft und Skipass nicht teurer sind als eine Städtereise.
Gegenvorschlag: Wir rechnen die Kosten für die beiden Alternativen genau aus und könnten dann darüber abstimmen, was die Klasse lieber will.

3 *Beispiel für einen Brief:*

Betreffzeile: Skifreizeit statt Naturfreundehaus in den 7. Klassen

Anrede: Sehr geehrter Herr Ehrlich,

Einleitung: als Klassensprecherin der 7b möchte ich Ihnen gern erklären, warum wir Schülerinnen und Schüler die traditionelle Fahrt ins Naturfreundehaus durch eine Fahrt ins Skilandheim ersetzen möchten.

Hauptteil: Zunächst einmal sollten an einer Klassenfahrt alle Schülerinnen und Schüler teilnehmen, denn sie stärkt die Klassengemeinschaft. Das hat zum Beispiel letztes Jahr unser Ausflug in den Kletterpark bewiesen. In unserer Klasse wollen aber etliche Schüler aus verschiedenen Gründen nicht ins Naturfreundehaus mitfahren. Bei einer Wintersportwoche würden dagegen alle gerne teilnehmen.

                    Mit den Eltern wandern gehen ist allen von uns möglich, zumal es Naturfreundehäuser fast überall in der Nähe gibt. Außerdem sprechen viele Wintersportarten auch die Schüler an, die sonst im Schulsport eher schwach sind. Der Grund liegt darin, dass Wintersportarten oft ganz andere Bewegungsabläufe haben als die meisten Schulsportarten. Skifahren zum Beispiel ist mit keiner anderen Schulsportart verwandt. Und da gibt es viele Naturtalente, die auf diese Weise Erfolgserlebnisse haben könnten. Sicher könnten Sie einwenden, dass eine Skifreizeit zu teuer wird, aber wir haben uns aus kleineren Skigebieten schon Angebote für Schulklassen zukommen lassen und festgestellt, dass Unterkunft und Skipass nicht teurer sind als eine Städtereise. Gern übermitteln wir Ihnen diese Angebote. Nicht zuletzt bietet eine Wintersportwoche die Gelegenheit, Wintersportarten kennen zu lernen, weil man, im Gegensatz zum Aufenthalt im Naturfreundehaus, nicht nur wandert oder die üblichen Spiele macht. Man kann außer Skifahren zum Beispiel auch Skilanglauf, Eislauf, Eisstockschießen, aber auch Rodeln oder Schneeschuhwandern ausprobieren.

Schluss: Am wichtigsten ist uns jedoch, dass das Skilandheim die Klassengemeinschaft stärken würde, denn die sportlichen Erfolgserlebnisse und die gemeinsamen Abende in der Skihütte werden uns Schüler einander nahebringen. Wir würden uns daher sehr freuen, wenn Sie unsere Idee unterstützen könnten!

Gruß: Mit freundlichen Grüßen

Unterschrift: Silke Schlaumeier, Klassensprecherin der 7b

Stärken stärken: In einem Leserbrief argumentieren
Seite 20

1 Es geht um die Notwendigkeit eines Benimm-Unterrichts für Schüler.

2 Behauptung, **Begründung**, *Beispiel*

Benimm-Unterricht – Unbedingt!
Verhaltensweisen wie Höflichkeit, Pünktlichkeit und andere gute Manieren kommen im Schulalltag zu kurz oder werden von den Schülerinnen und Schülern zu wenig beachtet. Das Thema hat seine Berechtigung im Schulunterricht aber auch, **weil von Seiten der Industrie immer häufiger beklagt wird, dass es Bewerbern an wichtigen Voraussetzungen für eine Berufsausbildung fehlt.** *Hierzu zählt z. B. nicht nur Teamfähigkeit, sondern auch Pünktlichkeit, Disziplin, das Grüßen von Personen oder ein gepflegter Sprachgebrauch. Ein Lehrer berichtet beispielsweise von einem Schüler, der ständig seine Kappe auf dem Kopf trägt und Kaugummi kaut. Bei einem Bewerbungstermin könnten dies bereits Kriterien für eine Ablehnung sein. Ein weiteres Beispiel ist eine Schülerin, die als Hobbys Telefonieren und Chatten angibt und ständig „voll krass" in ihren Sätzen benutzt.*

3 *dafür*, **dagegen**
Benehmen lernt man zu Hause. – **Gesellschaftliche Probleme dürfen nicht auf Lehrer abgewälzt werden.** – **Aufgaben des Elternhauses** – *Eltern benehmen sich oft auch nicht richtig.* – **Man kann nicht seine eigenen Wertevorstellungen allen überstülpen.** – *Gutes Benehmen hat noch niemandem geschadet.* – **Man sollte keine Lernzeit verschwenden.** – *„Aller Anstand ist schwer!"* – *Die Förderung guter Manieren ist wünschenswert.*

4 *So könnte ein Leserbrief aussehen:*

Sehr geehrte Damen und Herren,
Peter Müller vertritt in seinem Kommentar „Benimm-Unterricht – Unbedingt!" vom 3. Juni 20XX den Standpunkt, dass in der Schule gutes Benehmen beigebracht werden soll. Genau wie der Verfasser bin ich der Überzeugung, dass dies sinnvoll ist. Heutzutage ist das Zuspätkommen eines Schülers keine Seltenheit mehr, da die Jugendlichen kaum noch Wert auf Pünktlichkeit legen. Man kann etwa Schülergruppen beobachten, die selbst beim Schulklingeln noch in ihrem Freundeskreis auf dem Hof quatschen, anstatt in den Klassenraum zu gehen. Zudem ist das richtige Benehmen wichtig für die Zukunft, da man im späteren Beruf seine Kollegen und Vorgesetzten sowie seine Kunden mit Respekt behandeln muss. Beispielsweise muss man in der Gastronomie unter großem Zeitdruck stets freundlich und höflich zu den Kunden sein. Sicher kann man dem Kommentar von Peter Müller entgegenhalten, dass Benehmen Aufgabe des Elternhauses ist und dafür keine Lernzeit verschwendet werden soll. Aber oft benehmen sich Eltern selbst nicht richtig und Erziehung ist zum Teil Aufgabe der Schule. Daher bin ich abschließend der Ansicht, dass der Benimmunterricht sinnvoll und nützlich für den Schüler ist.

Mit freundlichen Grüßen
Emil Manierlich

Stärken stärken: In einem Forumsbeitrag argumentieren
Seite 21

●●● 1   b   **Begründung**, *Beispiel*
Ja! **Denn es gibt zu viele, die von sich zu viel offenbaren und daher angreifbar sind.** *Selbst Arbeitgeber schauen ins Internet, wenn sie neue Bewerber einladen. Sind dann peinliche Dinge zu finden, werden sie nicht genommen.*
Nein! Wozu sind denn Eltern da? **Kinder sollten von ihren Eltern lernen, dass sie persönliche Daten niemals preisgeben dürfen.** *Wie im Leben sollten sie auch im Netz nicht fluchen und drohen.* Oder brauchen Eltern einen solchen Führerschein?

●●● 2   *Beispiellösung für mögliche Begründungen und Beispiele* **für** *den Verhaltensführerschein:*
Begründung: Cybermobbing könnte so verhindert werden.
Beispiel: Viele Beleidigungen und Beschimpfungen führen im Internet zum Mobbing.
Begründung: Online-Shopping könnte so leichter werden.
Bespiel: Im Internet einzukaufen ist gefährlich, weil ein falscher Klick schwere und teure Konsequenzen hat.

●●● 3   *Möglicher Einwand* **gegen** *den Verhaltensführerschein:*
Die Lernzeit in der Schule ist beschränkt, Computerunterricht ist sowieso eine Seltenheit und daher ist der Verhaltensführerschein nicht Aufgabe der Schule.

●●● 4   *Möglicher Beitrag* **für** *den Verhaltensführerschein:*
Dodo: Ein Verhaltensführerschein für soziale Netzwerke ist eigentlich eine gute Idee. Wie Bodo argumentiert, machen sich viele Jugendliche angreifbar, indem sie zu viele Daten über sich veröffentlichen. Beispielsweise werden im Chat Telefonnummern oder sogar Adressen ausgetauscht. Zugleich muss ich Wanda zustimmen, wenn sie meint, dass dies Aufgabe der Eltern ist, da man im Elternhaus den Computer am meisten gebraucht. Der Durchschnitt der Schüler z. B. verbringt nachmittags mehrere Stunden am eigenen Rechner.
Außerdem ist der Computerunterricht eher selten, da die Lernzeit in der Schule beschränkt ist. Zum Beispiel hat unsere Schule nur einen Computerraum mit acht Rechnern für die gesamte Schule.
Da ich aber trotzdem finde, dass Schülern das richtige Verhalten im Netz beigebracht werden muss und die eigenen Eltern manchmal keine Zeit oder keine Ahnung davon haben, würde ich vorschlagen, dass die sozialen Netzwerke selbst einen solchen Test auf ihre Seiten stellen.

Teste dich! Schriftlich argumentieren
Seite 22

1	Sachlich sind: B und C			2 Punkte

2	Checkliste: Fit fürs schriftliche Argumentieren?	☺	☹	6 Punkte
	Im Text sind mindestens drei Begründungen aufgeführt.	x		
	Für jede Begründung wird ein Beispiel angeführt.		x	
	In der Einleitung wird dem Adressaten ein Vorschlag präsentiert.		x	
	Alle Argumente werden sprachlich miteinander verknüpft.		x	
	Alle Behauptungen werden sachlich vorgebracht.	x		
	Zum Schluss wird das Anliegen noch einmal deutlich zusammengefasst.	x		

Insgesamt zu erreichende Punktzahl: 8 Punkte

Berichte schreiben und überarbeiten

Seite 23

1   **Bild 1:** Zwei Jungen, mit dem Fahrrad über Land – ein Junge mit Helm, der andere, Max Engel, ohne; gelangen an eine Kreuzung – Junge mit Helm schlägt Richtung vor; **Bild 2:** der Junge ohne Helm, Max Engel, rast die abschüssige Straße hinab, dicht am Abhang, der Junge mit Helm fährt in einen Tunnel; **Bild 3:** Max Engel wird auf einer Trage von zwei Sanitätern aus Tunnel getragen – Freund schiebt Rad

Stärken stärken: Einen Unfallbericht schreiben
Seite 24

David: Max blutet, über dem rechten Auge – **Sandra:** Max Engel musste ins Krankenhaus – **Julia:** Max, einen Stein auf der Straße übersehen – **Daniel:** Im Tunnel, dunkel und unübersichtlich – **Martin:** *keine sachlichen Informationen* – **Anna:** Moritz Meier hat die Abkürzung gewählt, Max angestiftet – **Frank:** Frau Klump, ausdrücklich auf dem Tragen von Helmen bestanden

●○○ 2 a + b Aufbau	W-Fragen der Lehrerin	Antworten
Einleitung:	Was geschah? Wann geschah es? Wer war beteiligt? Wo geschah es?	Ein Schüler verletzte sich während des Schultriathlons. am 22. Mai während des Schultriathlons Max Engel und Moritz Meier bei der Bergabfahrt in einem Tunnel
Hauptteil:	Wie und warum geschah es?	Bei der Radstrecke schlug Moritz Max eine Abkürzung vor; beide fuhren den Berg in schnellem Tempo hinab; im Tunnel übersah Max einen Stein und stürzte.
Schluss:	Welche Folgen hatte es?	Max blutete stark über dem rechten Auge; er trug keinen Helm; Sanitäter brachten ihn ins Krankenhaus

●○○ 3 *So könnte ein möglicher Bericht aussehen:*

Sturz beim Schultriathlon
Max Engel und Moritz Meier fuhren beim Schultriathlon auf der Radstrecke, wobei Max entgegen der Vorschrift keinen Helm trug. Sie verließen die ausgeschilderte Strecke an der Wegkreuzung, um eine Abkürzung einzuschlagen. Auf einer abschüssigen Bergstrecke fuhren die Jungen in raschem Tempo in einen Tunnel. Aufgrund der schlechten Sichtverhältnisse im dunklen Tunnel übersah Max einen auf der Fahrbahn liegenden Stein, kam ins Schlingern und stürzte auf den ungeschützten Kopf. Der vorwegfahrende Moritz hörte den Sturz und holte sofort Hilfe. Die von den herbeigeeilten Zuschauern alarmierten Sanitäter versorgten den Verletzten und brachten ihn mit einem Rettungswagen ins nahe gelegene Krankenhaus. Dort wurde eine Gehirnerschütterung ausgeschlossen.

Stärken stärken: Einen Ereignisbericht schreiben
Seite 25

●○○ 1 a + b **Satzanfänge**, <u>Verben im Präteritum</u>, *Verben im Plusquamperfekt*
Am 22. Mai <u>fand</u> der jährliche Schultriathlon statt. Ausrichter <u>war</u> dieses Jahr die Klasse 7 b. **Bevor** der Wettkampf begann, *hatte die Polizei die Fahrräder vor dem Schwimmbad überprüft.* **Nachdem** alle Radkontrollen *abgeschlossen waren*, gab Frau Klump den Teilnehmern noch einige Sicherheitshinweise. **Danach** ging es an den Start: **Erst** 50 m Schwimmen, **dann** 5 km mit dem Rad vom Bad zur Schule und **zuletzt** noch 1 km Laufen im Stadion. **Zunächst** <u>lag</u> Marie beim Schwimmen in Führung, **nach** dem Wechsel auf das Rad *hatte* sie aber bald den Anschluss an die Spitze *verloren*. Während des Radrennens …

●○○ 2 a *Richtige Reichenfolge:*
Unfall auf der Fahrradetappe: Max Engel kürzt ab und stürzt – keinen Helm getragen: leichte Verletzung am Kopf – Laufduell im Stadion: Stefan gewinnt knapp vor Fritz – Siegerehrung – bessere Vorsichtsmaßnahmen: Triathlon nächstes Jahr unfallfrei
b *Mögliche Fortsetzung:*
Während des Radrennens kam es zu einem Unfall, weil Max Engel die Etappe abkürzen wollte und dabei stürzte. Er trug keinen Helm und erlitt daher eine leichte Verletzung am Kopf. Zuletzt gewann Stefan knapp vor Fritz beim Laufduell im Stadion. Alle Sieger wurden anschließend geehrt und der Schulleiter hielt eine Rede, in der er versprach, nächstes Jahr bessere Vorsichtsmaßnahmen einzuführen, um Unfälle zu vermeiden.

●○○ 3 *Mögliche Überschrift:* Fahrradunfall beim Triathlon

Stärken stärken: Einen Zeitungsbericht schreiben
Seite 26

●○○ 1 a + b **1 Steffi:** Max keinen Helm, bei der Sicherheitsprüfung übersehen – **2 Betül:** Start im Freibad, hektisch, großen, kräftigen Schüler, kleineren, im Wasser abgedrängt – **3 Marie:** Zuschauer, die Erste Hilfe leisteten. Bald danach kam der Notarztwagen, Max wurde versorgt – **4 Fritz:** Laufstrecke, kaum noch Zuschauer, mit Stefan ein Kopf-an-Kopf-Rennen, knapp, auf den letzten Metern geschlagen – **5 Stefan:** Sieg nicht mehr zu nehmen – **6 Franziska:** Siegerehrung, Rektorin, geredet – **7 Sophie:** keine schweren Verletzungen, Wunde über dem Auge, am selben Abend noch nach Hause holen – **8 Lisa:** 22. Mai, Schultriathlon 20XX in Großbottwar, unvergessliches Erlebnis
c *So könnte ein möglicher Bericht aussehen:*
Am 22. Mai fand wieder der Schultriathlon statt, der dieses Jahr von einem Fahrradunfall überschattet wurde. Schon beim Start im Freibad war es hektisch zugegangen. Die großen, kräftigen Schüler hatten die kleineren im Wasser abgedrängt. Auf der Radstrecke kam es dann zu einem Unfall, als Max ohne Helm stürzte und sich am Kopf verletzte. Die umstehenden Zuschauer leisteten Erste Hilfe. Die herbeigerufenen Sanitäter versorgten den Verletzten und brachten ihn ins Krankenhaus. Währenddessen ging der Triathlon in die entscheidende Phase: Auch wenn aufgrund des Unfalls kaum noch Zuschauer zusahen, lieferten sich Fritz und Stefan auf der Laufstrecke ein packendes Duell mit dem besseren Ende für Stefan. Zur Siegerehrung hielt die Rektorin eine Rede. Große Erleichterung herrschte darüber, dass Max keine schwereren Verletzungen erlitten hatte. So konnte er noch am selben Abend von seinen Eltern aus dem Krankenhaus geholt werden. Der Schultriathlon am 22. Mai 20XX war für alle ein unvergessliches Erlebnis.

Teste dich! Einen Bericht schreiben
Seite 27

1
a Punktevergabe: Für jede W-Frage erhältst du einen Punkt.   7 Punkte
b Die Verben sind unterstrichen, die Zeitformen stehen in Klammern dahinter. In Satz 2 und Satz 5 wurden   4 Punkte
  falsche Zeitformen gewählt. Richtig sind das Präteritum und bei Vorzeitigkeit das Plusquamperfekt.
c Satzanfänge und Konjunktionen sind kursiv gedruckt.   9 Punkte
d Die richtige Reihenfolge der einzelnen Abschnitte: 6 Punkte

Reihenfolge	Berichtabschnitte	W-Fragen
1	*Im Bottwartal* wurde wie jedes Jahr erfolgreich der Jugendmarathon abgehalten. (Präteritum, Passiv)	Was geschah? Wo geschah es?
2	*Am ersten Sonntag* im Oktober ist morgens um 8:00 Uhr das Laufevent gestartet. (Perfekt)	Wann geschah es?
3	*Auch* die Matern-Feuerbacher-Realschule nahm teil (Präteritum), vertreten durch die Schülerinnen und Schüler Lisa (6 a), Jonas (7 d), Metin (8 c), Eva (9 d) und die Lehrer Herr Glück und Frau Wehrle.	Wer war beteiligt?
4	*Das Wetter* war (Präteritum) sonnig und warm, *sodass* wieder eine große Zahl an Zuschauern die Läufer an der Strecke anfeuerte (Präteritum). Die Staffel der MFR startete (Präteritum) gut, Metin übergab (Präteritum) als Zwölfter an Eva. *Danach* entwickelte (Präteritum) sich ein spannendes Rennen. *Nachdem* Lisa von Frau Wehrle übernommen hatte (Plusquamperfekt), zeigten (Präteritum) die Läufer ihr ganzes Potenzial. Lisa und Jonas liefen (Präteritum) ihre Abschnitte in Rekordzeit.	Wie geschah es?
5	*Sogar schon* vor der offiziellen Preisverleihung steht die erfolgreiche Teilnahme der MFR-Schulstaffel fest. (Präsens)	Was war das Ergebnis?
6	*Am Ende* erreichte (Präteritum) die MFR-Staffel einen hervorragenden 6. Platz. Alle waren sich einig (Präteritum), *dass* man nächstes Jahr aufs Podium kommen wollte (Präteritum).	Welche Folgen hatte das Geschehen?

Insgesamt zu erreichende Punktzahl: 26 Punkte

Literarische Texte erschließen und zusammenfassen

Einen Jugendbuchauszug erschließen
Seite 28 + 29

1 *Beispiellösung:* Mit dem Titel „Das Leben ist kurz, iss den Nachtisch zuerst" könnte die Autorin meinen, dass man Dinge, die einem im Leben wichtig sind, nicht (gewissermaßen als „Nachtisch") auf später verschieben, sondern lieber sofort tun sollte. Denn niemand weiß, ob das Leben nicht plötzlich anders verläuft als geplant.

2 *Möglicherweise schwierige Wörter:* Mosley Lake (Z. 6): See in New Jersey, USA − Stadtgewächs (Z. 9): Stadtbewohner − Kassette (Z. 17): Kästchen − Vegetarierin (Z. 35): Person, die kein Fleisch isst − Atlantic City (Z. 46 f.): Stadt in New Jersey, USA − Toffees (Z. 53): weiche Bonbons − Prophezeiung (Z. 64): Voraussage von Ereignissen in der Zukunft

3
a **Stellen, an denen man etwas über Jeremy erfährt:** meine beste Freundin Lizzy (Z. 1) − Jeremy Fink, ein Stadtgewächs durch und durch (Z. 9 f.) − sitze auf einem großen Felsbrocken mitten im See (Z. 10 f.) − Heute ist mein dreizehnter Geburtstag. (Z. 22) − Nach so etwas ... jemanden entwickeln. (Z. 40 f.) − Hätte mein Vater ... gäbe es nicht. (Z. 44−48) − Mein Vater starb ... alt geworden. (Z. 65−67) − Diese Kassette steht ... Fehlschläge. (Z. 82 f.); **Stellen, an denen man etwas über Lizzy erfährt:** Lizzy knufft die ganze Zeit meinen Arm und drängelt (Z. 26 f.) − Lizzy und ihr Vater ... eingezogen (Z. 30 f.) − Ihre Mutter hatte ... mit einem Kerl (Z. 32−34) − Lizzy Vegetarierin wurde (Z. 35) − ihr Vater aufs Postamt zur Arbeit ging (Z. 37 f.) − Lizzy hat ihre ... auf einem Ohr taub ist (Z. 72−75) − Zum Teil liegt ... überkompensiert. (Z. 75−77) − Selbst ihre Seufzer sind laut. (Z. 79 f.); **Stellen, an denen man etwas über ihre Beziehung erfährt:** Mein bester Freund ist ein Mädchen (Z. 28 f.) − Ich bin nicht heimlich in sie verknallt. (Z. 29 f.) − Lizzy und ihr Vater ... alt waren. (Z. 30−31) − Lizzy blieb also tagsüber bei uns (Z. 37) − Meine Mutter hat ... Windeln gewechselt. (Z. 38−40); **Stichworte zu Jeremy Fink:** Stadtbewohner; Vater mit 39 Jahren verstorben, als Jeremy acht war, Vater hat ihm eine Holzkassette hinterlassen, die Jeremy heute, an seinem 13. Geburtstag, öffnen darf; kennt seine beste Freundin Lizzy aus der Nachbarwohnung schon, seit beide Babys waren, ist nicht in sie verliebt; **Stichworte zu Lizzy:** Jeremys beste Freundin, seitdem sie Babys waren; beim Vater aufgewachsen; Vegetarierin, da Mutter zu einem Rinderfarmer gezogen ist; Jeremys Mutter passte auch auf Lizzy auf, wenn ihr Vater auf dem Postamt arbeitete; ist ungeduldig, klein, redet sehr laut.
b **Stellen, an denen man etwas über die Kassette erfährt:** eine glatt polierte Kassette ... 13. GEBURTSTAG. (Z. 16−21) − Hätte mein Vater ... gäbe es nicht. (Z. 44−48) − Dad muss ... der Beweis. (Z. 67−70) − Diese Kassette steht ... alles anfing. (Z. 82−88); **Inschrift auf dem Deckel der Holzkassette:** Der Sinn des Lebens. Für Jeremy Fink, zu öffnen an seinem 13. Geburtstag. (Z. 19−21)

4   *Richtige Reihenfolge:*

1 Ein Dreizehnjähriger bei der Handleserin in Atlantic City — 2 Beginn einer Freundschaft: zwei Babys in Windeln — 3 Jeremys achter Geburtstag — 4 Der Tod von Jeremys Vater — 5 Was in diesem Sommer war: der große Fehler, der alte Mann, das Buch, die Lampe, das Fernrohr und genau diese Kassette, mit der alles anfing — 6 22. Juli: Jeremys 13. Geburtstag — 7 Fahrt mit dem morschen Ruderboot — 8 Jeremy und Lizzy auf einem Felsen im Lake Mosley

Stärken stärken: Die Handlung zusammenfassen

Seite 30 + 31

1   **1. Abschnitt (Z. 1–15):** Der Ich-Erzähler Jeremy und seine beste Freundin Lizzy auf einem Felsen in einem See in New Jersey. — **2. Abschnitt (Z. 16–25):** Jeremys geheimnisvolle Holzkassette mit der Inschrift „Der Sinn des Lebens" — **3. Abschnitt (Z. 26–41):** Jeremys Freundschaft mit Lizzy seit ihrer Babyzeit — **4. Abschnitt (Z. 42–63):** Vorgeschichte der Kassette: Jeremys Vater wird an seinem 13. Geburtstag von einer Handleserin ein früher Tod vorausgesagt — **5. Abschnitt (Z. 64–70):** Der Vater hat an die Vorhersage geglaubt und hinterlässt Jeremy die verschlossene Holzkassette. — **6. Abschnitt (Z. 71–88):** Lizzy drängelt, Jeremy denkt über die Bedeutung der Holzkassette und über den vergangenen Sommer nach.

2   An einem ~~extrem~~ heißen Sommertag ~~so gegen~~ Ende Juli sitzen Jeremy Fink und seine ~~immer so laut schreiende~~ Freundin Lizzy auf einem Felsen in einem ~~wunderbar~~ ruhig gelegenen See in New Jersey. Auf seinen Beinen hält der ~~coole~~ Junge eine ~~ziemlich alte~~ Holzkassette, die er vor einem Monat erhalten hat. In ihrem Deckel sind die ~~total komischen~~ Worte „Der Sinn des Lebens" ~~irgendwie rein~~geschnitzt. ~~Echt toll, dass der 22. Juli ist! Denn~~ an diesem Tag feiert er ~~endlich~~ seinen 13. Geburtstag. Und an diesem Tag darf er ~~auch noch dazu~~ das Holzkästchen öffnen.

3   *Mögliche Lösung:* Es ist ein heißer Sommertag Ende Juli, **als** der Ich-Erzähler Jeremy Fink und seine beste Freundin Lizzy auf einem Felsen in einem ruhig gelegenen See in New Jersey sitzen.
Auf seinen Beinen hält Jeremy eine Holzkassette, **die** er vor einem Monat erhalten hat.
Lizzy, die ungeduldig auf das Öffnen der Kiste wartet, kennt er bereits seit Babytagen, **denn** beide sind zusammen aufgewachsen.

4   A Richtige Zeitform: sitzen — B Richtige Zeitformen: hält, bekommen hat (Vorzeitigkeit), öffnen darf — C Falsche Zeitformen: wartete, hatte … gekannt
Verbesserung von Satz C: Lizzy, die ungeduldig auf das Öffnen der Kassette wartet, kennt er bereits seit Babytagen.

5   Lizzy kreischt Jeremy ins Ohr, worauf er warte.

6   *Mögliche Ausformulierung:* An einem heißen Sommertag Ende Juli sitzen der Ich-Erzähler Jeremy Fink und seine beste Freundin Lizzy auf einem Felsen in einem ruhig gelegenen See in New Jersey. Auf seinen Beinen hält Jeremy eine Holzkassette, in deren Deckel die Worte „Der Sinn des Lebens" geschnitzt sind. Er hat die Kassette vor einem Monat bekommen und darf sie an diesem Tag, seinem 13. Geburtstag, öffnen. Lizzy, die ungeduldig auf das Öffnen der Kassette wartet, kennt er bereits seit Babytagen. Denn beide sind zusammen aufgewachsen. Die Kassette stammt von Jeremys Vater. Dieser hat an seinem 13. Geburtstag eine Handleserin getroffen, die ihm vorhergesagt hat, dass er im Alter von 40 Jahren sterben werde. Tatsächlich ist Jeremys Vater jedoch bereits mit 39 Jahren gestorben. Dass er an die Vorhersage geglaubt hat, beweist die verschlossene Holzkassette, die er seinem damals achtjährigen Sohn hinterlassen hat. Während Lizzy, ein kleines, etwas zu lautes Mädchen, weiter drängt, das Kästchen zu öffnen, überlegt Jeremy, welche besondere Bedeutung diese Holzkassette für ihn besitzt. Er möchte noch einmal darüber nachdenken, was sich in den vergangenen Sommerwochen ereignet hat, vor allem aber darüber, was alles falsch gelaufen ist, seitdem er im Besitz der Kassette ist.

Stärken stärken: Eine Inhaltsangabe zu einem Jugendbuchauszug schreiben

Seite 32 + 33

2   a + b

Das **Jugendbuch „Das Leben ist zu kurz, iss den Nachtisch zuerst"** der amerikanischen **Autorin Wendy Mass** erschien **2009** in deutscher Übersetzung. Der vorliegende Auszug aus dem Roman handelt von **Jeremy, einem 13-Jährigen, der über seinen verstorbenen Vater nachdenkt.**	Textsorte, Titel Autor Erscheinungsjahr Thema

3   *Individuelle Lösung.*

4   b *Mögliche Begründungen:* **Textauszug A:** Diese Formulierung ist nicht gut gelungen, weil sie zu allgemein ist und keine näheren Informationen darüber gibt, weshalb der Text dem Leser gefallen hat.
Textauszug B: Die Formulierung ist deshalb nicht gut gelungen, weil sie sehr umgangssprachlich ist. Die Begründung bleibt unbestimmt und vage und ist daher nicht überzeugend.
Textauszug C: Hier sind Formulierung und Begründung gut gelungen. Die Bewertung wird inhaltlich begründet und geht auf die Figuren ein. Die offene Frage am Schluss baut beim Leser eine Erwartungshaltung auf, die zum Lesen anregt.

c *Möglicher Schluss:*
Der Textauszug aus Wendy Mass' Jugendroman macht neugierig, weil die geheimnisvolle Holzkiste eine große Bedeutung für Jeremy hat. Man merkt, wie aufgeregt Jeremy und Lizzy sind, als er die Kiste endlich öffnen darf.
Nicht besonders gelungen finde ich, dass man noch nicht erfährt, wieso Jeremys Vater so früh gestorben ist.
Ich kann den Jugendroman „Das Leben ist kurz, iss den Nachtisch zuerst" auf jeden Fall empfehlen, denn die Figuren Jeremy und Lizzy und ihre Freundschaft wirken lebensnah und das Geheimnis um die Holzkiste klingt sehr abenteuerlich.

Stärken stärken: Eine Kalendergeschichte erschließen und zusammenfassen
Seite 34 + 35 + 36

●●● 2 *Möglicher Leseeindruck:* Die Sprache wirkt etwas altertümlich.
Beide Wirte wollen einander schaden, allein der Gast profitiert davon.

●●● 3 a + b *Beispiellösung:*
wohlfeil (Überschrift): preiswert
ob ihm ein Glas Wein beliebe (Z.8–9): ob er ein Glas Wein möchte
einen abgeschliffenen Sechser (Z.12): eine alte Münze im Wert von 5 Pfennig, also 2,5 Cent
einen Taler (Z.15): Silbermünze, bis zur Ablösung durch die Mark in Deutschland die wichtigste Münze
Dieser Einfall war nicht weit her (Z.20): naheliegend
ein unbekümmertes Gemüt (Z.21–22): Sorglosigkeit
ein durchtriebener Schalk (Z.23–24): jemand, der gern Späße treibt
ein Vierundzwanzigkreuzerstück (Z.26–27): Name einer größeren Silbermünze
seid stille zur Sache (Z.27): seid verschwiegen
aus Brotneid (Z.30): aus Missgunst
Tort und Schimpf antun (Z.31): eine Kränkung, Unrecht zufügen

●●● 4 a *Mögliche Schlüsselwörter:*
Löwenwirt, wohlgekleideter Gast, für sein Geld, Rindfleisch, Gemüs, Glas Wein, abgeschliffenen Sechser, einen Taler schuldig, für keinen Taler Speise von euch verlangt, zu viel gegeben, durchtriebener Schalk, schenke Euch das Mittagessen, Vierundzwanzigkreuzerstück dazu, seid stille, geht zu meinem Nachbarn, macht es ihm ebenso, im Unfrieden lebte, bin ich schon gewesen, der hat mich zu euch geschickt, beide hintergangen, Lehre: Frieden ernährt, Unfrieden verzehrt
b **Wo?** Das Geschehen findet in der Gastwirtschaft des Löwenwirts statt.
Wer? Beteiligt sind folgende Figuren: ein wohlgekleideter Gast, der Löwenwirt und der Bärenwirt

●●● 5 a + b + c *Mögliche Zusammenfassung der Handlungsschritte:*
Z.1–2:   Moral der Geschichte
Z.3–11:   Ein wohlgekleideter Gast bestellt beim Löwenwirt ein Mahl für „sein Geld" und lässt sich verköstigen.
Z.11–19: Es entsteht Streit um die Bezahlung. Der Gast besteht darauf, nur für „sein Geld" bestellt zu haben
Z.20–27: Der Löwenwirt erkennt die List und akzeptiert, er gibt sogar noch Wechselgeld zurück, da er einen Plan verfolgt.
Z.27–32: Der Löwenwirt will seinem Konkurrenten, dem Bärenwirt, schaden, indem er den Gast dorthin schickt
Z.32–38: Der Gast aber erklärt, der Bärenwirt habe ihn seinerseits zum Löwenwirt geschickt, der Löwenwirt wurde auf diese Weise zweifach hereingelegt.
Z.39–44: Als Zusammenfassung steht am Ende eine zweite Moral: Frieden ernährt, Unfrieden verzehrt.

●●● 6 Die Kalendergeschichte „Das wohlfeile Mittagessen" von Johann Peter Hebel erschien 1804. Die Geschichte handelt von einem Wirt, der von einem listigen Gast gleich mehrfach hereingelegt wird.

●●● 7 b *Mögliche Lösung:*
Der Gast bestellt viele teure Gerichte, deshalb glaubt der Wirt, dass er reich sei. Der Wirt bietet ihm auch einen Wein an, denn er erhofft sich ein gutes Geschäft. Als der Gast aufgegessen hat, gibt er dem Wirt nur eine geringe Bezahlung, weil er ja nur für „sein Geld" bestellt habe. Obwohl der Wirt die List erkennt, schenkt er dem Gast das Essen und etwas Geld. Er schickt den Gast nun zu seinem Widersacher, dem Bärenwirt, damit er diesem ebenfalls schade. Aber der Gast erklärt, dass er dort schon gewesen sei und dass dieser ihn zu ihm, dem Löwenwirt, geschickt habe. Wenn die Kalendergeschichte mit der Moral endet, dass Unfrieden verzehrt, bedeutet dies, dass es allemal besser ist, in Frieden zu leben.

●●● 8 Er fragt den Gast, ob er ihm nicht einen Taler schuldig sei.
Der Gast erwidert, er habe für keinen Taler, sondern für „sein Geld" Speise von ihm verlangt.

●●● 9 a Sinnvoll ist B.
b *Mögliche Schlussbemerkung:* Die Kalendergeschichte von Johann Peter Hebel gefällt mir gut, weil sie deutlich macht, dass man keinen Vorteil davon hat, wenn man anderen Schaden zufügen will.

●●● 10 *Mögliche Inhaltsangabe:*
(Einleitung) Die Kalendergeschichte „Das wohlfeile Mittagessen" von Johann Peter Hebel erschien 1804. Die Geschichte handelt von einem Wirt, der von einem listigen Gast gleich mehrfach hereingelegt wird und auf diese Weise eine Lektion erteilt bekommt.
(Hauptteil) Das Geschehen spielt sich in einem Wirtshaus einer nicht näher bezeichneten Stadt ab. Der als „wohlbekleidet" beschriebene Gast bestellt viele teure Gerichte, deshalb glaubt der Wirt, dass er reich sei. Der Wirt bietet ihm auch einen Wein an, denn er erhofft sich ein gutes Geschäft. Als der Gast aufgegessen hat, gibt er dem Wirt jedoch nur eine geringe Bezahlung, weil er ja nur für „sein Geld" bestellt habe. Obwohl der Wirt die List erkennt, schenkt er dem Gast das Essen und etwas Geld. Er tut dies mit dem Hintergedanken, seinerseits seinem Konkurrenten eins auszuwischen. Er schickt den Gast daher zu seinem Widersacher, dem Bärenwirt, damit er diesem auf die gleiche Weise schade. Aber der Gast erklärt, dass er dort schon gewesen sei und dass dieser ihn zu ihm, dem Löwenwirt, geschickt habe.
(Schluss) Wenn die Kalendergeschichte mit der Moral endet, dass Unfrieden verzehrt, bedeutet dies, dass es allemal besser ist, in Frieden zu leben. Mir gefällt die Kalendergeschichte von Johann Peter Hebel deshalb gut, weil sie deutlich macht, dass man keinen Vorteil davon hat, wenn man anderen Schaden zufügen will.

Teste dich! Einen literarischen Text zusammenfassen

Seite 37

1 a Handlungsschritte in der richtigen Reihenfolge? → Ja   5 Punkte
Inhalt knapp und sachlich? → Nein
im Präsens? → Nein
Satzverknüpfungen? → Ja
indirekte Rede? → Nein

b (Unsachliche Formulierungen, fehlerhafte Formulierungen, → Verbesserungen)   7 Punkte
Zu Beginn der Geschichte recherchierten → recherchieren Artemis und sein Bodyguard Butler in Saigon nach
einem geheimen Buch, welches dem Elfenvolk gehört. Ein Informant hatte → hat die beiden mit einer als Heilerin
getarnten Elfe bekannt gemacht. Artemis ist total clever, denn es gelingt ihm, eine digitale Kopie der Buchseiten
zu sichern. Obwohl er noch ein Junge ist, verfügt er über echt tolle Fähigkeiten und ungeheure finanzielle
Mittel. Als jüngster Spross einer alten irischen Gangsterfamilie sagt er sich: „Was kostet die Welt! Ich bin
reich!" → hat er keine Geldsorgen Auf seinem Landsitz Fowl Manor, nahe Dublin, versucht Artemis später, das
Buch zu entschlüsseln. Er will halt dem Geheimnis um das Gold des Elfenvolks auf die Spur kommen. Bei seinen
Abenteuern unterstützt wird er durch seinen Butler und dessen Tochter Juliet.

Insgesamt zu erreichende Punktzahl: 12 Punkte

Mit Sachtexten umgehen

Einen Sachtext erschließen und zusammenfassen

Seite 38 + 39 + 40

1 *Das könntest du über die Chinesische Mauer wissen:* frühere Grenze des chinesischen Reiches, Mauer zur Abwehr der Feinde, im Norden Chinas, heute Touristenattraktion, hatte eine ähnliche Funktion wie der Limes im römischen Reich (heutiges Süddeutschland)

2 In dem Sachtext geht es um die Chinesische Mauer. Man erhält Informationen zur Geschichte und zum Zweck der Grenzbefestigung.

3 a **Schutz:** Sicherung, Maßnahme gegen eine Bedrohung
Wall: Ein Wall ist ein Hindernis, das beispielsweise aus einer Erdaufschüttung, Holzpalisaden, Steinen oder einer Mauer bestehen kann.
Schutzwall: Ein Schutzwall ist ein Hindernis zur Sicherung gegen eine Bedrohung, das beispielsweise aus unterschiedlichen Materialien wie Erde, Holzpalisaden oder Steinen bestehen kann.

b *Du könntest folgende Wörter nachgeschlagen haben:*
Hochkultur (Z. 12): in vielen Gebieten fortschrittliche, hoch entwickelte Kultur
Attacken (Z. 20): Angriff, Vorstoß
Bergkamm (Z. 25 f.): Bergrücken
Einöden (Z. 29): einsame Gegend, abgelegener Ort
Palisade (Z. 34): aus Pfählen bestehendes Hindernis
Munitionslager (Z. 42): ein Ort, an dem Schießmaterial für Feuerwaffen oder Bomben aufbewahrt wird
Signalturm (Z. 42 f.): hohes Gebäude, von dem Zeichen gegeben werden
restaurieren (Z. 57): erneuern, wiederherstellen

4 *Überschriften,* Schlüsselwörter
5 **Sinnabschnitt 1 (Z. 1–6):** *Ausmaß des Bauwerks* – die Chinesische Mauer, längste Bauwerk der Welt, 9 000 Kilometer, zweimal um ganz Deutschland
Sinnabschnitt 2 (Z. 7–22): *Entstehungsgeschichte und Funktion der Chinesischen Mauer* – ab 214 v. Chr. kürzere Schutzwälle, miteinander verbinden, vor den Einfällen kriegerischer Reitervölker und Nomaden, schützen, Macht des Kaisers bedroht
Sinnabschnitt 3 (Z. 23–30): *Verlauf der Chinesischen Mauer* – Mauer verläuft durch gebirgiges Gelände, über Bergkämme geführt, Arbeit mühsam und gefährlich, Im Westen, durch Wüsten und Einöden
Sinnabschnitt 4 (Z. 31–39): *Bauweise und Material der Mauer* – Baumaterial, Materialien der Umgebung: Natursteine, Lehm, aus Baumstämmen zweireihige Palisaden, Zwischenraum, mit Steinen, Erde und Schutt, Schichten aus Stroh, späterer Zeit, gebrannte Ziegelsteine
Sinnabschnitt 5 (Z. 40–49): *Funktion der Wach- und Wehrtürme* – Wach- und Wehrtürme gebaut, 25 000, als Munitions- und Waffenlager, als Signaltürme, Stafette, in kurzer Zeit bis zur Hauptstadt
Sinnabschnitt 6 (Z. 50–55): *Entwicklung und Verfall in späteren Jahrhunderten* – im 17. Jahrhundert weiter nach Norden ausdehnte, verlor Schutzwall seine Funktion und verfiel
Sinnabschnitt 7 (Z. 56–63): *Die Chinesische Mauer heute* – Mauer, restaurieren, Heute, zu den wichtigsten Sehenswürdigkeiten, jährlich Tausende Touristen, 2007, Liste der Weltwunder aufgenommen

6   a   In dem Text „Die Chinesische Mauer" informiert der Autor Heinz Gierlich über die Entstehung und die Geschichte der chinesischen Grenzbefestigung.

b   Die Chinesische Mauer ist mit 9 000 km das längste Bauwerk der Welt. Damit könnte man sie zweimal um die Bundesrepublik Deutschland führen.

c   **2. Sinnabschnitt:** Ab 214 v. Chr. wurden kürzere Schutzwälle miteinander verbunden, um das Reich vor Einfällen kriegerischer Reitervölker zu schützen. − **3. Sinnabschnitt:** Weil die Mauer über gebirgiges Gelände und Bergkämme sowie durch Wüsten geführt wurde, war die Arbeit mühsam und gefährlich. − **4. Sinnabschnitt:** Zunächst wurden als Baumaterial die Materialien der Umgebung genutzt, erst in späterer Zeit verwendete man gebrannte Ziegelsteine. − **5. Sinnabschnitt:** Da etwa 25 000 Wach- und Wehrtürme entlang der Mauer entstanden, konnte man diese als Munitions- und Waffenlager, aber auch als Signaltürme zur schnellen Weitergabe von Nachrichten verwenden. − **6. Sinnabschnitt:** Das chinesische Reich dehnte sich im 17. Jahrhundert weiter nach Norden aus, daher verlor der Schutzwall in den späteren Jahrhunderten seine Funktion. − **7. Sinnabschnitt:** Nachdem die Mauer zunächst verfiel und als Baumaterial für Wohnhäuser genutzt wurde, restaurierte man sie im letzten Jahrhundert. Seitdem wird sie als Touristenattraktion genutzt.

Stärken stärken: Grafiken und Diagramme auswerten
Seite 41

2   Die Grafik passt zu dem vierten Abschnitt (Z. 31–39) und darin zu Z. 33–37. Sie verdeutlicht, wie die Chinesische Mauer in manchen Gegenden gebaut war: zwei Reihen Palisaden, in den Zwischenräumen Steine, Erde und Schichten aus Stroh.

3   a   Balkendiagramm

b   **zu markieren sind:** Ranking beliebter Touristenattraktionen 2006 (nach Besucherzahl); Besucher in Millionen

c   A Times Square, New York − B 10 Millionen

4   Das Diagramm ergänzt die Textstelle Z. 57 bis Z. 63. Es nennt den genauen Ort, Badaling, und die genaue Besucherzahl: 10 Millionen.

Stärken stärken: Informationen aus verschiedenen Sachtexten zusammenfassen
Seite 42 + 43

1   a   Die Überschriften scheinen auf den ersten Blick sehr ähnlich. Die Überschrift zu Text B macht allerdings durch den Zusatz „im Überblick" bereits deutlich, dass hier überblicksartig und in Kurzfassung Fakten vermittelt werden.

c   *Unbekannte Wörter könnten sein:*
Text A: Palast (Z. 2): großes, meist repräsentatives Gebäude; Schah (Z. 3): persisches Wort für König; Legende (Z. 22): eine Erzählung, die nicht belegt werden kann; Fort (Z. 36): kleinere Festung
Text B: Minarett (Z. 3 f.): Turm an oder bei einer Moschee; Moschee (Z. 9): islamisches Gotteshaus

d + e   *Wichtige Schlüsselwörter sind:*
Text A: 1. Sinnabschnitt: weißer Palast, Agra, Schah Jahan, Grabstätte für seine Frau; 2. Sinnabschnitt: „Kronenpalast", an die Liebe der beiden erinnern; 3. Sinnabschnitt: Handwerksmeister aus ganz Süd- und Zentralasien, 20 000, 1000 Elefanten; 4. Sinnabschnitt: edelste Baumaterialien, 18 Jahre Bauzeit, 1648 fertiggestellt; 5. Sinnabschnitt: Legende, Handwerksmeister verstümmeln, verhindern, noch einmal ein so schönes Gebäude; 6. Sinnabschnitt: kein Glück, Vermögen des Herrschers verschlungen, 1658 gestürzt, letzte Ruhe neben seiner Frau im Taj Mahal.
Text B: Hier sind vor allem die Abschnittsüberschriften relevant: Zahlen − Maße, Baumaterial, Besonderheiten, Bedeutung für die Menschen. Der Text ist schon gegliedert, dadurch sehr übersichtlich.

2   a

	Text A	Text B
Überschrift	Das Taj Mahal	Das Taj Mahal im Überblick
Abschnitte, Unterüberschriften	Z. 1–4: Entstehungsgeschichte	Z. 1–10: Zahlen und Maße
	Z. 5–13: Name und Bedeutung	Z. 11–16: Baumaterial
	Z. 14–17: Details zum Bau	Z. 17–21: Besonderheiten
	Z. 17–20: Verwendete Materialien	Z. 22–26: Bedeutung für die Menschen
	Z. 21–27: Legenden um den Bau	
	Z. 28–40: Entwicklung in späteren Jh.	
Schlüsselwörter:	schönstes Bauwerk aller Zeiten	Auf die klassischen W-Fragen gibt dieser Text
Was?	Schah Jahan, für seine Frau Mumtaz	keinen Hinweis − er ergänzt die Informationen
Wer?	Jahan später von seinem Sohn gestürzt	von Text A um Faktenwissen in Form eines
Wo?	In der Nähe von Agra, im Norden Indiens	Lexikoneintrags (vgl. Aufgabe 2 b).
Wann?	gebaut nach dem Tod seiner Frau,	
	1648 fertiggestellt	
	1658 Sturz des Schahs Jahan	
	1666 Tod des Schahs Jahan	

b   **Text A** ist ein umfangreicher Text, der neben Faktenwissen auch Hintergründe zum Bauwerk erklärt und unterhaltsam ist. Er wirkt wie eine Reportage über das Taj Mahal.
Text B vermittelt Fakten zum Bauwerk in Form eines Lexikoneintrags.

3 c *So könnte eine mögliche Zusammenfassung lauten:*

Das Taj Mahal ist ein berühmtes Bauwerk, das bekannt für seine Pracht ist und als Denkmal der Liebe gilt. Nach dem Tod von Mumtaz, der Frau des Schah Jahan, beginnt dieser mit den Arbeiten am Grabmal. 1648 wurde es in der Nähe von Agra, im Norden Indiens, fertiggestellt. Das Gebäude ist 58 m hoch und 56 m breit und besteht aus Marmor, rotem Sandstein und 28 verschiedenen Arten von Edel- und Halbedelsteinen. Die vier Minarette, welche jeweils an den Eckpunkten des Taj Mahals stehen, sind interessanterweise leicht vom Grabmal weggeneigt, um dieses bei einem möglichen Erdbeben zu schützen. Die aufwendigen Verzierungen haben allerdings das gesamte Vermögen des Herrschers verschlungen, sodass er gestürzt und unter Hausarrest gesetzt wurde. Das Taj Mahal ist somit nicht nur durch seine Verzierungen wertvoll, sondern trägt auch einen geschichtlichen Wert, was die hohen Besucherzahlen beweisen.

Stärken stärken: Ein Schaubild anfertigen

Seite 44

1 a **Ortsangaben:** Ulan Bator, Baga Gadsryn Tschuluu, Südgobi, Altai-Gebirge, Yolyn Am, Oase Bayanzak, Ongital, Ongiin-Khiid, Khan-Gebirge, Elsen-Tasarkhai, Mongol Els, Karakorum, Orchontal, Hustai Nuruu, Ulan Bator
Reisemittel: Flugzeug, Jeep, wandern, Kamele
Unterkunftsarten: Hotel, Jurten-Camp

b

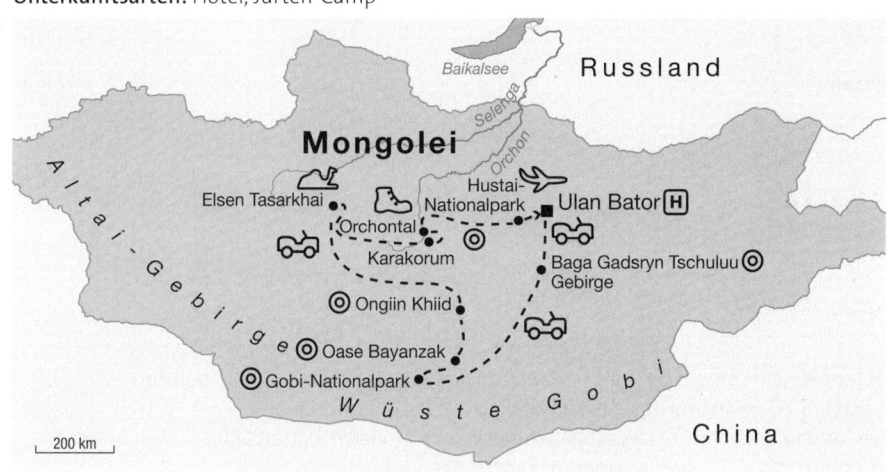

Teste dich! Einen Sachtext und eine Grafik auswerten

Seite 45

1	Richtig ist: B	1 Punkt
2	keine Angaben: C, H richtig: D, E, I, J falsch: F, G	8 Punkte

Insgesamt zu erreichende Punktzahl: 9 Punkte

Was kannst du schon? – Grammatik

Seite 46 + 47

1

	stürmen	oben	manche	Wolken	eine	unter	darunter	diese	gewaltig	9 Punkte
Verb	X									
Nomen				X						
Adjektiv									X	
Artikel					X					
Pronomen			X					X		
Adverb		X					X			
Präposition						X				

2 sie arbeiteten: 3. Person Plural Präteritum: arbeiten   10 Punkte
du hattest geworfen: 2. Person Singular Plusquamperfekt: werfen
wir werden schwimmen: 1. Person Plural Futur I: schwimmen
du wirst gegessen haben: 2. Person Singular Futur II: essen
er ist gegangen: 3. Person Singular Perfekt: gehen

3 Regelmäßige (schwache) Verben sind: zeigten und türmte   4 Punkte
Unregelmäßige (starke) Verben sind: entluden und schossen

4 *Mögliche Umstellungen sind:*   2 Punkte
Täglich finden faszinierende Naturschauspiele über unseren Köpfen statt.
Faszinierende Naturschauspiele finden täglich über unseren Köpfen statt.
Über unseren Köpfen finden faszinierende Naturschauspiele täglich statt.

5

Satz	Subjekt	Prädikat	Akkusativobjekt	Dativobjekt	adverbiale Bestimmung
1	B			C	A
2	D	E			F
3	G		I		H

9 Punkte

6 A Hs, Ns − B Hs, Hs − C Hs und Hs − D Hs, Ns   3 Punkte

Insgesamt zu erreichende Punktzahl: 37 Punkte

Wörter und Wortarten

Nomen, Artikel, Adjektive
Seite 48

1 a *Richtig sind:* das Wort − Der Föhnwind − einem Gebirge − das Luftpaket −der Wasserdampf − Wolken − einen großen Teil − die Luftmassen − ein trockener, warmer Fallwind − Das Alpenvorland
b einen anderen Namen − den Nordamerikanern − des schnellen Absinkens − vielen wetterfühligen Menschen − Kopfschmerzen und Kreislaufproblemen − Diesem warmen Wetter − der ansässigen Winzer

Pronomen
Seite 49

1 a alle − keine − Allen − einiges − sämtliche − Jeder − jedes − keine − manche − jeder − niemand
b **Personalpronomen:** sie (Z. 2) − sie (Z. 3) − es (Z. 6) − es (Z. 6) − uns (Z. 7) − sie (Z. 10)
Demonstrativpronomen: das (Z. 1) − solche (Z. 8) − **Relativpronomen:** die (Z. 2) − die (Z. 8)
Possessivpronomen: unseren (Z. 3)

2 a A Wo − B wie − C Was − D welches
b A etwas (Indef) − B diese (D) − C seinem (Poss) − D sie (P)

Stärken stärken: Adverbien
Seite 50

1 a abwärts − Immer − somit − dort − Besonders − irgendwo − schließlich − unten − Jetzt − deshalb − Darum

b

Adverb der Zeit	Adverb des Ortes	Adverb der Art/Weise	Adverb des Grundes
immer	abwärts	besonders	somit
schließlich	dort		deshalb
jetzt	irgendwo		darum
	unten		

2 deswegen (Adv. d. Grundes) − überall (Adv. d. Ortes) − Häufig (Adv. d. Zeit) − irgendwie (Adv. d. Art/Weise) − allerdings (Adv. d. Art/Weise) − leider (Adv. d. Art/Weise)

3 Vorsichtshalber (Adv. d. Art/Weise) − inzwischen (Adv. d. Zeit) − daher (Adv. d. Grundes) − erfreulicherweise (Adv. d. Art/Weise) − jährlich (Adv. d. Zeit)

Stärken stärken: Präpositionen

Seite 51

○○○ 1 über der großen Landmasse – Mit dem folgenden Versuch – Für einen Flaschen-Tornado – auf die gefüllte Flasche – Nach dem Versuchsaufbau – mit den Händen – in eine Kreisbewegung – Wegen der Fliehkraft – Durch den entstandenen Luftkanal

●●○ 2 mit Isolierband – zu zwei Dritteln – mit Wasser – an die Außenwand

●●● 3 aus Luft (D), in dem Westen der USA (D), in der Region (D), in das Geschehen (A), in Sicherheit (A)

Teste dich! Wörter und Wortarten

Seite 52

1 A Nomen – B Pronomen – C Artikel – D Adjektiv – E Verb – F Konjunktion – G Adverb – H Präposition

Insgesamt zu erreichende Punktzahl: 8 Punkte

Verben: Zeitformen

Seite 53 + 54

1

Tempus	Verwendung	Bildung	Beispiel
Präsens	Wenn man von etwas erzählt, das im Moment passiert, das allgemein gültig ist oder das (mit Zeitangabe) zukünftig geschehen wird.	Wortstamm + Personalendung	*ich sage* *er geht*
Präteritum	Wenn man schriftlich von Vergangenem erzählt oder berichtet.	schwaches Verb: Wortstamm + -*te* starkes Verb: Stammvokal ändert sich	*ich sagte* *er ging*
Perfekt	Wenn man mündlich von Vergangenem erzählt.	Hilfsverb *haben/sein* im Präsens + Partizip II	*ich habe gesagt* *er ist gegangen*
Plusquam-perfekt	Wenn man von einem Ereignis in der Vergangenheit berichtet und auch noch mitteilen will, was davor geschehen ist.	Hilfsverb *haben/sein* im Präteritum + Partizip II	*ich hatte gesagt* *er war gegangen*
Futur I	Wenn man von einem zukünftigen Ereignis berichten will.	Hilfsverb *werden* + Infinitiv	*ich werde sagen* *er wird gehen*
Futur II	Wenn man eine Vermutung aufstellt oder ein zukünftiges Geschehen so betrachtet, als sei es abgeschlossen.	Hilfsverb *werden* + Partizip II + Hilfsverb *haben/sein*	*ich werde gesagt haben* *er wird gegangen sein*

2 A 3. Person Singular Präsens (sein)   E 2. Person Singular Perfekt (hören)
B 3. Person Singular Präsens (vorkommen)   F 3. Person Singular Perfekt (führen)
C 3. Person Plural Plusquamperfekt (verzücken)   G 3. Person Singular Futur I (zunehmen)
D 1. Person Plural Präteritum (hinabfahren)

3 hängt ... zusammen (4); kennt (4); war (3); erinnern wird (5); kollidierte (3); ausgelaufen war (1); wird ... geschätzt (4); war ... getrieben (1); versank, riss (3); verhindert (4)

4 bezeichnet – stammen – abbrachen/abgebrochen sind – trieben/getrieben sind – bestehen – liegt – führte – entdeckte – werden ... abbrechen – treiben.

Verben: Die indirekte Rede – Der Konjunktiv

Seite 55

1 sei – bestehe – habe – sei – könne – bedrohe – zerstöre

2 1 singe – 2 meinet – 3 gehet – 4 habest – 5 backet – 6 bringen – 7 besuchest
Lösungswort: Hamburg

Verben: Aktiv und Passiv

Seite 56

1 Handlungsträger in Satz A: die Menschen, in Satz C: Der Erfinder Leonardo da Vinci; beide Sätze stehen im Aktiv

2 Ab 1891 wurden verschiedene Flugapparate von Otto Lilienthal erprobt.
In Lichterfelde bei Berlin wurde für ihn ein 15 m hoher Hügel aufgeschüttet.
Von diesem „Fliegeberg" wurden über 1000 Flüge bis ca. 80 m Weite von ihm absolviert.
Die ersten erfolgreichen Gleitflüge wurden von Otto Lilienthal unternommen.

Stärken stärken: Aktiv und Passiv

Seite 57

1 b + c **Museumsdirektor Hochstedt:** habe ... gerufen **A** (sie ist gerufen worden); wurde ... gestohlen **P**; wurde ... gebracht **P**; geschah **A** (keine sinnvolle Passivform)
Wachmann Kowalsky: steuerten **A** (es wurde gesteuert); landeten **A** (es wurde gelandet); wurde ... mitgerissen **P**; flüchteten **A** (keine sinnvolle Passivform), ließen ... zurück **A** (es wurde zurückgelassen)

2 a + b Die <u>Darstellungen des Geschehens</u> sind unterstrichen, *Handlungsträger* sind kursiv gedruckt.

Hochstedt: *Ich* habe die Polizei wegen eines Diebstahls gerufen. <u>Dabei wurde ein wertvolles Gemälde gestohlen. Es wurde gerade ins Museum gebracht, als die Tat geschah.</u>
Umwandlung: Die Polizei ist (von dem Museumsdirektor) gerufen worden.

Kowalsky: *Die Diebe* steuerten das seltsame Fluggerät über uns hinweg und landeten es hundert Meter weiter. Mit Hilfe eines Hakens an einem Seil <u>wurde die Kiste mitgerissen</u>. *Die Diebe* flüchteten mit einem Wagen. Das Fluggerät ließen *sie* zurück.
Umwandlung: Das seltsame Fluggerät wurde (von den Dieben) über uns hinweg gesteuert und wurde hundert Meter weiter gelandet. Das Fluggerät wurde (von ihnen) zurückgelassen.

Rothwein: Auf dem Nebengebäude habe *ich* Männer beobachtet. *Sie* trugen ein seltsames Gefährt, *das* wie ein Drachen aussah. Mit einem Male sprangen *sie* vom Dach und schwebten über den von Wachpersonal gesicherten Vorplatz des Museums.
Umwandlung: Die Männer sind (von mir) auf dem Nebengebäude beobachtet worden.
Ein seltsames Gefährt wurde (von ihnen) getragen, das wie ein Drache aussah.

Trödel: <u>Die Kiste mit dem Gemälde wurde gerade in das Museum transportiert.</u> Wegen des ungewöhnlichen Tumults <u>ließen</u> *die Wachleute* <u>die Kiste kurze Zeit aus den Augen.</u>
Umwandlung: Wegen des ungewöhnlichen Tumults wurde die Kiste (von den Wachleuten) kurze Zeit aus den Augen gelassen.

Schibulske: *Wir* suchen die Diebe. Darum bitten *wir* alle Besucher und Mitarbeiter des Museums um sachdienliche Hinweise.
Umwandlung: Die Diebe werden (von uns) gesucht.
Darum werden alle Besucher und Mitarbeiter des Museums (von uns) um sachdienliche Hinweise gebeten.

3 *Möglicher Zeitungsbericht:*

Spektakulärer Diebstahl im Städtischen Museum – Polizei bittet um Hinweise
Gestern wurde die Polizei wegen eines ungewöhnlichen Diebstahls zum Städtischen Museum gerufen. Ein wertvolles Gemälde wurde gestohlen, als es gerade ins Museum gebracht werden sollte. Dabei wurde ein Fluggerät verwendet, das von einem gegenüberliegenden Hausdach gestartet wurde. Mit Hilfe eines Hakens an einem Seil wurde die Kiste beim Überfliegen des gesicherten Vorplatzes mitgerissen. Der Diebstahl konnte nicht verhindert werden, da die Kiste durch den ungewöhnlichen Tumult kurze Zeit aus den Augen gelassen wurde. Das Fluggerät wurde anschließend zurückgelassen. Die Diebe werden nun gesucht. Alle Besucher und Mitarbeiter des Museums werden um sachdienliche Hinweise gebeten.

Teste dich! Rund ums Verb

Seite 58

1 a + b A Passiv, Plusquamperfekt – B Aktiv, Präteritum – C Aktiv, Präteritum – D Passiv, Präteritum   10 Punkte
E Aktiv, Präteritum

2 Eine Windbö zerstörte den „Wright Flyer" noch am selben Tag, sodass er später nur noch als Ausstellungsstück   2 Punkte
im Smithsonian Museum in Washington untergebracht wurde.

3 Der Direktor erklärt, der Erstflug habe in Kitty Hawk, North Carolina, stattgefunden.   3 Punkte
Der Direktor fährt fort, die Brüder Wright seien am 17. Dezember vier Mal in die Lüfte gestiegen.
Weiterhin erklärt er, der letzte Flug an diesem Tag habe 59 Sekunden gedauert.

Insgesamt zu erreichende Punktzahl: 15 Punkte

Satzglieder unterscheiden

Seite 59

1 A Subjekt – B Prädikat – C Objekte – D adverbiale Bestimmungen

2

Vorfeld	Linke Satzklammer	Mittelfeld	Rechte Satzklammer	Nachfeld
Viele geniale Erfinder	haben	schon in ihrer Kindheit besondere Ideen	entwickelt.	–
Schon in ihrer Kindheit	haben	viele geniale Erfinder besondere Ideen	entwickelt.	–
Besondere Ideen	haben	viele geniale Erfinder schon in ihrer Kindheit	entwickelt.	–

Stärken stärken: Satzglieder erkennen und bestimmen

Seite 60

1 b A Satz 1: man, Satz 2: der Kaffeesatz, Satz 3: Melitta Benz (Wer oder Was...? = Subjekt)
  B Satz 4 enthält ein Akkusativobjekt. (Wen oder was durchlöcherte sie? den Boden eines Messingtopfs)
  C Satz 5 enthält ein Präpositionalobjekt (Wonach suchte sie? nach einem möglichst wasserdurchlässigen Papier)
  D Satz 6 enthält vier Satzglieder. (Im Schulheft ihres Sohnes | fand | sie | das geeignet Löschpapier.)
  E Satz 7 enthält ein Akkusativ- und ein Dativobjekt. (Wen oder was bot sie ihrem Mann an? – den gefilterten Kaffee = Akkusativobjekt; Wem bot sie den gefilterten Kaffee an? – ihrem Mann = Dativobjekt)
  F Satz 8 endet mit einem Genitivobjekt. (Wessen erfreut sich der Melitta-Filter? großer Beliebtheit)

2 A Satz 1 enthält die Attribute *gemahlenem* und *heißem*
  B Satz 2 enthält eine adv. Bestimmung des Ortes: zwischen den Zähnen; Satz 3 enthält eine adv. Bestimmung der Zeit: 1908
  C In Satz 7 findet sich folgende Satzklammer: bot ... an
  D In Satz 5 findet sich ein Präpositionalobjekt: *nach* einem möglichst wasserdurchlässigen Papier
  E In Satz 8 findet sich ein Genitivobjekt: Wessen erfreut sich der Melitta-Filter? – großer Beliebtheit

3 für neue Erfindungen. → **Wofür** interessiert sich nicht jeder?
  an der Ehrlichkeit seiner Freunde. → **Woran** zweifelt Jens?
  auf eine sonderbare kleine Maschine → **Worauf** ist Jens gestoßen?
  auf den befürchteten Verrat → **Worauf** wartet Jens?
  über ihn → **Worüber** lachten seine Freunde?

Das Prädikat – Der Kern des Satzes

Seite 61

1 a + b Modalverben
  kann ... lesen (Satzklammer) – übersieht – gemacht haben – gehört ... dazu (Satzklammer) – konnte ... nehmen (Satzklammer) – sind – schreiben – weiß – erfunden hat – sollte ... unternehmen (Satzklammer) – unternahm – fuhr ... zurück (Satzklammer) – fand ... statt (Satzklammer) – durfte ... wissen (Satzklammer)

2 a + b + c *Mögliche Lösung:*
  A Die Forscherin Marie Curie erhält zum zweiten Mal den Nobelpreis.
  B Carl Benz kann auf der ersten Fernfahrt des Automobils nicht dabei sein.
  └──────── *Satzklammer* ────────┘

Adverbiale Bestimmungen – Genaue Angaben machen

Seite 62

1 b Im Winter 1903 (adv. Best. der Zeit) beobachtete ... in New York (adv. Best. des Ortes) den Verkehr. Bei Schnee und Regen (adv. Best. der Art und Weise) ... der ersten Automobile wegen der schlechten Sicht (adv. Best. des Grundes) stoppen, aussteigen und von Hand (adv. Best. der Art und Weise) die Windschutzscheibe säubern. ... konnte Mary Anderson problemlos (adv. Best. der Art und Weise) abschaffen. Sie ..., der im Wageninneren (adv. Best. des Ortes) mechanisch (adv. Best. der Art und Weise) in Bewegung gesetzt wird ... Auf Grund ihrer Erfindung (adv. Best. des Grundes) konnte die geschickte Konstrukteurin im November 1903 (adv. Best. der Zeit) ein Patent anmelden. Das praktische Bauteil ist heute (adv. Best. der Zeit) in jedem Auto (adv. Best. des Ortes) Standard.

2 a Eine Frau sitzt zu Beginn des 20. Jahrhunderts lässig auf dem Rand eines Korbs.
  b **Wie** sitzt die Frau? lässig (adverbiale Bestimmung der Art und Weise)
  Wo sitzt die Frau? auf dem Rand eines Korbs (adverbiale Bestimmung des Ortes)
  Wann sitzt die Frau? zu Beginn des 20. Jahrhunderts (adverbiale Bestimmung der Zeit)

Stärken stärken: Adverbiale Bestimmungen erkennen und verwenden

Seite 63

●○○ 1 **Adv. Best. der Zeit:** in den Jahren 1913/14, vor ihrer Erfindung
Adv. Best. des Ortes: an einer Sollbruchstelle
Adv. Best. der Art und Weise: zuverlässig, exakt gefaltet
Adv. Best. des Grundes: auf Grund vieler eigener Testflüge

●●○ 2 **In den Jahren 1913/14** erfand Katharina Paulus etwas, das nach ihr vielen Menschen das Leben retten sollte: das Fallschirmpaket. **Vor ihrer Erfindung** waren Fallschirme sperrige und schwere Tücher, die sich nicht **zuverlässig** öffneten. K. Paulus verpackte den Fallschirm **exakt gefaltet** in einem kleinen Sack, eine kleine Reißleine öffnete den Sack **an einer Sollbruchstelle,** sodass er sich entfaltete. **Auf Grund vieler eigener Testflüge** konnte sie ihre Erfindung immer perfekter gestalten.

●●● 3 A Jede kluge Erfinderin tüftelt aus grenzenloser Neugier (adv. Best. des Grundes) in jeder freien Minute (adv. Best. der Zeit) hochkonzentriert (adv. Best. der Art und Weise) in ihrem Labor (adv. Best. des Ortes).
B In solchen Laboren (adv. Best. des Ortes) entstehen mit viel Fantasie (adv. Best. der Art und Weise) und durch manchmal unerwartete Geistesblitze (adv. Best. des Grundes) über Nacht (adv. Best. der Zeit) Erfindungen.

Das Attribut – Teil eines Satzglieds

Seite 64

1 *Mögliche Lösung:*
A Margarete Steiff nähte 1903 ein neuartiges Spielzeug zum Schmusen.
B Der pelzige Teddybär | ist | bis heute | eine Freude der Kinder.
  Eine Freude der Kinder ist der pelzige Teddybär bis heute.
C Josephine Cochrane | erfand | 1886 | einen hilfreichen Automaten für die Küche.
  1886 erfand Josephine Cochrane einen hilfreichen Automaten für die Küche.
D Der Geschirrspülautomat mit Motor | ersetzte | mühsames Spülen von Hand.
  Mühsames Spülen von Hand ersetzte der Geschirrspülautomat mit Motor.
E Windelnwechseln ohne Mühe | verdanken | Eltern | der experimentierfreudigen Marion Donovan.
  Der experimentierfreudigen Marion Donovan verdanken Eltern Windelnwechseln ohne Mühe.
F Nach der Erfindung des Windelhöschens | entwickelte | sie | die praktische Windel zum Wegwerfen.
  Die praktische Windel zum Wegwerfen entwickelte sie nach der Erfindung des Windelhöschens.

2 a + b
  B Der pelzige **Teddybär**   eine **Freude** der Kinder

  C **Josephine Cochrane,** eine Amerikanerin,   einen hilfreichen **Automaten** für die Küche

  D Der **Geschirrspülautomat** mit Motor   mühsames **Spülen** von Hand

  E **Windelnwechseln** ohne Mühe   der experimentierfreudigen **Marion Donovan**

  F nach der **Erfindung** des Windelhöschens   die praktische **Windel** zum Wegwerfen

Stärken stärken: Attribute bestimmen

Seite 65

●○○ 1 a + b **unterstrichene Wörter:** der Spülhände (Ga), aus dem US-Bundesstaat Illinois (pA), des Geschirrspülers (Ga), wohlhabende (Aa), zahlreiche (Aa), von Geschirr (pA), zerbrochenes (Aa), für den Abwasch (pA)

●●○ 2 a + b **unterstrichene Wörter:** der Spülhände (Ga), aus Drahtbügeln (pA), großen (Aa), aus Kupfer (pA), heiße (Aa), entscheidende (Aa), Tochter eines Wasserbauingenieurs (Ga)
c *Mögliche Erweiterung:* Mit einem elektrischen (Aa) Motor wurde das Gestell des Waschautomaten (Ga) gedreht.

●●● 3 b *Mögliche Sätze mit Apposition:*
  A Margarete Steiff, Gründerin der gleichnamigen Spielwarenfabrik, wurde trotz ihrer Kinderlähmung eine selbstständige und erfolgreiche Frau.
  B Durch die Erfindung der Einwegwindel, ein echter Verkaufsschlager, erleichterte Marion Donovan Millionen von Eltern das Wickeln.

Relativsätze – Attribute in Form eines Nebensatzes

Seite 66

1 a + b **Relativpronomen**, Bezugswort
Die Frau**, die** … Herta Heuwer zugeschrieben**, die** … an ihrem Imbissstand**, der** … befand**,** … anbot. 1959 wurde ihre Sauce**,
die** … bekannt wurde**,** als Patent eingetragen. Ihr Imbiss**, der** … Institution wurde**,** war Tag und Nacht geöffnet. Seit 2003 …
Gedenktafel**, die** … erinnert.

2 a + b A Menschen, die Currywurst lieben, findet man überall.
B Je nach Region besteht die Currywurst aus einer Brühwurst, die gebraten oder frittiert wird.
C Feinschmecker, die an Currywurst interessiert sind, können auch ins Currywurst-Museum, das in Berlin ist, pilgern.

Teste dich! Satzglieder und Attribute

Seite 67

1 a A Prädikat – B Subjekt – C Dativobjekt – D adverbiale Bestimmung des Grundes –   6 Punkte
E Akkusativobjekt – F adverbiale Bestimmung der Zeit
b D Auf Grund synchroner Frequenzwechsel bei Sender und Empfänger –   4 Punkte
E das Abhören oder Stören eines Funksignals – F während der Datenübermittlung mittels Funk

2 **Adjektivattribut:** synchroner – **Genitivattribut:** eines Funksignals –   4 Punkte
präpositionales Attribut: bei Sender und Empfänger, mittels Funk

3 A Kein Satzglied ist das Genitivattribut. – B Es gibt keine adverbiale Bestimmung der Präposition. –   3 Punkte
C Es gibt keine adverbiale Bestimmung des Genitivs.

Insgesamt zu erreichende Punktzahl: 17 Punkte

Sätze abwechslungsreich gestalten

Satzreihe und Satzgefüge

Seite 68 + 69

1 a + b Christoph Kolumbus ist berühmt, **aber** keiner kennt Gudridur Thorbjanardottir oder Annie Smith Peck. Die Wikingertochter Thorbjanardottir betrat immerhin 500 Jahre vor Kolumbus den neuen Kontinent Amerika und die Bergsteigerin
Peck bestieg 1933 mit 82 Jahren noch den Mount Madison. Weltumrundungen **und** wissenschaftliche Entdeckungsreisen
waren nur eine Art der Herausforderung, **denn** die Abenteurerinnen der ersten Stunden mussten zunächst noch ganz
andere Hürden in einer von Männern dominierten Welt überwinden.

2 A Die Französin Jeanne Baret verkleidete sich 1766 als Mann, **denn** so konnte sie an einer Pflanzenexpedition nach Tahiti
teilnehmen.
B Die Tahitianer waren mit der westlichen Kleiderordnung nicht vertraut **und** sie durchschauten ihr Spiel.
C Trotz dieser Entdeckung wurde Jeanne Baret berühmt, **denn** sie war die erste Frau, die um die Welt gesegelt ist.

3 a–d

A Englische Freunde *erklärten* sie für verrückt, **als** sie von ihrem kühnen Plan *erzählte*.
——————————— Hs ——————————— , **(Konjunktion)** ———— Ns ————.

B Man *war* entsetzt über ihr Reiseziel, **da** im Inneren Afrikas viele gefährliche Tropenkrankheiten *vorkamen*.
——————— Hs ——————— , **(Konjunktion)** ————————————— Ns —————————.

C Mary Kingsley *ließ* sich dennoch nicht entmutigen, **obwohl** die Gefahren unabsehbar *waren*.
————————— Hs ————————— , **(Konjunktion)** ———— Ns ————.

D **Nachdem** sie alle Vobereitungen getroffen *hatte*, *brach* sie per Schiff nach Amerika *auf.*
(Konjunktion) ————— Ns ————— , ——————— Hs ———————.

4

Vorfeld	Linke Satzklammer	Mittelfeld	Rechte Satzklammer	Nachfeld
–	als	sie von ihrem kühnen Plan	erzählte.	–
–	da	im Inneren Afrikas viele gefährliche Tropenkrankheiten	vorkamen.	–
–	obwohl	die Gefahren unabsehbar	waren.	–
–	Nachdem	sie alle Vorbereitungen	getroffen hatte,	–

Adverbialsätze – Satzgefüge bilden

Seite 70

1 a + b A **Nachdem** die Afrikaforscherin Mary Kingsley ins Landesinnere Afrikas vorgedrungen war, erforschte sie die Gegenden um Niger und Cross River.
B Viele Europäer trugen Gewehre und Messer, **damit** sie sich so vor den Eingeborenen schützen konnten.
C Mary Kingsley war stets unbewaffnet, **weil** sie auch in gefährlichen Situationen auf ihre Worte vertraute.
D Die Eingeborenen hatten schnell Respekt vor ihr, **sodass** sie Mary Kingsley manchmal sogar „Sir" nannten.

Stärken stärken: Adverbialsätze erkennen und unterscheiden

Seite 71

1 a + b + c A **Weil** Mary Kingsleys Leidenschaft für Afrika brannte, ... (Adverbialsatz)
Frage: **Warum** kehrte sie 1895 ein drittes Mal zurück? **Kausalsatz**
B ... **nachdem** sie sich als Krankenschwester mit Typhus angesteckt hatte (Adverbialsatz)
Frage: **Wann** starb sie? **Temporalsatz**

2 a + b Nach einem Jahr in Afrika (Wann? aB) – nach England (Wohin? aB) – weil sie sich in Afrika wohler fühlte als in England (Warum? As) – In ihrer Heimat (Wo? aB) – da sie auf ihren weiteren Reisen in Gebiete gelangte (Warum? As)

3 Bevor Mary Kingsley 1895 erneut zurück nach England reiste (Temporalsatz), bestieg sie schnell (aB der Art/Weise) den 4070 Meter hohen Kamerunberg, weil sie das Abenteuer und die Aussicht reizten (Kausalsatz).

Teste dich! Satzgefüge und Satzreihe

Seite 72

1 Trifft nicht zu: A   6 Punkte
Trifft zu: B, C, D, E und F

2 a + b SG: Oft ..., **wenn** (u. Konj.) ... – SR: Im Lauf ..., **denn** (n. Konj.) ... – SG: **Wenn** (u. Konj.) ..., dann ... –   10 Punkte
SG: Die englischen Königinnen ..., **die** (Relativpronomen).... – SG: Dennoch ..., **bis** (u. Konj.) ...

Insgesamt zu erreichende Punktzahl: 16 Punkte

Zeichensetzung – Kommaregeln

Kommasetzung bei Aufzählungen

Seite 73

1 Satz 1 = A – Satz 2 = C – Satz 3 = B

2 a + b Auch in den Armutsvierteln afrikanischer Städte kann man Obst, Gemüse und alle anderen Grundnahrungsmittel kaufen, aber nur mit ausreichend Geld. Eine gute Lösung wäre die Selbstversorgung durch eigenen Gemüseanbau. Das nötige feucht-warme Klima wäre vorhanden, jedoch leider nicht der nötige Platz. Die Lösung sind so genannte Sackgärten, in denen Zwiebeln, Spinat, Kohl und Tomaten angebaut werden. Man braucht nur Platz für zwei Säcke, doch man erntet daraus für eine ganze Familie. Die italienische Hilfsorganisation COOPI unterstützt die Anlage von Sackgärten. Ein bepflanzter Sack kostet 15 €, aber er liefert sechs Monate lang alle drei bis sechs Tage eine Ernte.

3 a + b Jeder Pflanzsack braucht in seinem Inneren kleine Steine, größere Steine, gedüngte Erde. (B)
Die Pflanzen wachsen nicht nur oben aus dem Sack, sondern auch aus den Seiten. (C)
Angepflanzt werden Gemüse des täglichen Bedarfs wie Kohl, Zwiebeln, Paprika. (A)
Der Sack benötigt nur eine kleine Grundfläche, aber er sorgt für eine große Ernte. (C)

Kommasetzung in Satzreihen

Seite 74

1 Kinder in Afrika müssen früh arbeiten, ihre Aufgabe ist häufig die Versorgung mit Holz und Wasser. (A) Sie können oft nicht zur Schule gehen, sondern sie müssen ihrer Familie beim Überleben helfen. (C) Ihre Aufgabe können sie in den trockenen Gebieten oft nur schwer bewältigen, denn es gibt immer weniger Holz (C), die Kinder müssen immer weitere Wege in Kauf nehmen. (A) Ein Solarkocher könnte Holz überflüssig machen(,) und das würde vor allem die Arbeit der Frauen und Kinder vereinfachen. (B)

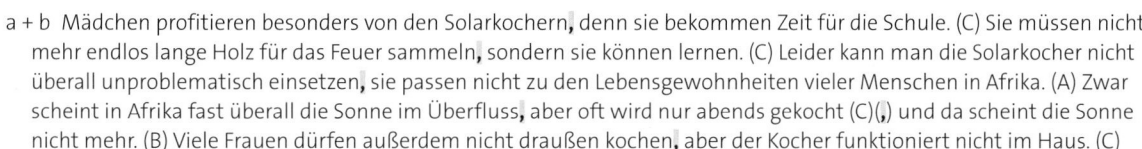

2 a + b Mädchen profitieren besonders von den Solarkochern, denn sie bekommen Zeit für die Schule. (C) Sie müssen nicht mehr endlos lange Holz für das Feuer sammeln, sondern sie können lernen. (C) Leider kann man die Solarkocher nicht überall unproblematisch einsetzen, sie passen nicht zu den Lebensgewohnheiten vieler Menschen in Afrika. (A) Zwar scheint in Afrika fast überall die Sonne im Überfluss, aber oft wird nur abends gekocht (C)(,) und da scheint die Sonne nicht mehr. (B) Viele Frauen dürfen außerdem nicht draußen kochen, aber der Kocher funktioniert nicht im Haus. (C)

3 a + b *Mögliche Lösung:*
Solarkocher könnten eine Lösung für das knapp werdende Holz sein, aber sie bergen Gefahren. Die Spiegel für die Solarkocher können bis zu 300° heiß werden(,) und Kinder können sich leicht Verletzungen zuziehen. Außerdem brauchen Solarkocher viele Schrauben(,) und das ist nicht praktisch. Wanderne Familien müssen den Kocher mitnehmen und an anderen Stellen wieder aufbauen, dabei gehen Schrauben schnell verloren.

Kommasetzung in Satzgefügen

Seite 75

1 Hirse ist das Grundnahrungsmittel vieler Menschen in Afrika[,] weil sie auch unter schwierigen Bedingungen gut angebaut werden kann. (nachgestellter Nebensatz)
Dass sie aber auch sehr gesund ist[,] ist dabei wichtig für die Ernährungssituation der Menschen. (Nebensatz vor dem Hauptsatz)
So gilt Hirse[,] da sie viel Magnesium und Folsäure enthält[,] auch als Gesundmacher. (eingeschobener Nebensatz)

2 Hirse hat ein kräftiges Aroma, das den Hirsebrei sehr schmackhaft macht. Die Hirse wird einfach 30 bis 40 Minuten in Wasser, das sie im Topf bedecken muss, gekocht. Es gilt in der Regel, dass man für ein halbes Pfund Hirse einen halben Liter Wasser nehmen muss. Wenn man Hirse vor dem Garen in einer Pfanne leicht anröstet, bekommt sie einen nussigen Geschmack.

3 a + b + c *Mögliche Lösung:*
Für viele afrikanische Menschen gibt es nur Hirsebrei, weil nichts anderes vorhanden ist.
Der Sackgarten kann eine gute Ergänzung sein, da er Zutaten für eine Gemüsepfanne liefert.
Eine Gemüsebeilage ist eine willkommene Abwechslung, weil sie gesund ist und gut schmeckt.
Alle Gemüsesorten werden geputzt und zerkleinert, damit sie schnell garen können.
Das Garen geschieht in einer Pfanne mit Öl, wenn beides vorhanden ist.

Kommasetzung vor *das* oder *dass*

Seite 76

1 a + b Die afrikanische Sahelzone ist ein Gebiet, *das* durch sehr trockenes Klima mit einer Regenzeit im Jahr bestimmt ist. Die Menschen im Norden haben sich in ihrer Lebensweise dadurch angepasst, *dass* sie der Regenzeit mit ihren Tieren von Weideplatz zu Weideplatz hinterherziehen. Das heißt, *dass* auch die Kinder ständig ihren Wohnort wechseln. Im Süden betreiben die Menschen Ackerbau. Auch in diesen Familien ist es so, *dass* die Kinder früh Aufgaben übernehmen. Die Bevölkerung wächst sehr stark. Das bedeutet, *dass* immer größere Flächen für den Ackerbau benötigt werden.

2 Später wurde es normal, *dass* man die Bäume einfach abgeholzt hat.
Die Staaten der Sahelzone müssen heute daran arbeiten, *dass* der Boden geschützt wird.
Eine Möglichkeit besteht darin, *dass* man den Brennholzbedarf reduziert.
Das kann man dadurch schaffen, *dass* man Lehmöfen baut.
Eine afrikanische Feuerstelle zeichnet sich dadurch aus, *dass* man drei Steine auf die Erde legt und ein Feuer macht.
Ein Lehmofen führt dazu, *dass* man mit viel weniger Holz kocht.
Ein weiterer Vorteil ist, *dass* der Ofen in Afrika gebaut werden kann und nicht viel kostet.

Teste dich! – Kommasetzung

Seite 77

1 Die Wüste wächst, aber es gibt erste Hoffnungsschimmer. (D) – Der Kampf gegen die Wüstenbildung, gegen Abholzung und Abtragung des Bodens ist eine der größten Herausforderungen in Afrika. (A) – Nur Bäume können letztlich die Austrocknung stoppen, denn sie halten den Wind ab und das Wasser im Boden. (B) – Sie sind so wichtig, weil sie Schatten bieten. (C) – Außerdem locken sie Würmer und Insekten an, ihre Blätter dienen als Dünger. (B)   5 Punkte

2 a Seit Jahrzehnten versuchen Wissenschaftler, Agrartechniker und Hilfsorganisationen die Ausbreitung der Wüste zu stoppen. Trockenperioden, Wasserknappheit und der wachsende Bedarf an Feuerholz beschleunigen das Wachsen der Wüsten. Es ist deshalb kein Wunder, dass die Länder der Sahelzone wollen, dass wieder Bäume in der abgeholzten, trockenen Gegend wachsen. In den letzten Jahren haben viele Wissenschaftler experimentiert. Sie haben kleine Bäumchen gepflanzt, größere Bäume gepflanzt, mit Bewässerung, ohne Bewässerung, Windfänge errichtet, Zäune gezogen, aber die Ergebnisse waren kläglich: Mal knabberten Ziegen die jungen Triebe ab, dann fegte ein Sandsturm die Blätter von den Zweigen. Oft fällten auch die Bauern die Bäume, weil sie Feuerholz gewinnen wollten.   13 Punkte
 b Fehlende Kommasetzung bei Aufzählungen   1 Punkt

3 Im Humbo-Tal im afrikanischen Staat Niger hat man die Begrünung der Sahelzone geschafft, aber ganz anders   8 Punkte
als gedacht. Da, wo es eigentlich nichts mehr zu säen und zu ernten gab, gibt es jetzt wieder Schatten, Gras und
anderes Tierfutter. Aber man pflanzt keine neuen Bäume, sondern pflegt alte Baumstümpfe, die dann wieder
Triebe bilden. Viele Kleinfarmer beteiligen sich an der Aktion, sie schneiden die Triebe von den Baumstümpfen.
Die Zweige bleiben schützend auf dem Boden liegen, erst dann dienen sie als Feuerholz. Durch diesen Schutz
gegen die Austrocknung werden die Baumstümpfe wieder grün.

Insgesamt zu erreichende Punktzahl: 27 Punkte

Was kannst du schon? – Rechtschreibstrategien

Seite 78 + 79

1 Schwingen: der Schlüssel, die Winde, der Himmel, die Ernte   16 Punkte

Verlängern: der Zug, das Pfund, der Zwerg, gesund

Zerlegen: die Erdkugel, die Wegbeschreibung, der Ballkünstler, die Gesundheitstage

Ableiten: die Zähne, die Zäune, die Gemäuer, aufräumen

2 Schwingen   Ableiten   Zerlegen   Verlängern   4 Punkte

3 a + b   17 Punkte
die Liebe, die Siebe, der Winter, zieren, sieben, wiegen, liegen   3 Punkte

zieht, kriecht, fließt, ziert, viel, schwimmt

die Ziernaht, die Fließgeschwindigkeit, der Siebdruck, die Zielgerade

4 a Zu korrigieren sind: Grußkarte, Grüßen, ließ, verdrießlich, Verdruss, draußen, Straße, Straßenlaterne,   10 Punkte
Maßband, messen
b Fehler in der s-Schreibung.   1 Punkt

5 a Zu korrigieren sind: traditionellen, Schnitzeljagd, versteckt, Freizeitspaß, Verstecker, Schatzes, Stelle,   8 Punkte
veröffentlicht
b Fehler in der Schreibung des Doppelkonsonanten.   1 Punkt

6 a Zu korrigieren sind: der Schatz, einem Behälter, Tauschgegenstände, der Finder, seinen Fund, Versteck,   10 Punkte
der Spaß, das Bewegen, einen sinnvollen Ausgleich, zum langen Sitzen
b Der Fehlerschwerpunkt: Großschreibung   1 Punkt

Insgesamt zu erreichende Punktzahl: 71 Punkte

Rechtschreibstrategien anwenden

Strategie Schwingen – Wörter deutlich in Silben sprechen
Seite 80

1 a Kuchen, Maler, Regel, Kirsche, Dose, sauer, Bauern, Höfe, Pinsel, Hefte, Seife, Hose

b *Mögliche Zusammensetzungen:* Seifendose, Malerpinsel, Bauernhöfe, Regelhefte, Kuchendose, Sauerkirsche

2 Man spricht in beiden Sprachen *kw*. Im Niederländischen schreibt man *kw*, im Deutschen *qu*.

3 die Quote, das Quadrat, die Quetschung, die Quelle, bequem, der Äquator, das Quantum, die Quittung, quetschen,
das Quittenbrot, quietschen, der Querschnitt, die Quaste

Strategie Verlängern – Einsilber und unklare Auslaute
Seite 81

1 *anzukreuzen sind:* der Gepard, der Leopard, der Hund, hell, rund, mild, müd, lebt, hebt, schwimmt, summt

Nomen: die …	Adjektive: …er als	Verben: wir …
die Geparden, die Leoparden, die Hunde	heller als, runder als, milder als, müder als	wir leben, wir heben, wir schwimmen, wir summen

3 a + b *Zu unterstreichen sind:*

wird (Z. 2) – wir werden, häufig (Z. 2) – häufiger als, nennt (Z. 4) – wir nennen, genutzt (Z. 6) – wir nutzen, viereckig (Z. 6) – eckiger als, zeigt (Z. 6) – wir zeigen, Pferd (Z. 7) – die Pferde, geht (Z. 9) – wir gehen, muss (Z. 12) – wir müssen, Wurfhand (Z. 12) – die Wurfhände, Geschick (Z. 14) – die Geschicke, festlegt (Z. 17) – wir legen fest, Sieg (Z. 17) – die Siege, nötig (Z. 17) – nötiger als, Glück (Z. 22) – glücken, kann (Z. 22, 23) – wir können, Schritt (Z. 23) – die Schritte, gewinnt (Z. 23) – wir gewinnen, ankommt (Z. 24) – wir kommen an

Einsilbige Verbformen verlängern

Seite 82

1 a kennt, lebt, rennt, nennt, kommt, knurrt, bellt, kriegt, birgt, erlebt, verlebt, belebt, bekennt, erkennt, benennt, erstellt, versagt, beklebt

b *Zutreffende Aussagen:*
Das *t* am Wortende gehört zu der Verbform. – Die unklare Stelle liegt vor dem *t*.

c wir kennen, wir leben, wir rennen, wir nennen, wir kommen, wir knurren, wir bellen, wir kriegen, wir bergen, wir erleben, wir verleben, wir beleben, wir bekennen, wir erkennen, wir benennen, wir erstellen, wir versagen, wir bekleben

2 a + b 1 gelebt – leben; 2 gesagt – sagen; 3 getrabt – traben; 4 erlaubt – erlauben; 5 gekrallt – krallen; 6 gefragt – fragen; 7 geknallt – knallen; 8 erkannt – erkennen; 9 geprägt – prägen; 10 geschleppt – schleppen; 11 geschnappt – schnappen; 12 ausgeflippt – ausflippen; 13 bestellt – bestellen; 14 geschabt – schaben; 15 gestellt – stellen

c *Mögliche Sätze:*
Wir hatten **gefragt,** ob es den Film schon auf DVD gibt.
Die Böller haben an Silvester richtig **geknallt.**
Bei der Premiere sind die Fans **ausgeflippt.**
Bestellt hatte ich das Regal schon vor einer Woche.
Das Krokodil hat nach meiner Hand **geschnappt.**

Strategie Zerlegen – Zusammengesetzte Wörter

Seite 83

1 a + b + c *Zerlegen muss man:*
Wind\beutel – die Winde, Pfann\kuchen – die Pfanne, Sand\kuchen – sandig, Land\brot – die Länder, Voll\kornbrot – voller als, Wild\braten – wilder als, Rind\fleisch – die Rinder, Kalb\fleisch – die Kälber, Lamm\wurst – die Lämmer

2 a **Nomen:** die Landschaft, die Freundschaft, die Feindschaft, die Kindheit, die Wildheit, die Wildnis
Adjektive: landlos, freundlich, standhaft, tugendhaft, lieblich, lieblos, rundlich

b die Länder, die Freunde, die Feinde, die Kinder, wilder als, die Stände, die Tugenden, lieber als, runder als

3 *Möglicher Satz: Die freundliche Landschaft kenne ich seit der Kindheit.*

Strategie Ableiten – Wörter mit *ä* und *äu*

Seite 84

1 a A Die Sonne scheint im Sommer **alljährlich prächtig** vom Himmel.
B Das **Kätzchen** schnurrt und **hält** das **glänzende Näschen** in die Sonne.
C Damit die **Gärten gesäubert** werden können, brauchen die **Gärtner** gutes Wetter.
D Die **älteren Bäume** spenden den **Käuzchen** gute **Lebensräume.**

b Wörter mit *ä* – Beweiswort mit *a*	Wörter mit *äu* – Beweiswort mit *au*
das Jahr, die Pracht, die Katze, halten, der Glanz, die Nase, der Garten, alt	sauber, der Baum, der Kauz, der Lebensraum

2 Verwandtes Wort mit *a* oder *au*	Merkwort
Ausläufer – auslaufen, häufig – Haufen, Betäubung – taub, Geräusch – rauschen, Bestäubung – Staub, äußerlich – außen, säuerlich – sauer, einäugig – Auge, Wiederkäuer – kauen, Häsin – Hase, täglich – Tag, bäuerlich – Bauer	Ähre, Äquator, Ägypten, Knäuel, Käfer, Käse, fähig, während

3 *Mögliche Sätze: Auch in Ägypten gibt es Käse. Während ich schlief, träumte ich von einem Käfer.*

Strategiewissen anwenden

Seite 85

1 a zeigt, wichtig, trägt, bewältigt, Weg, lebt, kann, muss, während, Rundzelte, erbärmlich, wärmende, ärmlich, älteren
b Verlängern, Zerlegen, Ableiten

2 **Schwingen:** Sommerzeit, beeindruckendes, Altersklasse
Verlängern: Vordergrund, gleichzeitig, jagt
Ableiten: Sättel, ungefährlich

3 *Mögliche Wörter:* gefährlich, die Gefährdung, gefährden, die Gefährlichkeit, gefahrlos, die Gefahrenzone

Stärken stärken: Strategiewissen anwenden
Seite 86

●○○ 1 a *Richtige Schreibungen sind:* dreitägigen, Wettbewerb, Ringkampf, Pferderennen, älteren, Wasser, besten, Rennpferden, gefährlich
b *Anzukreuzen sind:* Schwingen, Verlängern, Zerlegen, Ableiten

●●○ 2 größer, kennen, kräftig, Fell, zottelig, Verhältnis, gewinnen, härteste, eiskalt, wenig, Gras

●●● 3 **Schwingen:** geritten (Z. 2), Hufgetrappel (Z. 8)
Ableiten: älter (Z. 2) – alt, ungefährlich (Z. 4) – Gefahr
Verlängern: hüllt (Z. 1) – hüllen, allein (Z. 3) – alle, Galopp (Z. 4) – wir galoppieren, kann (Z. 4) – können, kommt (Z. 7) – wir kommen, tobt (Z. 7) – wir toben
Zerlegen: Reiter\gespann (Z. 6; die Gespanne), Renn\ende (Z. 8; wir rennen)

Teste dich! – Strategiewissen
Seite 87

1 *Anzukreuzen sind:*   6 Punkte
Schwingen ist die Strategie des Mitsprechens. Man schreibt, wie man spricht.
Verlängern ist die Strategie für das Wortende.
Verlängern ist die Strategie für einsilbige Wörter.
Zerlegen muss man zusammengesetzte Wörter, um die Verlängerungsstellen herauszufinden.
Ableiten heißt, verwandte Wörter zu suchen.
Ableiten gilt nur für Wörter mit *ä* und *äu*.

2 a + b      5 Punkte
  Wald\brand\gefahr   Schuh\sohlen   End\rundenzeit   Wind\richtung   9 Punkte

  Hand\ball\halb\zeitergeb/nis

3  **Verlängern**   **Zerlegen**   **Ableiten**   16 Punkte

 Verlängern	Zerlegen	Ableiten
übrig (Z. 15), Schnitt (Z. 27), soll (Z. 28, 32), schlug (Z. 31)	Wettkampfform (Z. 2 f.), Ringkampf (Z. 6), Bildschirm (Z. 10), Endrunde (Z. 14 f.)	Männer (Z. 4), läuft (Z. 6), Plätze (Z. 7), Jäckchen (Z. 24 f.), verändert (Z. 34), auffälligen (Z. 36), mächtigen (Z. 37)

Insgesamt zu erreichende Punktzahl: 36 Punkte

Rechtschreibung verstehen – Regeln anwenden

Doppelte Konsonanten – Achte auf die erste Silbe
Seite 88 + 89

●●● 1 a + b A Wenn die erste Silbe offen ist, spricht man den Vokal **lang.**
B Wenn die erste Silbe geschlossen ist, spricht man den Vokal **kurz.**

2 a + b **Erste Silbe offen:** ha ben, der Ha ken, der Ha fen, der Ha se, hei ter, ho len
Erste Silbe geschlossen – Zwei verschiedene Konsonanten: haf ten, die Häl se, hal ten, hin ken, blin ken
Erste Silbe geschlossen – Zwei gleiche Konsonanten: hal len, häm mern, der Ham mel, has sen, der Him mel, die Hen ne

3 **l/ll:** bellt – denn: bellen;   malt – denn: malen
m/mm: hemmt – denn: hemmen;   kommt – denn: kommen
n/nn: nennt – denn: nennen;   meint – denn: meinen
f/ff: hofft – denn: hoffen;   schafft – denn: schaffen

4 a
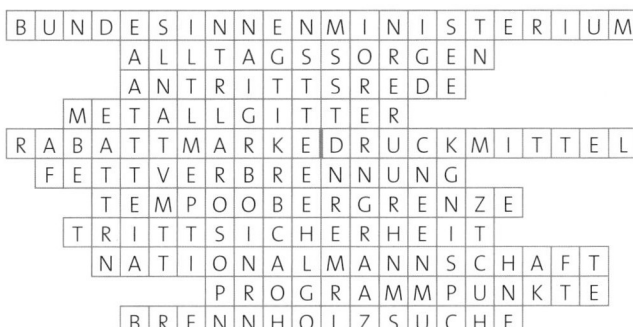

b *Zerlegen muss man:*
Alltagssorgen – alle, Antrittsrede – die Tritte, Metallgitter – die Metalle, Rabattmarke – die Rabatte,
das Druckmittel – drucken, Fettverbrennung – die Fette, Trittsicherheit – die Tritte, Nationalmannschaft – die Männer,
Programmpunkte – die Programme, Brennholzsuche – brennen

5 a + b **Schwingen:** rollen (Z. 4), können (Z. 4), Mitte (Z. 9), gewonnen (Z. 13), immer (Z. 13), geschossen (Z. 13)
Verlängern: kann (Z. 2), Ball (Z. 4), muss (Z. 4), gesteckt (Z. 4), bekommt (Z. 6), rollt (Z. 12), Schuss (Z. 12)
Zerlegen: Sandfußball (Überschrift), Stöckchen (Z. 1, 4), Fußballfeld (Z. 3), Fußballspieler (Z. 6)

s oder *ss?* – Achte auf die erste Silbe

Seite 90

1 a + b **Erste Silbe offen:** die Ha sen, die Va se, das We sen, der Kä se, die Ro se, die Do se, die Ho se
Erste Silbe geschlossen – Zwei verschiedene Konsonanten:
has ten, die Bin se, die Leis te, die Res te, die Brem se, die Gäs te, die Gäm se, der Pin sel
Erste Silbe geschlossen – Zwei gleiche Konsonanten:
 has sen, die Bis se, die Kis se, die Ris se, die Küs se, das Wis sen, fas sen

2 a Man muss sich die Vorsilbe **miss-** merken, weil man sie nicht verlängern kann und sie trotzdem mit doppeltem *s*
geschrieben wird.
b **miss**verstehen, **miss**fallen, **miss**achten, **miss**behagen, **miss**gönnen, **miss**raten, **miss**brauchen, **miss**billigen

s oder *ß?* – Summend oder zischend

Seite 91

1 a + b

Erste Silbe offen – summendes *s*	Erste Silbe offen – zischendes *s*
die Dose, die Hose, die Lose, die Wiesen, der Kiesel, das Wiesel	die Soße, außen, draußen, gießen, schweißen, süßen, fließen, die Füße

2 a niest – niesen, reist – reisen, grast – grasen, preist – preisen | gießt – gießen, reißt – reißen, heißt – heißen, grüßt – grüßen, schmeißt – schmeißen, beißt – beißen

b *Möglicher Satz:*
Wenn es draußen in Strömen regnet, fließt das Wasser als braune Soße durch unseren Garten.

3 Schweiß\gerät – denn: schweißen; Floß\paddel – denn: die Flöße; Gruß\karte – denn: die Grüße;
Schoß\hund – denn: die Schöße; Spaß\veranstaltung – denn: die Späße; Heiß\luftballon – denn: heißer
richtig geschrieben sind: Fleischpreis, Grassamen, Eissorte

ss und *ß* in einer Wortfamilie – Achte auf die erste Silbe

Seite 92

1

Infinitiv	Präsens	Präteritum	Nomen
fließen	es fließt – denn: fließen	er floss – denn: flossen	der Fluss – denn: die Flüsse
gießen	er gießt – denn: gießen	es goss – denn: gossen	der Guss – denn: die Güsse
reißen	er reißt – denn: reißen	er riss – denn: rissen	der Riss – denn: die Risse
schießen	er schießt – denn: schießen	er schoss – denn: schossen	der Schuss – denn: die Schüsse
messen	er misst – denn: messen	er maß – denn: maßen	das Maß – denn: die Maße

2 die Gießkanne – denn: gießen, das Gusseisen – denn: die Güsse, die Rissfestigkeit – denn: die Risse,
die Reißleine – denn: reißen, das Schießpulver – denn: schießen, die Schusslinie – denn: die Schüsse
die Messlatte – denn: messen, der Maßschneider – denn: die Maße

3 a + b

Der Fußballer schoss den Ball mit großer Wucht ins Tor. Weil der Torwart gedöst hatte, konnte der Schuss zu einem guten

Abschluss gebracht werden. Der Schütze ließ sich ins Gras fallen und genoss den Beifall der begeisterten Zuschauer.

i oder *ie?* – Achte auf die erste Silbe
Seite 93

1 a + b + c **Erste Silbe offen:** schie ben, lieg en, schie len; Man spricht das *i* lang.
Erste Silbe geschlossen – Zwei verschiedene Konsonanten:
hin dern, sin gen, win seln, bin den, lin dern, mil dern; Man spricht das *i* kurz.
Erste Silbe geschlossen – Zwei gleiche Konsonanten: his sen, mis sen, wis sen; Man spricht das *i* kurz.

2 das Rind – denn: die Rinder; der Dieb – denn: die Diebe; das Sieb – denn: die Siebe; das Ziel – denn: die Ziele;
der Riss – denn: die Risse; der Biss – denn: die Bisse; der Trieb – denn: die Triebe; das Tier – denn: die Tiere

Der *i*-Laut in Merk- und Fremdwörtern – Achte auf die Silbenzahl
Seite 94

1 a + b **Zweisilber:** Kino, Kilo, Biber, Primel, Tiger, Bibel, zivil, Silo; Es handelt sich um Wörter, die man sich mit *i* merken muss.
Mehrsilber: Tiramisu, Limonade, Termiten, Pantomime, Zitrone, Apfelsine, Bibliothek, Giraffe; Es handelt sich um Wörter,
die laut Regel nicht mit *ie* geschrieben werden.

2 **Wörter mit -ie:** Garantie, Harmonie, Regie, Strategie, Melodie
Wörter mit -iert: garantiert, harmoniert, marschiert, regiert, buchstabiert, fundiert, pikiert, poliert, studiert
Wörter mit -ieren: garantieren, harmonieren, marschieren, regieren, buchstabieren, fundieren, pikieren, polieren, studieren

3 Dieses Spiel wird in Indonesien traditionell von Mädchen gespielt, gilt aber auch in anderen Ländern als sehr beliebt. Alle
Spieler haben die gleiche Anzahl von Spielsteinen, z. B. Kiesel oder Nüsse. Zu Beginn verteilt ein Spieler alle Steine willkürlich
vor sich auf dem Boden. Nur einen Stein behält man, den Kokojo. Diesen legt man auf den eigenen Handrücken und wirft ihn
hoch in die Luft. Solange sich der Stein in der Luft befindet, muss man möglichst viele seiner Steine einsammeln. Dann muss
man den Kokojo wieder auffangen, bevor er auf den Boden fällt. Es gewinnt, wer als Erstes alle Steine einsammeln konnte
und erst danach den Kokojo wieder auffängt.

Wörter mit *h* – Hören oder merken
Seite 95

1 a + b

Die Fahrer fahren die Autos in die Werkstatt. Wir gehen in die Eisdiele und schlecken ein Eis mit Sahne.

Die Ärzte ziehen die Zähne heute nicht mehr so schnell wie früher.

2 a + b **Merkwörter sind:** der Rahm, der Lohn, der Zahn, zahm, sehr, der Kahn
Verlängerungswörter sind: sprüht – sprühen, das Reh – die Rehe, geh – gehen, o weh – wehe

3 (1) erzählen: der Erzähler, erzählt, das Erzählgerüst
(2) rühren: gerührt, das Rührgerät, der Rührstab, der Rührkuchen
(3) wehren: wehrhaft, der Wehrdienst, wehrlos, die Wehrpflicht
(4) wählen: er wählt, das Wahljahr, der Wähler, die Wählscheibe, das Wahlergebnis
(5) bohren: die Bohrinsel, die Bohrmaschine, das Bohrloch, gebohrt

4 a + b

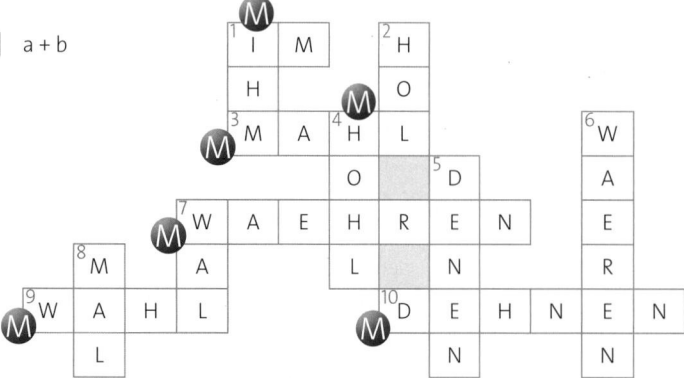

Teste dich! – Regelwissen

Seite 96

1 Richtig sind die Aussagen: B, C, E, F, G   Falsch sind die Aussagen: A, D   7 Punkte

2 können (Z.1), essen (Z.1), satt (Z.3), Trick (Z.4), Nimm (Z.4), Stückchen (Z.4), Zettel (Z.5), Notizblock (Z.5),   13 Punkte
soll (Z.6), umwickelst (Z.8), Gummiband (Z.9), kannst (Z.10), fallen (Z.10)

3 Essen (Z.1), speist (Z.1), meistens (Z.1), Großfamilie (Z.2), Wasser (Z.3), große (Z.3), Schüssel (Z.3), Reis (Z.3),   14 Punkte
Soße (Z.4, 7), isst (Z.4), Messer (Z.5), gegessen (Z.5), muss (Z.7)

Insgesamt zu erreichende Punktzahl: 34 Punkte

Groß- und Kleinschreibung

Nomenproben anwenden

Seite 97

1 *die* Ostküste, *die* Insel, *die* Welt, *die* Zeit, *der* Packeisgürtel, *die* Gegenden, *die* Jahreshälfte, *die* Versorgungsschiffe, *das* Land,
die Einwohner, *das* Dorf, *die* Siedlung, *die* Kleinstadt, *die* Gemeinde, *die* Menschen, *die* Fläche, *die* Spur, *der* Weg, *der* Winter,
die Spur, *der* Hundeschlitten, *die* Skiwanderer, *die* Schneemobile, *die* Richtung

2 a Man kann nicht verstehen, um was es geht.

2 b Nomen mit Numerale, Nomen mit Adjektiven, Nomen ohne Begleiter

3 a + b + c Die *Ostküste* der größten *Insel* der Welt ist die meiste *Zeit* des Jahres durch einen gigantischen *Packeisgürtel* isoliert.
Sie ist eine der unwirtlichsten und dennoch besiedelten *Gegenden* der Welt. Nur in der wärmeren *Jahreshälfte* können
Versorgungsschiffe (= die Versorgungsschiffe) bis zum Land vordringen. Wenige *Einwohner* leben in dem *Dorf* Tiniteqilaaq,
damit ist die *Siedlung* hier schon eine mittlere *Kleinstadt*: Denn insgesamt leben in der gesamten *Gemeinde* Ammassalik
nur etwa dreitausendfünfhundert *Menschen*. Ihre *Fläche* aber ist größer als Deutschland. Keine *Spur*, kein *Weg* führt nach
Tiniteqilaaq. Im *Winter* ist es nur eine Spur der *Hundeschlitten*, *Skiwanderer* (= die Skiwanderer) und *Schneemobile* (= die
Schneemobile), die die *Richtung* weist.

Nomenendungen erkennen

Seite 98

1 a + b

			U	M	G	E	B	E	N				Umgebung
		F	R	E	U	N	D	R	E	I	C	H	Freundschaft, Reichtum
	F	R	E	U	N	D	L	I	C	H			Freundlichkeit
	E	R	E	I	G	N	E	N	L	A	N	D	Ereignis, Landschaft
		B	R	A	U	C	H						Brauchtum
B	I	T	T	E	R		I	R	R	E	N		Bitterkeit, Irrtum
		Ü	B	E	R	R	A	S	C	H	E	N	Überraschung
	A	U	S	G	R	A	B	E	N				Ausgrabung
E	R	Z	E	U	G	E	N	E	I	G	E	N	Erzeugnis, Eignung, Eigentum
	H	E	I	T	E	R	F	I	N	S	T	E	R	Heiterkeit, Finsternis
E	R	B	E	N		E	I	N	S	A	M		Erbschaft, Einsamkeit
	E	R	L	E	B	E	N						Erlebnis
				D	U	N	K	E	L				Dunkelheit
N	A	C	H	S	I	C	H	T	I	G			Nachsichtigkeit

2 *Zu markieren sind:*
Finsternis (Z.2), Erleuchtung (Z.3), Bedeutung (Z.4), Dunkelheit (Z.4 f.), Vorstellung (Z.5), Sonnenlosigkeit (Z.7), Landschaft (Z.9),
Gemütlichkeit (Z.10), Geborgenheit (Z.12), Helligkeit (Z.14), Behaglichkeit (Z.16), Geselligkeit (Z.17), Gastfreundschaft (Z.17),
Abwechslung (Z.19), Einsamkeit (Z.23)

Aus Verben und Adjektiven Nomen bilden

Seite 99

1 a Nahrung (Z. 3 u. 6), Erfahrung (Z. 4 f.), Verfügung (Z. 5), Erhaltung (Z. 7), Ernährung (Z. 8), Mangelerscheinungen (Z. 18), Ergänzung (Z. 19 f.)

b **als Nomen gebrauchte Verben:** ums Überleben (Z. 2), das Beschaffen (Z. 3), das Garen (Z. 9), ein Ausgleichen (Z. 12), das Sammeln (Z. 19) — **als Nomen gebrauchtes Adjektiv:** das Wichtigste (Z. 8)

2 a *Gemeinsames Thema:* die Verhinderung von Mangelerscheinungen durch die Ernährung der Inuit

b *Mögliche Sätze:*
Um Skorbut zu verhindern, ist das **Vorsorgen** wichtig.
Adam fiel das **Herunterwürgen** der Nahrung schwer.

Teste dich! – Groß- oder Kleinschreibung?

Seite 100

1 a Stunden (Z. 1), Allut (Z. 1 f.), Qortoq (Z. 3, 8), Pipaluk (Z. 3, 7) Schneehaus (Z. 4), Hilfsangebote (Z. 5),   19 Punkte
Seehundfelle (Z. 8), Fängen (Z. 9), Bänke (Z. 10), Schnee (Z. 10), Innenwand (Z. 10), Illuliaq (Z. 11), Docht (Z. 12),
Schale (Z. 12), Seehundfett (Z. 13), Felle (Z. 13), Geruch (Z. 15), Schneebänke (Z. 17), Bienenkorb (Z. 18)

b Adjektive als Begleiter: **früheren** Fängen (Z. 8 f.), **kleinen** Schale (Z. 12), **strengen** Geruch (Z. 15),   7 Punkte
kleinen Bienenkorb (Z. 18) — Zahlwörter als Begleiter: **drei** Stunden (Z. 1), **kein** Allut (Z. 1 f.), **alle** Hilfsangebote (Z. 5)

c **kein** Allut = unbestimmtes Zahlwort; **des** Illuliaq = Artikel   2 Punkte

2 a die Schneeland**schaft** (Z. 2), die Verwend**ung** (Z. 5), die Neig**ung** (Z. 11)   3 Punkte

b — als Nomen gebrauchte Verben: das Bauen (Z. 1), das Suchen (Z. 2), das Zeichnen (Z. 3), das Ausschneiden (Z. 6 f.)   5 Punkte
— als Nomen genutztes Adjektiv: das Beste (Z. 11)

3 a + b **die B**locklinie (Z. 1), **drei S**piralen (Z. 3), **viele I**glubauer (Z. 4), **die N**eigung (Z. 7), **die schmale S**eite (Z. 10),   10 Punkte
viele Löcher (Z. 11), **alle Ö**ffnungen (Z. 13), **der S**chluss (Z. 14), **der E**ingang (Z. 14), **die warme L**uft (Z. 15)   3 Punkte

Insgesamt zu erreichende Punktzahl: 49 Punkte

Getrennt- und Zusammenschreibung

Zusammenschreibung – *los + fahren = losfahren*

Seite 101

1 *Mögliche Zusammensetzungen:*
die Petroleumlampen, die Wunderkerzen, die Bilderrahmen, die Kinderrechte, die Kerzendochte, die Rosinenbrote, die Lichterkette, die Morgensonne, die Rockfalte

2 *Mögliche Zusammensetzungen:*
wasserblau, tiefblau, himmelblau, hellblau, kornblumenblau, schwarzblau,
feuerrot, tomatenrot, blutrot, dunkelrot, backsteinrot, alarmrot

3 a + b *Mögliche Lösung:*
um\herfahren, **los**laufen, **um**gehen, **bei**springen, **aus**gehen, **an**fahren, **ab**lassen, **herab**lassen, **daneben**springen, **da**lassen,
vorfahren, **weg**laufen, hin\aufgehen, **entgegen**laufen, **ein**laufen, **mit**laufen, her\anfahren, **herum**springen, **auf**fahren,
zu\rückspringen, her\unterspringen

Stärken stärken: Zusammenschreibung

Seite 102

1 b A Landeswettbewerb, Startschuss, Startergruppe — B kristallklar, blitzschnell — C tiefblau —
D loslaufen, davonklettern, hinaufquälen

2 *Mögliche Lösung:*

A Nomen + Nomen	B Nomen + Adjektiv — C Adjektiv + Adjektiv	D unveränderliches Wort + Verb
Kornblumenfeld, Kornblumenblüte, Wasserlinie, Schlangenbiss, Hagelkörner, Regentropfen	B kornblumenblau, sonnengelb, kohlschwarz, himmelblau, blütenweiß — C hellgelb, dunkelgelb, mittelblau, schwarzblau	anlaufen, hinlaufen, losfahren, weiterspielen, zurückrennen

3 Rennläufer, überquert, Ziellinie, Sportwettbewerb, Chance bieten, überleben, erfolgreiches, anlocken

Getrenntschreibung – *da sein* und *Dinge erledigen*

Seite 103

1 *Mögliche Lösung:* Fahrrad fahren, Kartoffeln schälen, Hausaufgaben machen, Tisch decken, Socken stricken, Tennis spielen, Zimmer aufräumen, Aufgaben lösen

2 a *Mögliche Lösung:*
einkaufen gehen, bleiben dürfen, laufen lassen, lernen wollen, schwimmen trainieren, putzen mögen, vorsingen üben, denken müssen, stehen können, arbeiten sollen
b *Mögliche Lösungen:*
1 Der Lehrer meint, dass die Kinder nicht *üben mögen, lernen wollen, denken mögen* …
2 Karina und Cara mögen nicht daran denken, dass sie *arbeiten müssen, lernen müssen* …
3 Luis und Mustafa kriegen gute Laune, weil sie *schwimmen gehen, einkaufen gehen* …

3 aus sein, zusammen sein, zurück sein, fertig sein, bereit sein, da sein, vorbei sein, hinüber sein, dabei sein, an sein, auf sein, hier sein

Stärken stärken: Getrenntschreibung

Seite 104

1 1 Wenn du am Nachmittag kommen möchtest (B), werde ich da sein (C).
2 Wir können zuerst die Hausaufgaben machen (A) und uns dann etwas vornehmen.
3 Wir haben die Wahl zwischen Fahrrad fahren (A) und schwimmen gehen (B).
4 Gegen 18:00 Uhr muss ich aber wegen des Fußballtrainings wieder zurück sein (C).

2 *Mögliche Lösungen:*

A Nomen + Nomen	B Verb + Verb	C Verbindung mit „sein"
Betten machen, Gemüse kochen, Kuchen backen, Hausaufgaben machen, Fahrrad fahren, Fleisch grillen	laufen müssen, denken wollen, üben müssen, spielen wollen, schwimmen lernen, laufen lernen	dabei sein, fertig sein, da sein, zurück sein, zusammen sein, bereit sein

3 A Wenn ich von der Arbeit komme, muss ich meine **Kleidung auslüften,** weil sie riecht.
B Für das Abendbrot werde ich den **Tisch decken,** damit ich mit meiner Familie zusammen **essen kann.**
C Ich will nicht ständig **genervt sein** und ich will auch nicht immer Rücksicht **nehmen müssen.**

Teste dich! – Getrennt oder zusammen?

Seite 105

1 *Zusammengesetzte Nomen:* Auslandstouristen (Z. 3), Naturschönheit (Z. 3 f.), Berglandschaft (Z. 4), Provinzhauptstadt (Z. 5), Reiseknotenpunkt (Z. 5 f.), Wintersport (Z. 7), Bergführer (Z. 11), Skilehrer (Z. 11), Bergretter (Z. 11), Lebensgrundlage (Z. 12)   10 Punkte

2 Skigebiet, Bergbewohnern, liegen bleiben, zuständig sind, ankurbeln, unterstützen, anlocken, vorbereiten wollen   8 Punkte

3 A Berghängen, Lawinensuchgeräte – B bitterarm – C anbauen müssten, gehen wollte, retten müssen –   9 Punkte
D überreden, ausgebildet, vorbereitet

Insgesamt zu erreichende Punktzahl: 27 Punkte

Fit für Tests

1. Teil: Textverständnis
22 Punkte

Seite 107 + 108

Aufgabe 1: Richtige Aussagen: A und E
2 Punkte

Aufgabe 2: Richtige Reihenfolge der Abschnittsüberschriften: E – C – B – D – A
5 Punkte

Aufgabe 3: *Beispiellösung:*
5 Punkte
Der „Homo erectus" nutzte vor 1,5 Millionen Jahren das Feuer, um Licht und Wärme zu haben, zum Schutz vor Tieren, um Speisen zuzubereiten und um in kalten Regionen überleben zu können.

Aufgabe 4: A Holz – Wasser – F Fett (in der Pfanne) – Schaum – einem Deckel
5 Punkte

Aufgabe 5: 1992 – 1996 – sehr gering / sehr niedrig – 500 – Anzahl der Waldbrände
5 Punkte

2. Teil: Schreiben
16 Punkte

Seite 109

Aufgabe 6: *Beispiellösungen:*
6 Punkte
A Die Forscher vermuten/glauben, dass schon der Neandertaler Feuer anzünden/entzünden/machen konnte. – B Sprüht/Gießt/Schüttet man Wasser auf etwas Brennendes, wird der Flamme Energie weggenommen/ fortgenommen. – C Feuerlöscher sollten im Haushalt immer in der Nähe / zur Verfügung sein, um kleine Brände sofort ersticken zu können.

Aufgabe 7:
4 Punkte
B Es ist sehr eilig/dringend. / Es ist mir sehr wichtig. – C Sie ließ mich warten. – D Ich bin begeistert. – E Die Wunde schmerzt.

Aufgabe 8: A brennend – B gebrannt – C brennbar – D brenzlig
4 Punkte

Aufgabe 9: (Beachte: Du erhältst zwei Punkte, wenn alle vier Verben richtig eingeordnet sind, bei einem Fehler bekommst du einen Punkt, bei zwei Fehlern keinen Punkt.)
2 Punkte
Richtige Reihenfolge (von links nach rechts): lodern – flackern – glühen – schwelen – glimmen – erlöschen

3. Teil: Rechtschreibung und Zeichensetzung
15 Punkte

Seite 110

Aufgabe 10: sie – heißt – Weisheit – bewährt – Umgehen
5 Punkte

Aufgabe 11: (Beachte: Jedes zu viel oder falsch gesetzte Komma ergibt jeweils einen Punkt Abzug!)
4 Punkte
Im Mittelalter kamen Großbrände, bei denen ganze Stadtviertel abbrannten, sehr oft vor. Erst ab dem 14. Jahrhundert brannte es seltener, da nun Stein immer mehr das Holz als Baumaterial ersetzte. Brandschutzverordnungen enthielten lange Zeit zum Beispiel die Bestimmung, dass nachts alle Feuer ausgemacht werden mussten.

Aufgabe 12: (Beachte: Nur für jedes vollständig richtig getrennte Wort gibt es einen Punkt!)
3 Punkte
Feu-er-wehr-sprit-ze, Brand-stif-tung, Nacht-wäch-ter

Aufgabe 13: (Beachte: Nur für jeden Satz mit vollständig richtiger Zeichensetzung gibt es einen Punkt!)
3 Punkte
A Oft wurden die Stadtbewohner mit dem Ruf „Feurio!" aus dem Schlaf gerissen.
B „Bildet vom Brunnen aus eine Kette mit Wassereimern", befahl der Brandmeister, „und reicht sie rasch weiter!"
C In seinem „Lied von der Glocke" schildert Friedrich Schiller die Situation bei einem verheerenden Brand.

4. Teil: Grammatik
8 Punkte

Seite 111

Aufgabe 14: A Kausalsatz – B Temporalsatz
2 Punkte

Aufgabe 15:
4 Punkte
A Aktiv → Umwandlung: Noch heute wird (von den Medien) jeden Sommer über verheerende Waldbrände berichtet.
B Passiv → Umwandlung: Eine weggeworfene Zigarette verursacht oft riesige Flächenbrände.

Aufgabe 16: (1 Punkt für das veränderte Personalpronomen und 1 Punkt für den richtigen Konjunktiv)
2 Punkte
Der Feuerwehrmann warnt Peter, er müsse mit Feuer vorsichtig sein.

Insgesamt zu erreichende Punktzahl:
61 Punkte

Baden-Württemberg

Deutschbuch

Differenzierende Ausgabe

Arbeitsheft 3

Schreiben
Texte und Medien
Grammatik
Rechtschreibung
Lernstandstest

Herausgegeben von
Christa Becker-Binder und Dorothea Fogt

Erarbeitet von
Dorothea Fogt (Mannheim),
Agnes Fulde (Gütersloh),
Andreas Glas (Stuttgart)
und Christian Weißenburger (Ludwigsburg)

 Deine **interaktiven Übungen** findest du hier:

1. Melde dich auf scook.de an.
2. Gib den unten stehenden Zugangscode in die Box ein.
3. Hab viel Spaß mit deinen interaktiven Übungen.

Dein Zugangscode auf
www.scook.de

Die interaktiven Übungen können dort
nach Bestätigung der AGB und
Lizenzbedingungen genutzt werden.

2dw2-3z-as5u

Inhaltsverzeichnis

Kennzeichnungen in diesem Arbeitsheft:

1 Aufgabe

●○○ Diese Aufgaben sind eher leicht.

●●○ Diese Aufgaben sind schon etwas kniffliger.

●●● Diese Aufgaben sind etwas für Profis.

Du kannst immer mit den leichteren Aufgaben beginnen und dich bis zu den Aufgaben für Profis durcharbeiten.

Information Zusammenfassung des Grundwissens

Methode Aufzeigen einer Vorgehensweise

⌐ Tipps und Arbeitshilfen

▶ Der Pfeil sagt dir, auf welcher Seite du etwas nachschlagen kannst.

Mit dem beigefügten Lösungsheft kannst du deine Ergebnisse zu den Aufgaben und Tests selbst überprüfen.

Zu einer Ballade schreiben

Information	Zu einer Ballade schreiben

- Erschließe den **Inhalt der Ballade.**
- Versetze dich in die **Figuren** und notiere ihre **Eigenschaften** und **Gefühle.**
- Mache dir klar, welche Art von Text (Erzählung, Selbstgespräch, Tagebucheintrag, Brief, Bericht)
  du schreiben sollst und was die Textart von dir verlangt, z. B. Präteritum, Ich-Form usw.
- Verfasse einen Schreibplan oder notiere deine Ideen.

1 Lies die Ballade. Hast du auch schon Abenteuer auf Urlaubsfahrten erlebt? Notiere.

_____

_____

_____

Gertraud Bildl

Autobahnballade

1 Vater, Mutter, Söhnchen, Sohn
auf dem Weg nach Süden schon –
Autobahn glänzt regennass,
erstes Ziel: der Brennerpass.

Vierköpfige Familie fährt auf der Autobahn Richtung Süden.

5 2 Söhnchen quengelt: „Ich will raus!"
„Nächster Parkplatz! Klappe! Aus!"
Essen, trinken und aufs Klo,
jetzt sind Sohn und Söhnchen froh.

Söhnchen quengelt, Vater hält auf Parkplatz an.

3 Minuten später Söhnchen greint:
10 „Sind wir bald da?" Der Vater meint:
„Etwas müsst ihr schon noch warten."
Sohn und Söhnchen spielen Karten.

_____

4 Autolampen, Lichtgefunkel –
Regen rinnt im Abenddunkel.
15 Mutter Elvis säuseln lässt.
Sohn und Söhnchen schlafen fest.

_____

5 Vater hält am Rasthaus an,
weil er kaum noch sehen kann.
Eltern wollen Kaffee trinken,
20 um nicht in den Schlaf zu sinken.

_____

6 Plastikkaffee – schon geht's weiter.
Später fragt die Mama heiter:
„Alles klar, Sohn eins und zwei?"
Benny regt sich: „Wo ist Kai?"

Weiterfahrt, Mutter fragt gut gelaunt, ob alles in Ordnung sei.

7 Kai ist weg! Blankes Entsetzen.
  Eilig durch die Ausfahrt hetzen.
  „Polizei – ruf schnell dort an!"
  Ob sie Kai gleich finden kann?

8 Auf dem Parkplatz kreuz und quer
  kurvt der Papa hin und her.
  „Kai!", ruft Mama dauernd laut.
  Benny ängstlich Nägel kaut.

9 Lichter kreisen – Menschen rennen,   *Benny entdeckt Kai.*
  Benny ist nah dran zu flennen.
  Doch dann schlägt er hart ans Fenster,
  denn er glaubt, er sieht Gespenster:

10 Da sitzt im Bus der Polizei
   am Steuer stolz der Bruder Kai
   und drückt auch gleich auf die Sirene,
   er genießt sogar die Szene!

11 Umarmung, Küsse, Tränen, Fragen –
   „Ich hatte Durst und wollt' es sagen,
   ich lief euch nach, doch Riesenschreck,
   es war das Auto plötzlich weg.

12 Beim Rasthaus setzte ich mich nieder.   *Kai erklärt sein Verschwinden.*
   Ich hoffte sehr, ihr kommt bald wieder.
   Die Polizei hat mich gefunden
   und drehte mit mir ein paar Runden."

13 Die Eltern sind noch immer bleich,
   doch Söhnchen boxt den Bruder gleich.
   Die Polizisten aber mahnen:
   „Vergesst niemand an Autobahnen!"

2 **a** Unterstreiche Schlüsselwörter:
   – <u>Wer</u> ist am Geschehen beteiligt?
   – <u>Wo</u> spielt sich das Geschehen ab?
   – <u>Was</u> geschieht Aufregendes?
   b Markiere in einer anderen Farbe die Gefühle der beteiligten Figuren.

3 Ergänze auf den Linien neben den Strophen ihren Inhalt (die Erzählschritte) in Stichworten oder ganzen Sätzen.
   Nenne auch die Gefühle, wenn sie für die Handlung wichtig sind.

4 Schreibe auf, wo für dich der Spannungshöhepunkt der Ballade liegt. Begründe kurz.
   <u>Tipp:</u> Du kannst dafür zunächst eine Spannungskurve in dein Heft zeichnen.

Stärken stärken: Einen Brief zu einer Ballade schreiben

Information	Aus der Perspektive einer literarischen Figur schreiben

Wenn du aus der Perspektive (Sicht) einer literarischen Figur einen Brief schreibst, versetzt du dich in die Figur. Überlege:

- Was **erlebte** die Figur?
- Was **dachte** und **fühlte** die Figur?

Schreibe in der **Ich-Form.** Verwende das **Präteritum.**

●○○ **1** Versetze dich in die Lage von Kai. Wie fühlte er sich auf der Autobahnraststätte?
Was ging ihm durch den Kopf? Notiere deine Ideen spontan in den beiden folgenden Clustern.

Kai allein auf der Autobahnraststätte

Kai in der Obhut der Polizei

●○○ **2** Glücklich am Urlaubsort angekommen, schreibt Kai einen Brief an seine Großeltern. Ergänze den folgenden Anfang des Briefes mit ein oder zwei Sätzen, in denen klar wird, worum es in dem Brief gehen soll.

Amalfi, den 22.08.20XX

Liebe Großeltern,

ihr werdet mir ganz bestimmt nicht glauben, was mir auf der Fahrt ...

∞ 3 Formuliere nun den Hauptteil des Briefes.

a Lies die Strophen 10 bis 12 auf der Seite 5 noch einmal ganz genau.

b Bringe die folgenden Ereignisse in die richtige zeitliche Reihenfolge, indem du die Sätze nummerierst.

        Die Polizei fand mich.

        Dann fiel ich euch in die Arme.

  2 Ich lief euch noch hinterher, doch ihr ward nicht mehr da.

        Als ich euch sah, drückte ich auf die Sirene.

        Beim Rasthaus wartete und hoffte ich, dass ihr bald wiederkommt.

        Die Polizei fuhr mit mir über den Rastplatz.

        Ich wollte nur etwas trinken.

c Formuliere den Hauptteil des Briefes in deinem Heft. Nutze dafür deine Vorarbeiten:
  – In Aufgabe 1 hast du die Gefühle und Gedanken von Kai gesammelt.
  – In Aufgabe 3 b hast du die wichtigsten Ereignisse in die richtige Ordnung gebracht.

∞ 4 Formuliere einen Schluss für deinen Brief.
Du kannst zum Beispiel einer Hoffnung Ausdruck geben oder einen Wunsch formulieren.

_____

_____

_____

∞ 5 Kontrolliere deinen Brief mit Hilfe des Tippkastens.
Hast du an alles gedacht?

	Briefkopf (Ort, Datum)
Anrede:	Lieber …, Hallo …
Einleitung:	Bezug zum Vorfall
Hauptteil:	Gedanken, Gefühle …
	Schilderung der Situation
Schluss:	Frage, Bitte, Wunsch …
Grußformel:	Herzliche/Viele Grüße
Unterschrift:	

Stärken stärken: Einen Tagebucheintrag zu einer Ballade schreiben

Information	Aus der Perspektive einer literarischen Figur schreiben

Wenn du aus der Perspektive (Sicht) einer literarischen Figur einen Tagebucheintrag schreibst, versetzt du dich in die Figur. Überlege: Was hat die Figur **erlebt**? Was hat die Figur **gedacht** und **gefühlt**? Was hat die Figur möglicherweise aus dem Vorfall **gelernt**? Welche Schlüsse zieht sie? Schreibe in der **Ich-Form**.

●●○ **1** Wie hat Kais älterer Bruder Benny die Ereignisse erlebt?

   a Lies die Strophen 6 bis 11 noch einmal ganz genau.

   b In den Strophen 6 und 9 trägt Benny ganz entscheidend dazu bei, dass die Fahrt in den Urlaub doch noch ein gutes Ende nimmt. Notiere, was Benny jeweils auffällt.

Strophe 6: _____

Strophe 9: _____

   c Fasse in einem Satz zusammen, wie sich Benny in den Strophen 8 und 9 fühlt.

_____

_____

●●○ **2** Beschreibe Bennys Gefühle und Gedanken für den Hauptteil eines Tagebucheintrags nun genauer. Du kannst die folgenden Formulierungsbausteine in deinem Heft ergänzen.

> Formulierungsbausteine
>
> Mir schoss durch den Kopf: Was, wenn … •
> Meine Angst wuchs von Sekunde zu Sekunde. Es ist mir fast ein bisschen peinlich, aber … •
> Als ich Kai dann in diesem Polizeiwagen sah, war ich …

●●○ **3** Welche Schlüsse könnte Benny am Ende seines Tagebucheintrags aus dem Vorfall ziehen? Notiere Stichworte.

_____

_____

●●○ **4** Verfasse aus Bennys Sicht einen kompletten Tagebucheintrag zu den Ereignissen. Greife dabei auf deine Vorarbeiten aus den Aufgaben 1 bis 3 zurück und nutze den folgenden Anfang.

> *Amalfi, den 23.08.20XX*
>
> *Liebes Tagebuch,*
> *eigentlich sind Fahrten in den Urlaub ja langweilig und ziehen sich endlos hin. Heute aber war das leider völlig anders! Wir waren nach einem kurzen Stopp auf einer Autobahnraststätte gerade wieder losgefahren, als ich mit einem riesigen Schreck bemerkte, …*

Stärken stärken: Eine Erzählung zu einer Ballade schreiben

Eine Erzählung zu einer Ballade schreiben

Um eine **spannende Erzählung** zu einer Ballade zu schreiben, befolge folgende Schritte:
- Erschließe dir zunächst den **Inhalt**: Lies die Ballade genau, kläre unklare Begriffe, markiere wichtige Textstellen (Schlüsselwörter) und beantworte W-Fragen (Wer? Wo? Wann? Was?).
- Erstelle dann einen **Schreibplan**: Halte alle wichtigen Handlungsschritte in Stichpunkten fest: Welche Angaben kannst du übernehmen? Welche Angaben musst du verändern oder dazuerfinden? Versetze dich in die Figuren, notiere ihre Eigenschaften und Gefühle.
- Denke **beim Schreiben** an die **Merkmale des Erzählens:** Verwende einen abwechslungsreichen Satzbau, anschauliche Adjektive, treffende Verben, sprachliche Bilder, wörtliche Rede und als Zeitform das Präteritum.
  - Die **Einleitung** führt zum Geschehen hin, beantwortet die W-Fragen, verrät aber nicht zu viel.
  - Der **Hauptteil** stellt die Geschichte ausführlich und anschaulich mit eigenen Worten dar.
  - Der **Schluss** rundet das Geschehen ab oder gibt einen Ausblick.

Johann Wolfgang Goethe

Johanna Sebus

Zum Andenken der siebzehnjährigen Schönen, Guten aus dem Dorfe Brienen[1], die am 13. Januar 1809 bei dem Eisgange des Rheins und dem großen Bruche des Dammes von Cleverham, Hilfe reichend, unterging.

Der Damm zerreißt, das Feld erbraust,
    Die Fluten spülen, die Fläche saust.
„Ich trage dich, Mutter, durch die Flut,
Noch reicht sie nicht hoch, ich wate gut."
5 „Auch uns bedenke, bedrängt wie wir sind,
Die Hausgenossin, drei arme Kind!
Die schwache Frau! ... Du gehst davon!" –
Sie trägt die Mutter durchs Wasser schon.
„Zum Bühle[2] da rettet euch! Harret[3] derweil;
10 Gleich kehr ich zurück, uns allen ist Heil.
Zum Bühl ist's noch trocken und wenige Schritt';
Doch nehmt auch mir meine Ziege mit!"

Der Damm zerschmilzt, das Feld erbraust,
    Die Fluten wühlen, die Fläche saust.
15 Sie setzt die Mutter auf sichres Land,
Schön Suschen[4], gleich wieder zur Flut gewandt.
„Wohin? Wohin? Die Breite schwoll,
Des Wassers ist hüben und drüben voll.
Verwegen ins Tiefe willst du hinein!" –
20 „Sie sollen und müssen gerettet sein!"

Der Damm verschwindet, die Welle braust,
    Eine Meereswoge, sie schwankt und saust.
Schön Suschen schreitet gewohnten Steg,
Umströmt auch gleitet sie nicht vom Weg,
25 Erreicht den Bühl und die Nachbarin;
Doch der und den Kindern kein Gewinn!

Der Damm verschwand, ein Meer erbraust's,
    Den kleinen Hügel im Kreis umsaust's.
Da gähnet und wirbelt der schäumende Schlund
30 Und ziehet die Frau mit den Kindern zu Grund;
Das Horn der Ziege fasst das ein',
So sollten sie alle verloren sein!
Schön Suschen steht noch strack und gut:
Wer rettet das junge, das edelste Blut!
35 Schön Suschen steht noch wie ein Stern;
Doch alle Werber sind alle fern.
Rings um sie her ist Wasserbahn,
Kein Schifflein schwimmet zu ihr heran.
Noch einmal blickt sie zum Himmel hinauf,
40 Da nehmen die schmeichelnden Fluten sie auf.

Kein Damm, kein Feld! Nur hier und dort
    Bezeichnet ein Baum, ein Turm den Ort.
Bedeckt ist alles mit Wasserschwall;
Doch Suschens Bild schwebt überall. –
45 Das Wasser sinkt, das Land erscheint,
Und überall wird schön Suschen beweint. –
Und dem sei, wer's nicht singt und sagt,
Im Leben und Tod nicht nachgefragt!

―――

1 Brienen: heute Stadtteil von Kleve am Niederrhein

2 Bühl: Hügel

3 harren: warten

4 Suschen: Im Gedicht nennt Goethe, vielleicht aus Gründen des Reims, Johanna Sebus so.

● ● ● 1   Lies die Ballade – am besten zweimal – und überlege, was geschah. Kreuze die richtigen Antworten an.

A ☐   Eine junge Frau und ihre zwei Kinder kamen im Rheinhochwasser bei Brienen um.

B ☐   Ein Mädchen wurde beim Versuch, Menschen aus dem Hochwasser ans sichere Land zu bringen, selbst in den Tod gerissen.

C ☐   Mehrere Menschen konnten sich dank Johanna Sebus' Hilfe vor dem Hochwasser in Sicherheit bringen.

D ☐   Johanna Sebus rettete ihre Mutter vor dem Hochwasser und ertrank bei dem Versuch, weitere Menschen aus dem Wasser zu holen.

E ☐   Ein Mädchen konnte fünf Menschen vor dem reißenden Hochwasser des Rheins bewahren.

F ☐   Das Rheinhochwasser brachte Leid und Tod über die Menschen.

● ● ● 2   Füge die Antworten auf die W-Fragen ein. Du kannst dazu auch die Einleitung, die Goethe selbst geschrieben hat, verwenden.

Was? Geschehen

Johanna Sebus ertrank beim Versuch, _____

Wer? Figuren

_____

_____

Wo? Ort des Unglücks

_____

_____

Wann? Jahr, Datum

_____

_____

Wie? Ablauf des Geschehens

Das Wasser stieg und riss Suschen und die Frau mit den Kindern in den Tod.

Warum ist das Unglück geschehen?

_____

● ● ● 3   Ordne die Handlungsschritte der Ballade, indem du die Ziffern 1 bis 5 davorsetzt und sie in der richtigen Reihenfolge in dein Heft schreibst.

A ☐   Das reißende Wasser zog zuerst die Nachbarin und ihre Kinder in die Tiefe, dann auch das Mädchen.

B ☐   Das Mädchen trug seine Mutter sicher durch das Hochwasser ans Ufer.

C ☐   Als die Wassermassen sanken, beweinte jeder das tapfere Mädchen.

D ☐   Suschen kehrte gleich um, da sie auch die Nachbarn retten wollte.

E ☐   Sie erreichte noch sicher die um Hilfe rufenden Menschen.

●● 4 Du sollst zu der Ballade eine spannende Erzählung schreiben. Gehe dabei Schritt für Schritt vor.

a Beobachte anhand der Schilderung des Wassers und des Damms in den fünf Strophen, wie die Spannung steigt. Ergänze Notizen zu den Strophen 2, 3 und 5.

Strophe 5: _____

Strophe 4: *Der Damm war weg, das Wasser brauste um den Hügel.*

Strophe 3: _____

Strophe 2: _____

Strophe 1: *Der Damm bekam einen Riss, Wasser floss auf die Felder.*

b Notiere, in welcher Strophe der Höhepunkt der Ballade zu finden ist: *Strophe _____, Zeilen _____*

c Verwende in deiner Erzählung anschauliche Adjektive, Partizipien und Verben. Stelle für jede Gruppe sieben Wörter aus dem Silbenrätsel zusammen. Die unterstrichene Silbe ist jeweils ein Wortanfang.

Adjektive und Partizipien

angst • fle • felt • fer • furcht • gen • hend • hilf • los • los • tap • ver • ver • voll • we • zwei

Verben

an • be • brau • flu • ken • len • nen • rei • ret • schwel • sen • sin • ßen • ten • ten • über • um • ver • weg • wei

_____   _____

_____   _____

_____   _____

_____   _____

d Wörtliche Rede lässt den Text lebendig wirken. Notiere, zu welcher Strophe folgende Sätze passen, und setze die passenden Satzzeichen.

Strophe

Die Kinder fest an sich gepresst schrie die Frau immer wieder Hilfe das Wasser steigt holt uns hier weg .... ☐

Ich komme übertönte das Mädchen laut das Brausen des Wassers gleich bin ich bei euch .... ☐

Ihre Mutter konnte sie noch an Land bringen doch bei der Rettung der Nachbarin und ihrer Kinder ist sie ertrunken erzählten sich die Menschen im Dorf .... ☐

e Gib den Dialog zwischen Mutter und Suschen (▶ Z. 17–20) in eigenen Worten in deinem Heft wieder. Gestalte die Redebegleitsätze anschaulich, damit die Gefühle der Figuren deutlich werden.

●● 5 Schreibe nun mit Hilfe deiner Vorarbeiten die komplette Erzählung in dein Heft. Wenn du unsicher bist, lies noch einmal den Informationskasten auf Seite 9.

Teste dich!

Zu einer Ballade schreiben

1 Eine Ballade enthält Merkmale des Gedichts (Lyrik), der Erzählung (Epik) und des Theaterstücks (Dramatik). Ordne die passenden Merkmale den folgenden Aussagen über die „Autobahnballade" zu:
e = episch (erzählend), d = dramatisch (mit sprechenden Figuren wie im Theater),
l = lyrisch (in Gedichtform). (6. P)

A ☐ Die Ballade ist in Strophen verfasst.   D ☐ Man kann Handlungsschritte erkennen.

B ☐ Es wird eine Geschichte erzählt.   E ☐ Die Figuren meistern eine dramatische Situation.

C ☐ Die „Autobahnballade" enthält Dialoge.   F ☐ Jeweils zwei Zeilen reimen sich.

2 W-Fragen helfen dir helfen dir dabei, eine Ballade zu erschließen. Notiere in den Kreisen die passenden W-Fragen für die Figuren, den Ort, die Zeit und das Geschehen. (4 P.)

W-Fragen

3 Kreuze an. (1 P.)

Wenn ich aus der Sicht einer Figur einen Brief oder Tagebucheintrag verfasse, schreibe ich in der ...

☐ Er-Form   ☐ Ich-Form

4 Welche Zeitformen verwendest du in einem Tagebucheintrag oder einem Brief?
Ordne die Zeitformen richtig zu, indem du Verbindungslinien ziehst. (3 P.)

Ich schreibe über etwas, das mich gerade bewegt	Präteritum
Ich schreibe über ein vergangenes Ereignis.	Plusquamperfekt
Ich schreibe über etwas, das in der Vorvergangenheit passiert ist.	Präsens

5 Korrigiere den folgenden Satz aus einem Brief, den Kai an seine Großeltern schreibt.
Schreibe auf die Linien. (3 P.)

Die Familie ist auf dem Weg in den Süden, nach Amalfi, als das Unglück geschieht.

_____

_____

Vergleiche deine Ergebnisse mit dem Lösungsheft. Für jede richtige Antwort erhältst du einen Punkt.

☺ 17–14 Punkte	☺ 13–9 Punkte	☹ 8–0 Punkte
Gut gemacht!	Gar nicht schlecht, aber lies dir die Merkkästen auf den Seiten 4 bis 8 noch einmal genau durch.	Arbeite die Seiten dieses Kapitels noch einmal sorgfältig durch.

Beschreiben

Eine Person beschreiben

Aufbau:
- Mache in der **Einleitung** allgemeine Angaben zur Person (z. B. Geschlecht, Alter, Nationalität).
- Beschreibe im **Hauptteil** das Aussehen der Person in einer geordneten Reihenfolge, von oben (z. B. Kopf, Haare, Gesicht) nach unten (z. B. Kleidung, Körperbau, Körperhaltung, Schuhe).
- Beschreibe am **Schluss,** wie die Person auf dich wirkt.

Schreibe im **Präsens** und formuliere in **sachlicher Sprache.**

Eine Personenbeschreibung kann Aufgabe einer Klassenarbeit sein.

1 Schau dir das Foto dieses indischen Jungen genau an.

2 Im Mittelpunkt einer Personenbeschreibung steht häufig die Beschreibung des Gesichts. Beschreibe das Gesicht des Jungen oben mit Hilfe des folgenden Wortmaterials. Wähle dafür passende Formulierungen aus. Arbeite in deinem Heft.

Ein Gesicht beschreiben
Du kannst das Wortmaterial auf dieser Seite auch für andere Personenbeschreibungen nutzen. Besonders die **aussagekräftigen Adjektive** solltest du dir einprägen.

Kinn: Doppelkinn, vorspringend, zurückweichend, markant, spitz, breit, rund, eckig, Grübchen

Gesichtsform: länglich, oval, kantig, schmal, rund

Stirn: flach, (leicht) gewölbt, hoch, niedrig, kantig

Wangen: eingefallen, hohlwangig, voll, Pausbacken, gerötet, Grübchen

Haare/Frisur: Kurzhaarfrisur, dünn, langes Haar, von der Sonne ausgebleicht, ergraut, kinnlang, tiefschwarz, glänzend/stumpf, zerzaust, gewellt, kräftig, fein, nach hinten gekämmt, hoher Haaransatz, zusammengebunden

Zähne: gleichmäßig, spitze Eckzähne, strahlend weiß, verfault, Lücke, abgebrochen

Mund: schmale/volle Lippen, klein, breit, geöffnet/geschlossen, geschminkt, lächelt

Nase: Adlernase, Stupsnase, spitz, kurz, schmal, breit

Haut: faltig, Lachfalten, glatt, runzlig, pickelig, gerötet, gebräunt

Augen: dunkel, blau, eng beieinander/weit auseinanderstehend, tiefliegend, mandelförmig, offen, blinzelnd, Blick nach unten

Augenbrauen: schmal, buschig, dunkel, geschwungen, gezupft

Stärken stärken: Eine Person beschreiben

● ○ ○ **1**   Schau dir das Bild der indischen Studentin Rao an.
Fülle anschließend den kurzen Steckbrief neben dem Foto aus.
In einigen Fällen musst du schätzen.

Name: _____

Geschlecht: _____

Alter: _____

Größe: _____

Figur: _____

Nationalität: _____

Tätigkeit/Beruf: _____

● ○ ○ **2**   Wo hält sich Rao auf dem Foto auf?
Kreuze an.

☐   in der Aula

☐   in der Cafeteria

☐   in der Bibliothek

● ○ ○ **3**   Beschreibe Raos Gesicht mit Hilfe des Wortmaterials auf Seite 13.
Arbeite im Heft.

● ○ ○ **4**   Formuliere für den Schluss deiner Personenbeschreibung, wie Rao auf dich wirkt.
Wähle dazu zwei oder drei geeignete Wörter aus dem folgenden Wortmaterial.
Arbeite im Heft.

Wortspeicher

klug • freundlich • entspannt • neugierig • wütend • unglücklich • zielstrebig • weltoffen • modisch

● ○ ○ **5**   Schreibe nun auf Grundlage deiner Vorarbeiten eine vollständige Personenbeschreibung in dein Heft.
Gehe so vor:
– Übernimm die folgende Einleitung.

Das Foto zeigt die etwa fünfundzwanzigjährige indische Studentin Rao.
Sie steht vor den vollen Regalen der Universätsbibliothek und lächelt in die Kamera ...

– Beschreibe Rao anschließend im Hauptteil.
  Beginne mit Kopf und Gesicht, beschreibe dann Kleidung und Schmuck sowie ihre Tätigkeit.
– Schreibe zum Schluss, wie Rao auf dich wirkt.

Stärken stärken: Eine Person beschreiben

●○ **1** Schau dir das Bild der indischen Teepflückerin genau an. Fülle anschließend die Zeilen neben dem Foto aus.

Geschlecht/Alter: _____

Größe: _____

Figur: _____

Nationalität: _____

Tätigkeit/Beruf: _____

Hintergrund/Aufenthaltsort: _____

●○ **2** Betrachte das Gesicht der Teepflückerin genau.
Markiere dann im Wortmaterial auf Seite 13 passende Formulierungen.

●○ **3** Der folgende Informationstext über die traditionelle Kleidung von Landarbeiterinnen wirkt eintönig, weil das Verb „haben" wiederholt vorkommt.
Formuliere ihn um und schreibe ihn verbessert ins Heft: Die Verben unter dem Text helfen dir dabei.

> Verwende an Stelle der Wörter „ist", „sind", „hat" und „haben" **treffende Verben**, z. B.: *tragen, aussehen, besitzen, aufweisen, wirken, umgeben.*

Traditionelle indische Arbeitskleidung

In Indien haben Landarbeiterinnen häufig eine schlichte Bluse mit langen Ärmeln aus strapazierfähiger Baumwolle an. Dazu haben sie bunte lange Röcke oder Kleider. An den Füßen haben sie einfache Stoffschuhe oder Strohsandalen. Um Kopf und Gesicht vor der Sonne oder vor Regen zu schützen, haben sie als Kopfbedeckung einfache Tücher. Teepflückerinnen haben einen Korb für die geernteten Teeblätter an einem Trageriemen, der oft über den Oberkopf läuft.

Wortspeicher

stecken in ... • hängen über ... • bedecken mit ... • bestehen aus ... • tragen • aufweisen ...

●○ **4** Gehe zum Schluss deiner Beschreibung darauf ein, wie die Teepflückerin auf dich wirkt.
Wähle geeignete Adjektive und/oder Partizipien aus dem Wortspeicher und schreibe in dein Heft.
Du könntest so beginnen:
Obwohl die Teepflückerin einen schweren Korb trägt, macht sie auf mich ...

Wortspeicher

entspannt • gestresst • zufrieden •
freundlich • würdevoll • müde • frisch

●○ **5** Arbeite eine vollständige Personenbeschreibung aus:
Schreibe den folgenden Anfang in dein Heft und setze ihn mit Hilfe deiner Vorarbeiten fort.

Auf dem Foto ist eine indische Teepflückerin mittleren Alters (etwa fünfunddreißig Jahre alt) abgebildet. } Einleitung

Sie steht zwischen zwei Reihen von hüfthohen, dunkelgrünen Büschen in einer Teeplantage. Mit beiden Händen ... } Hauptteil

> Im Hauptteil wird die Person detailliert beschrieben, entweder von oben nach unten oder ausgehend vom Gesamteindruck hin zu Einzelheiten.

15

Stärken stärken: Ein Bild beschreiben

Information	Schreibplan für eine Bildbeschreibung

Aufbau:

- In der **Einleitung** informierst du über den Titel, die Künstlerin / den Künstler (sofern bekannt), die Entstehungszeit, die Technik (z. B. Aquarell / Öl auf Leinwand / Holz), das Format (Hochformat oder Querformat) sowie über den Gegenstand des Bildes.
- Im **Hauptteil** beschreibst du genau, was du siehst. Gehe vom **Gesamteindruck** des Bildes oder vom **Hauptmotiv** aus (Was ist abgebildet?). Erwähne dann die **Einzelheiten**. Gehe geordnet vor, z. B.: von der linken zur rechten Bildhälfte, von oben nach unten oder von vorn (Vordergrund) über die Mitte (Mittelgrund) nach hinten (Hintergrund). Beschreibe die **Farbgestaltung** (Welche Farben? Helle oder dunkle Farbtöne?) und eventuell auch die Formen oder Flächen (z. B. rund, eckig, weich) genau.
- Am **Schluss** gibst du wieder, wie das Bild insgesamt auf dich wirkt.

Schreibe im **Präsens** und formuliere in **sachlicher Sprache**.

●●● 1 Untersuche den Aufbau des Bildes und notiere: Wo befindet sich was?

Frau mit Kind beim Wasserholen (ungefähr 1750), unbekannter Maler. Wasserfarbe (Gouache)

Hintergrund: _____

_____

Mittelgrund: _____

_____

Vordergrund: *Frau (traditionell gekleidet), Kleinkind in ihrem Arm, schöpft Wasser aus einem Fluss*

_____

_____

●●● 2 **a** Benenne die Farben im Bild. Markiere passende Farbadjektive unten.

b Beschreibe dann die Farbgebung des Bildes zusammenfassend. Wie wirkt sie auf dich?

Die Farbgebung des Bildes wirkt _____

Grüntöne: hellgrün, flaschengrün, gelbgrün, blaugrün, dunkelgrün, schwarzgrün, leuchtend grün, blassgrün, tannengrün, lindgrün	**Gelb-/Brauntöne**: rostbraun, dunkelbraun, hellbraun, beigefarben, sandfarben, ocker, honiggelb, hellgelb, fleischfarben
	Blautöne: zartlila, blassblau, mittelblau, lavendelfarben, graublau, dunkelblau, blaugrün, nachtblau, türkis
Rottöne: rot, rotbraun, hellrot, rosa, blassrosa, orangefarben	

●●● 3 Arbeite eine vollständige Beschreibung des Bildes „Frau mit Kind beim Wasserholen" aus. Berücksichtige dabei deine Vorarbeiten. **Hinweis:** Achte auf den Aufbau (▶ Informationskasten oben).

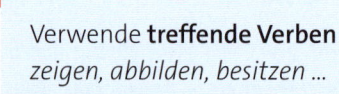

Verwende **treffende Verben**: *zeigen, abbilden, besitzen …*

Teste dich!

Eine Person beschreiben

1 a Beschreibe den unten abgebildeten Kamelhirten. Setze dazu die Adjektive und Partizipien aus dem Wortspeicher richtig ein. (18 P.)

b Lege eine Reihenfolge der Angaben fest und trage sie in die Kästchen ein. (9 P.)

Wortspeicher

indische • linken • hochgekrempelten • großen • ernsten • markanter • weißen • rechten • schwarzer • weiten • breiter • grauen • längliche • silberne • harten • glitzernde • dünnen • orangefarbenen

Bekleidet ist er mit einem ? Hemd mit ? Ärmeln. ....

Am ? Handgelenk trägt er eine ?   ? Uhr. ....

Ein ?   ? Schnurrbart ziert das ? Gesicht. ....

Um den Hals schlingt sich ein ? Schal mit ? Streifen. ....

Zum Führen der Kamele hält er einen ? Stock in der ? Hand. ....

Seine Beine sind mit einer ? Leinenhose bekleidet. ....

Er hat einen ? , ? Gesichtsausdruck. ....

Unter dem ? Turban sind seine ? Ohren zu erkennen. ....

Der ? Kamelhirte ist schätzungsweise 40 bis 50 Jahre alt. ....

2 In Monas Beschreibung überwiegen „haben" und „sein".
Erselze sie durch abwechslungsreiche Verben. (6 P.)

Im Folgenden beschreibe ich einen unbekannten indischen Kamelhirten. Der ungefähr 50-jährige Mann, der gerade

bei der Arbeit <u>ist</u> _____, <u>hat</u> _____ keinen freudigen

Gesichtsausdruck. Auf dem Kopf <u>hat</u> _____ er einen leuchtend orangefarbenen Turban.

Durch die eingefallenen Wangen mit den tiefen Falten <u>ist</u> _____ sein Gesicht ernst

und hart. Er <u>hat</u> _____ helle Kleidung, die ihn vor der Hitze schützt. Aufgrund der

auszehrenden Arbeit <u>ist</u> _____ der Mann früh gealtert.

Vergleiche deine Ergebnisse mit dem Lösungsheft. Für jede richtige Antwort erhältst du einen Punkt.

☺ 33–28 Punkte	☺ 27–15 Punkte	☹ 14–0 Punkte
Gut gemacht!	Gar nicht schlecht, aber lies dir den Merkkasten auf Seite 13 noch einmal genau durch.	Arbeite die Seiten dieses Kapitels noch einmal sorgfältig durch.

Schriftlich argumentieren

Information	Argumentieren

Um andere von dem eigenen Standpunkt zu überzeugen, muss man seine Meinung umfassend darlegen. Das nennt man **argumentieren.** Beim Argumentieren stellt man eine **Behauptung** (These) auf, die man dann durch sachliche **Begründungen** stützt. Diese müssen sich immer genau auf die Behauptung beziehen. Treffende **Beispiele** tragen zusätzlich zur Veranschaulichung einer Begründung bei.

1 Die Klasse 7b möchte die traditionell im Herbst stattfindende Fahrt ins Naturfreundehaus durch eine Fahrt ins Skilandheim im Winter ersetzen. Bei dieser könnten die Schülerinnen und Schüler verschiedene Wintersportarten ausprobieren. Kreuze unten alle sachlichen Aussagen an.

A ☐ Wandern ist doof.

B ☐ Außer Skifahren gibt es noch viele andere Wintersportarten.

C ☐ Eine gemeinsame Wintersportwoche stärkt die Gemeinschaft.

D ☐ Immer nur Pflanzen zu untersuchen macht keinem Spaß.

E ☐ Wintersport kann sehr vielfältig sein und viele Neigungen ansprechen.

F ☐ Beim Wandern bilden sich die gleichen Gruppen wie in der Schule.

2 Ordne folgenden <u>Behauptungen</u> passende <u>Begründungen</u> zu. Verbinde sie durch eine Linie.

Behauptungen

1 Viele Jugendliche verbringen im Winter wenig Zeit im Freien.

2 Schüler können genauso gut mit ihren Eltern wandern gehen.

3 Viele Schüler lernen niemals Wintersportarten kennen.

4 Wintersportarten sprechen auch Schüler an, die schwach sind im Schulsport.

5 Am eigenen Wohnort hat man selten die Möglichkeit, Wintersport auszuüben.

Begründungen

A Naturfreundehäuser gibt es fast überall in der Nähe.

B Sie kennen kaum Sportarten, die man bei kaltem Wetter draußen ausüben kann.

C Die Sportarten haben ganz andere Bewegungsabläufe als die meisten Schulsportarten.

D Die Winter werden immer milder und Schnee gibt es fast nur noch in alpinen Lagen.

E Viele Eltern können selbst nicht Ski fahren, und es ist ihnen auch zu teuer.

3 Verbinde in deinem Heft die <u>Behauptungen</u> und <u>Begründungen</u> aus Aufgabe 2 jeweils zu vollständigen <u>Argumenten</u> und ergänze jeweils ein unterstützendes <u>Beispiel</u>. Verwende Wörter aus dem Tipp unten, z. B.:

*Viele Jugendliche verbringen im Winter kaum Zeit im Freien, **weil** sie kaum Sportarten kennen, die man bei kaltem Wetter draußen ausüben kann. Meine Freunde **zum Beispiel** …*

Verknüpfungen formulieren
- zwischen Behauptung und Begründung: *weil, da, deshalb, deswegen, denn, indem, so, sodass*
- zur Anbindung des Beispiels: *beispielsweise, zum Beispiel, etwa*
- zur Anknüpfung eines weiteren Arguments: *außerdem, auch, zudem, überdies, zuletzt, am wichtigsten*

Stärken stärken: In einem Brief an die Schulleitung argumentieren

○○ **1** Du bist Klassensprecherin der 7 b und willst euren Schulleiter in einem Brief von der Wintersportwoche (▶ S. 18) überzeugen. Im folgenden Auszug aus dem Hauptteil eines Schülerbriefs findest du entsprechende Argumente. Markiere Behauptungen grün, Begründungen blau und Beispiele orangefarben.

An einer Klassenfahrt sollten alle Schüler teilnehmen, denn sie stärkt die Klassengemeinschaft. Das hat zum Beispiel letztes Jahr unser Ausflug in den Kletterpark bewiesen. In unserer Klasse wollen aber etliche Schüler aus verschiedenen Gründen nicht ins Naturfreundehaus mitfahren. Bei einer Wintersportwoche würden dagegen alle gerne teilnehmen.

Eine Wintersportwoche bietet die Gelegenheit, verschiedene interessante Wintersportarten kennen zu lernen, weil man im Gegensatz zum Aufenthalt im Naturfreundehaus nicht nur wandert oder die üblichen Spiele macht. Man kann zum Beispiel Skilanglauf, Eislauf, Eisstockschießen, aber auch Rodeln oder Schneeschuhwandern ausprobieren.

○○ **2** **a** Gehe in deinem Brief auch auf den Adressaten ein. Führe z. B. einen Einwand an, den die Schulleitung gegen euren Vorschlag haben könnte. Notiere ihn in Stichpunkten.

_____

_____

_____

b Wie könntest du den Einwand entkräften? Notiere einen Gegenvorschlag.

_____

_____

_____

> **Einwände entkräften**
> Sicher kann man einwenden, dass ... – Dennoch sind wir der Meinung ...
>
> Obwohl ..., – gleichzeitig muss man berücksichtigen, dass ...
>
> Es ist richtig, dass ... – Es darf aber nicht übersehen werden, dass ...

○○ **3** Schreibe nun den zusammenhängenden Brief.
Beachte dabei folgende Punkte:
– Formuliere eine Betreffzeile und eine angemessene Anrede, z. B.: *Sehr geehrter ...*
– Benenne in der Einleitung dein Anliegen sachlich und so genau wie möglich.
– Führe im Hauptteil deine Argumente an und gehe auch auf einen Einwand (▶ Aufgabe 2) ein.
– Bringe dein Anliegen zum Schluss noch einmal auf den Punkt.
– Beende deinen Brief mit einer Grußformel, z. B. *Mit freundlichen Grüßen* und Unterschrift.

Stärken stärken: In einem Leserbrief argumentieren

In einem Leserbrief nimmst du persönlich Stellung zu einem Thema oder einem Artikel aus einer Zeitung, Zeitschrift oder einem Internetbeitrag.

- **Einleitung:** Hier nennst du kurz den Anlass deines Leserbriefs.
  Dann formulierst du deine Meinung zum Thema.
- **Hauptteil:** Du begründest deine Meinung mit Argumenten: Äußere Behauptungen und stütze sie mit Begründungen und Beispielen. Verknüpfe deine einzelnen Argumente gut miteinander. So entsteht eine Argumentationskette und deine Meinung wird nachvollziehbar.
- **Schluss:** Fasse deinen Standpunkt noch einmal gut zusammen und formuliere einen Appell.

Benimm-Unterricht – Unbedingt!

Ein Kommentar von Peter Müller, Karlsruher Echo vom 3. Juni 20XX

Verhaltensweisen wie Höflichkeit, Pünktlichkeit und andere gute Manieren kommen im Schulalltag zu kurz oder werden von den Schülerinnen und Schülern zu wenig beachtet. Das Thema hat seine Berechtigung im Schulunterricht aber auch, weil von Seiten der Industrie immer häufiger beklagt

5   wird, dass es Bewerbern an wichtigen Voraussetzungen für eine Berufsausbildung fehlt. Hierzu zählt z. B. nicht nur Teamfähigkeit, sondern auch Pünktlichkeit, Disziplin, das Grüßen von Personen oder ein gepflegter Sprachgebrauch. Ein Lehrer berichtet beispielsweise von einem Schüler, der ständig seine Kappe auf dem Kopf trägt und Kaugummi kaut. Bei einem

10   Bewerbungstermin könnten dies bereits Kriterien für eine Ablehnung sein. Ein weiteres Beispiel ist eine Schülerin, die als Hobbys Telefonieren und Chatten angibt und ständig „voll krass" in ihren Sätzen benutzt.

●●○ **1**   Benenne das Thema des Zeitungsartikels: _____

●●○ **2**   Markiere im Artikel farbig: die Behauptung (grün), die Begründungen (blau) und die Beispiele (orange).

●●○ **3**   Unterstreiche in der folgenden Materialkiste verschiedenfarbig, was für und was gegen Benimm-Unterricht spricht.

> **Materialkiste**
>
> Benehmen lernt man zuhause. • Gesellschaftliche Probleme dürfen nicht auf Lehrer abgewälzt werden. • Aufgabe des Elternhauses • Eltern benehmen sich oft auch nicht richtig. • Man kann nicht seine eigenen Wertevorstellungen allen überstülpen. • Gutes Benehmen hat noch niemandem geschadet. • Man sollte keine Lernzeit verschwenden. • „Aller Anstand ist schwer!" • Die Förderung guter Manieren ist wünschenswert.

●●○ **4**   Entscheide dich für oder gegen Benimm-Unterricht und vertrete deinen Standpunkt in einem Leserbrief. Halte dich dabei an die Vorgaben im Informationskasten oben und beginne so:

Sehr geehrte Damen und Herren,
Peter Müller vertritt in seinem Kommentar „..." vom 3. Juni 20XX den Standpunkt, dass ...
Im Gegensatz zum Verfasser / Genau wie der Verfasser bin ich der Überzeugung, dass ...

Stärken stärken: In einem Forumsbeitrag argumentieren

In einem Internetforum findet sich die folgende Behauptung:

Jolina

Für Schülerinnen und Schüler ist es ganz bestimmt gut, wenn sie für soziale Netzwerke einen Verhaltensführerschein machen.

Dazu gibt es die folgenden Stellungnahmen:

Bodo

Ja! Denn es gibt zu viele, die von sich zu viel offenbaren und daher angreifbar sind. Selbst Arbeitgeber schauen ins Internet, wenn sie neue Bewerber einladen. Sind dann peinliche Dinge zu finden, werden sie nicht genommen.

Wanda

Nein! Wozu sind denn Eltern da? Kinder sollten von ihren Eltern lernen, dass sie persönliche Daten niemals preisgeben dürfen. Wie im Leben sollten sie auch im Netz nicht fluchen und drohen. Oder brauchen Eltern einen solchen Führerschein?

●● **1**   **a**   Lies die beiden Stellungnahmen aufmerksam durch.
         b   Markiere in unterschiedlichen Farben die Begründung und das Beispiel.

●● **2**   Für oder gegen einen Verhaltensführerschein? Lege eine Liste mit weiteren Begründungen und Beispielen für deine Meinung an.

_____

_____

_____

●● **3**   Formuliere einen möglichen Einwand zu deiner Meinung und entkräfte ihn.

_____

_____

_____

●●● **4**   Formuliere in deinem Heft einen eigenen Forumsbeitrag. Beachte die Checkliste.

Checkliste ✔

Argumentieren – Einen Forumsbeitrag schreiben   ☺   ☹

- **Meinung:** Formulierst du deutlich deinen Standpunkt?
- **Argumente:** Formulierst du vollständige Argumente (Behauptung, Begründung, Beispiel)?
- **Auf einen anderen Forumsbeitrag eingehen:**
  Bist du auf den anderen Forumsbeitrag eingegangen?
  Hast du diesen Beitrag z. B. überzeugend entkräftet?
- **Schluss:** Fasst du am Ende deine Meinung zusammen?
  Oder machst du einen Vorschlag (z. B. Kompromiss)?

Tipp: Ihr wollt euch in einem Forum anmelden? Verwendet **nie** euren wirklichen Namen als Benutzernamen.
       Gebt **keine persönlichen Daten** (Adresse, Handynummer) an.

Teste dich!

Schriftlich argumentieren

1 Die SMV deiner Schule möchte sich für den Gebrauch von Smartphones im Unterricht einsetzen.
Kreuze Aussagen an, die sachlich sind. (2 P.)

A ☐ Lehrer tun so, als würden sie selbst nie ihr Smartphone zum Nachschlagen verwenden.

B ☐ Das Smartphone lässt sich im Unterricht sehr gut zum Nachschlagen verwenden.

C ☐ Es gibt viele Apps, die im Unterricht genutzt werden können.

D ☐ Schüler schleppen ständig sinnlos Schulbücher mit sich herum.

2 In einem Brief an die Schulleitung spricht sich die SMV für den Einsatz von Smartphones aus.
Prüfe im folgenden Auszug, ob die Kriterien aus der Checkliste unten erfüllt sind. (6 P.)

> Zunächst einmal sparen Smartphones Zeit im Unterricht, denn damit ist ein Klassenwechsel in
> die meist ausgebuchten Computerräume nicht mehr notwendig. Zum Thema „Afrika" findet man z.B.
> alle Informationen per Smartphone im Internet, und diese haben den eindeutigen Vorteil, aktuell zu sein.
> Smartphones fördern die Leistung jedes Einzelnen, denn jeder kann nach seinem Tempo und seinem Können
> 5 Informationen nachschlagen. Im Deutschunterricht ist das z.B. sehr sinnvoll. So kann der eine nur die Schreibweise
> eines Wortes nachschlagen, während ein anderer eine passende Formulierung finden möchte.
> Das soziale Lernen wird gefördert, weil sich Schüler beim Erledigen einer bestimmten Aufgabe gegenseitig viel
> besser unterstützen können. Lehrer sparen Kopierkosten und Zeit, indem sie ebenso wie die Schüler wichtige
> Unterrichtsergebnisse einfach abfotografieren und zu Hause einsehen. Gerade in Gruppenarbeiten gibt es mitunter
> 10 verschiedene Ergebnisse, die auf diese Weise schnell und günstig festgehalten werden können. Wir meinen, man
> sollte uns Schülern Vertrauen entgegenbringen und Handys im Unterricht nutzen lassen. Wir schlagen vor,
> dass SMV und Lehrer eine Arbeitsgruppe bilden, die Regeln für die Nutzung erarbeitet.

VORSICHT FEHLER!

Checkliste

Fit fürs schriftliche Argumentieren?   ☺ ☹

- Im Text sind mindestens drei **Begründungen** aufgeführt.
- Zu jeder Begründung wird ein **Beispiel** angeführt.
- In der **Einleitung** wird dem Adressaten ein Vorschlag präsentiert.
- Alle Argumente werden sprachlich miteinander **verknüpft.**
- Alle Behauptungen werden **sachlich** vorgebracht.
- Zum **Schluss** wird das Anliegen noch einmal deutlich zusammengefasst.

Vergleiche deine Ergebnisse mit dem Lösungsheft. Für jede richtige Antwort erhältst du einen Punkt.

☺ 8–7 Punkte	☺ 6–3 Punkte	☹ 2–0 Punkte
Gut gemacht!	Gar nicht schlecht, aber lies dir die Merkkästen auf den Seiten 18 bis 20 noch einmal genau durch.	Arbeite die Seiten dieses Kapitels noch einmal sorgfältig durch.

Berichte schreiben und überarbeiten

Information	Schreibplan für einen Bericht

Ein Bericht informiert **knapp** und **sachlich** über ein vergangenes Ereignis.
Er beschränkt sich auf die wesentlichen Informationen und beantwortet die W-Fragen.
Aufbau:

- In der **Einleitung** informierst du knapp darüber, worum es geht:
  Was geschah? Wann geschah es? Wo geschah es? Wer war beteiligt?
- Im **Hauptteil** stellst du den Ablauf des Ereignisses in der richtigen zeitlichen Reihenfolge dar:
  Wie lief das Ereignis ab? Warum?
  Um die **zeitlichen Abläufe** zu verdeutlichen, verwendest du passende **Satzanfänge** und **Verknüpfungen**
  (Konjunktionen und Adverbien), z. B.: *Zuerst verlief der Triathlon reibungslos, aber dann* …
- Am **Schluss** nennst du die Folgen des Ereignisses oder gibst einen Ausblick: *Welche Folgen* hatte das Ereignis?
- Formuliere eine knappe und treffende **Überschrift,** die das Ereignis genau benennt.
  Der Bericht steht im **Präteritum.** Verwende das **Plusquamperfekt,** wenn etwas vorher passiert ist.

1 Die Klasse 7 b der Matern-Feuerbacher-Realschule in Großbottwar veranstaltete am 22. Mai einen Schultriathlon. Dabei kam es zu einem Zwischenfall, bei dem sich der Schüler Max Engel verletzte. Notiere in Stichwörtern, was du auf den einzelnen Bildern erkennen kannst.

Stärken stärken: Einen Unfallbericht schreiben

●○○ 1 Die Klassenlehrerin der 7 b, Frau Klump, hat das Unglück nicht selbst gesehen und
bittet deshalb die Zeugen, den Unfallhergang möglichst genau wiederzugeben.
Unterstreiche alle wesentlichen sachlichen Informationen in den Zeugenaussagen.

Frau Klump, Max blutet so stark über dem rechten Auge!
David

Max Engel musste ins Krankenhaus. Hoffentlich hat er keine Gehirnerschütterung!
Sandra

Max hat bei der rasanten Bergabfahrt im Tunnel einen Stein auf der Straße übersehen.
Julia

Schuld ist der Moritz! Wie immer!
Martin

Daniel
Warum ist er nur so schnell gefahren? Im Tunnel war es doch dunkel und unübersichtlich.

Paul
Frau Klump wird ganz schön schimpfen. Sie hatte doch ausdrücklich auf dem Tragen von Helmen bestanden.

Genau, Moritz Meier hat die Abkürzung gewählt und Max angestiftet.
Anna

●○○ 2 Bevor Frau Klump den Unfallbericht verfasst, erstellt sie einen Schreibplan für ihren Bericht.
Dazu benötigt sie Informationen zu Einleitung, Hauptteil und Schluss.
a Formuliere zwei weitere W-Fragen, die Frau Klump beantworten muss, und trage sie in die Tabelle ein.
b Schreibe nun auch die passenden Antworten in die Tabelle.
Achte darauf, dass du dich im Hauptteil an die zeitliche Abfolge der Ereignisse hältst.

Aufbau	W-Fragen der Lehrerin	Antworten
Einleitung:	*Was geschah?*	
	Wann geschah es?	*am 22. Mai während des Schulthriathlons*
	W	
	W	
Hauptteil:	*Wie und warum geschah es?*	
Schluss:	*Welche Folgen hatte es?*	

●○○ 3 Schreibe den Unfallbericht nun vollständig in dein Heft.
Lies dazu noch einmal den Informationskasten auf Seite 23 oben.

Stärken stärken: Einen Ereignisbericht schreiben

●○ **1** Mache in dem folgenden Anfang eines Ereignisberichts den zeitlichen Ablauf deutlich.
  a Unterstreiche alle Verben im Präteritum grün, Verben im Plusquamperfekt rot.
  b Ergänze die passenden Satzanfänge. Der Wortspeicher hilft dir dabei.

Am 22. Mai fand der jährliche Schultriathlon statt. Ausrichter war

dieses Jahr die Klasse 7 b. _____ der Wettkampf begann,

hatte die Polizei die Fahrräder vor dem Schwimmbad überprüft.

> **Wortspeicher**
>
> danach • bevor • nach •
> nachdem • zuletzt •
> dann • zunächst • erst

_____ alle Radkontrollen abgeschlossen waren, gab Frau Klump den Teilnehmern noch einige

Sicherheitshinweise. _____ ging es an den Start: _____ 50 m Schwimmen,

_____ 5 km mit dem Rad vom Bad zur Schule und _____ noch 1 km Laufen im

Stadion. _____ lag Marie beim Schwimmen noch in Führung, _____ dem Wechsel

auf das Rad hatte sie aber bald den Anschluss an die Spitze verloren. Während des Radrennens ...

●● **2** Setze den Ereignisbericht aus Aufgabe 1 mit Hilfe der folgenden Informationen fort.
  a Bringe die Informationen in die richtige Reihenfolge, indem du sie nummerierst.
  b Formuliere aus den Informationen eine Fortsetzung. Verwende passende Satzanfänge und Verknüpfungen.

☐ bessere Vorsichtsmaßnahmen: Triathlon nächstes Jahr unfallfrei

☐ Laufduell im Stadion: Stefan gewinnt knapp vor Fritz

☐ keinen Helm getragen: leichte Verletzung am Kopf

☐ Unfall auf der Fahrradetappe: Max Engel kürzt ab und stürzt

☐ Siegerehrung

●○ **3** Formuliere eine treffende Überschrift. Denke daran, hier das Ereignis noch einmal genau zu benennen.

_____

Stärken stärken: Einen Zeitungsbericht schreiben

●●● **1** **a** Am Tag nach dem Triathlon unterhalten sich einige Schülerinnen und Schüler über das Ereignis.
Bringe das Geschehen in die zeitliche Abfolge, indem du in jedes Kästchen die passende Nummer schreibst.

Ich fand den Triathlon prima! Wer konnte denn ahnen, dass so was passiert? Ich war schon weit vor den beiden. Der Sieg war mir nicht mehr zu nehmen!

An der Laufstrecke waren nach dem Unfall kaum noch Zuschauer, alle waren wohl schockiert. Dabei haben sie einen echten Krimi verpasst: Ich habe mir mit Stefan ein Kopf-an-Kopf-Rennen geliefert. Nur knapp musste ich mich auf den letzten Metern geschlagen geben. Nächstes Jahr gibt's die Revanche!

War das eine langweilige Siegerehrung! Die Rektorin hat doch bestimmt eine halbe Stunde ununterbrochen geredet.

Franziska

Stefan

Fritz

Schon vor dem Start haben Max und Moritz groß getönt, sie seien die Schnellsten. Dass Max keinen Helm hatte, das haben sie bei der Sicherheitsüberprüfung aber übersehen. Ich finde, die beiden hätten sich an die Regeln halten sollen, dann wäre nichts passiert.

Ich war rasch an der Unfallstelle, da ich direkt hinter den beiden fuhr. Da waren schon Zuschauer, die Erste Hilfe leisteten. Bald danach kam der Notarztwagen und Max wurde versorgt. Moritz war völlig von der Rolle.

Schon beim Start im Freibad war alles so hektisch. Die großen, kräftigen Schüler haben die kleineren schon auf den ersten Metern im Wasser abgedrängt. Das war wirklich unfair. Ich wurde sogar von Moritz untergetaucht!

Steffi

Marie

Betül

Wir sind alle froh, dass Max keine schweren Verletzungen erlitten hat. Die Wunde über dem Auge sah schlimmer aus, als sie war. Seine Eltern konnten ihn am selben Abend noch nach Hause holen.

Den 22. Mai wird Max wohl nicht mehr vergessen. Aber auch für uns wird der Schultriathlon 20XX in Großbottwar ein unvergessliches Erlebnis bleiben.

Sophie

Lisa

b Elisa beschließt, für die Schülerzeitung einen Bericht zu verfassen. Unterstreiche in den Äußerungen alle wesentlichen Informationen, die sie für ihren Bericht braucht (Antworten auf die W-Fragen).

c Verfasse für Elisa einen sachlichen Bericht, den sie in der nächsten Schülerzeitung veröffentlichen kann. Schreibe in dein Heft. Wenn du unsicher bist, kannst du in der Checkliste auf Seite 27 nachsehen.

Teste dich!

Einen Bericht schreiben

1 Im Bericht zum Bottwartal-Marathon ist einiges durcheinandergeraten.
Bringe die einzelnen Teile in die richtige Reihenfolge. Gehe dazu wie folgt vor:

a Schreibe die W-Fragen neben die passenden Textstellen. (7 P.)
b Unterstreiche die Verben und bestimme die Zeitformen. Was stellst du fest? (4 P.)
c Umkreise alle Satzanfänge und Konjunktionen. (9 P.)
d Nummeriere jetzt die einzelnen Abschnitte des Berichts in der richtigen Reihenfolge. (6 P.)

Am ersten Sonntag im Oktober ist morgens um 8.00 Uhr das Laufevent gestartet.

VORSICHT FEHLER!

Auch die Matern-Feuerbacher-Realschule nahm teil, vertreten durch die Schülerinnen und Schüler Lisa (6 a), Jonas (7 d), Metin (8 c), Eva (9 d) und die Lehrer Herr Glück und Frau Wehrle.

Am Ende erreichte die MFR-Staffel einen hervorragenden 6. Platz. Alle waren sich einig, dass man nächstes Jahr aufs Podium kommen wollte.

Sogar schon vor der offiziellen Preisverleihung steht die erfolgreiche Teilnahme der MFR-Schulstaffel fest.

Im Bottwartal wurde wie jedes Jahr erfolgreich der Jugendmarathon abgehalten.

Das Wetter war sonnig und warm, sodass wieder eine große Zahl an Zuschauern die Läufer an der Strecke anfeuerte. Die Staffel der MFR startete gut, Metin übergab als Zwölfter an Eva. Danach entwickelte sich ein spannendes Rennen. Nachdem Lisa von Frau Wehrle übernommen hatte, zeigten die Läufer ihr ganzes Potenzial. Lisa und Jonas liefen ihre Abschnitte in Rekordzeit.

Checkliste ✔

Fit fürs Berichten?

☺ ☹

- Beantwortet der Bericht alle **W-Fragen**?
- Ist das Geschehen in der **zeitlich richtigen Reihenfolge** wiedergegeben?
- Beinhaltet der Bericht nur **das Wesentliche** und ist er ohne Nachfrage verständlich?
- Ist der Bericht **sachlich** formuliert?
- Wurde als Zeitform das **Präteritum** (oder **Plusquamperfekt**) verwendet?
- Sind die **Rechtschreibung** und die **Zeichensetzung** korrekt?

Vergleiche deine Ergebnisse mit dem Lösungsheft. Für jede richtige Antwort erhältst du einen Punkt.

☺ 26–20 Punkte	☺ 19–10 Punkte	☹ 9–0 Punkte
Gut gemacht!	Gar nicht schlecht, aber lies dir den Merkkasten auf der Seite 23 noch einmal genau durch.	Arbeite die Seiten dieses Kapitels noch einmal sorgfältig durch.

Literarische Texte erschließen und zusammenfassen

Einen Jugendbuchauszug erschließen

Auf der Umschlagrückseite des Jugendromans „Das Leben ist kurz, iss den Nachtisch zuerst" von Wendy Mass ist zu lesen:

An dem Tag, an dem Jeremy die rätselhafte Kiste mit der Post bekommt, ändert sich sein Dasein schlagartig. Mit dem Geschenk seines verstorbenen Vaters beginnt eine wilde Jagd nach vier Schlüsseln und dem Sinn des Lebens, die Jeremy quer durch New York führt. Doch was er am Ende findet, ist mehr, als er jemals zu hoffen gewagt hätte ...

Spannend, verrückt und anrührend schön – ein Buch über das, was im Leben wirklich zählt.

1 Lies die Informationen auf dem Buchumschlag und sieh dir die Illustration zu Wendy Mass' Jugendroman genau an. Stelle Vermutungen an, was mit dem Titel gemeint sein könnte. Schreibe in dein Heft.

2 Lies den folgenden Auszug aus dem Romananfang aufmerksam durch. Kläre schwierige Wörter.

Wendy Mass

Das Leben ist kurz, iss den Nachtisch zuerst

22. Juli

Im Moment sitzt gerade meine beste Freundin Lizzy neben mir und hält sich die Nase zu. Nicht wegen der Erdnussbutter, die stört sie nicht mehr. Der beleidigende Geruch entspringt dieser speziellen Kombi-
5 nation von sumpfigem Boden und verrottendem Fisch, für die der Mosley Lake im Nordwesten von New Jersey berühmt ist.
Wir sind mitten in einem langen, heißen Sommer, und ich, Jeremy Fink, ein Stadtgewächs durch und
10 durch, sitze auf einem großen Felsbrocken mitten im See, der zweifellos stinkt, aber herrlich ruhig ist. Der Himmel ist strahlend blau, ein sanfter Wind weht von Westen her, und hellgrünes Wasser schwappt seitlich gegen das morsche, alte Ruder-
15 boot, das uns hierher gebracht hat.
Ich balanciere auf meinen Beinen eine glatt polierte Kassette aus hellem Holz, etwa so groß wie ein Toaster. Auf dem Deckel der Kassette stehen sorgfältig hineingeschnitzt die Worte DER SINN DES LEBENS.
20 Darunter ist in kleinerer Schrift zu lesen: FÜR JEREMY FINK, ZU ÖFFNEN AN SEINEM 13. GEBURTSTAG.
Heute ist mein dreizehnter Geburtstag. Als ich die Kassette vor einem Monat bekam, hätte ich mir nie ausgemalt, dass die Anweisung so unmöglich zu be-
25 folgen sein würde.
Lizzy knufft die ganze Zeit meinen Arm und drängelt, ich solle mich beeilen und das tun, weswegen

wir hergekommen sind. Ja: Mein bester Freund ist ein Mädchen, und nein: Ich bin nicht heimlich in sie verknallt. Lizzy und ihr Vater sind in die Nachbar- 30 wohnung eingezogen, als sie und ich ein Jahr alt waren. Ihre Mutter hatte die Familie verlassen und war in einen der Dakota-Staaten gezogen mit einem Kerl, der auf einer Rinderfarm arbeitete (was erklärt, warum Lizzy Vegetarierin wurde, sobald sie alt ge- 35 nug war, um zu verstehen, was eine Rinderfarm ist). Lizzy blieb also tagsüber bei uns, während ihr Vater aufs Postamt zur Arbeit ging. Meine Mutter hat uns beiden immer direkt nebeneinander die Windeln gewechselt. Nach so etwas kann man keine romanti- 40 schen Gefühle für jemanden entwickeln.
Unsere Reise zu diesem Felsen hat vor langer Zeit begonnen – noch bevor ich überhaupt auf die Welt kam. Hätte mein Vater seinen dreizehnten Geburtstag Baseball spielend mit seinen Freunden verbrin- 45 gen dürfen, anstatt von seinen Eltern nach Atlantic City verschleppt zu werden, dann säße ich nicht hier, und die Kassette gäbe es nicht. Wer hätte sich je vorgestellt, dass diese beiden Ereignisse miteinander zu tun haben könnten? 50
Während meine Großmutter vor all den Jahren in einem Laden stand und die echten Atlantic-City-Toffees kaufte, spazierte mein Vater die Strandpromenade entlang und blieb vor einer alten Handleserin hängen. Sie nahm seine klamme Hand und hob 55

sie vor ihr Gesicht. Dann ließ sie seinen Arm auf den samtbezogenen Tisch fallen und sagte: „Du wirrst sterrben, wänn du vierrzik Jahrre alt bisst." Meine Großmutter kam noch rechtzeitig dazu, um die Er-
60 klärung der Wahrsagerin zu hören, woraufhin sie meinen Vater wegzerrte und die Bezahlung verweigerte. Jedes Mal wenn mein Vater die Geschichte erzählte, lachte er, also lachten wir auch.

Es stellte sich heraus, dass die Prophezeiung der Wahrsagerin falsch war. Mein Vater starb nicht mit
65 vierzig. Er war erst neununddreißig. Ich war gerade acht Jahre alt geworden. Dad muss die Prophezeiung ernster genommen haben, als er nach außen zeigte, denn er hatte sich auf seinen Tod vorbereitet, und
70 diese Kassette ist der Beweis.

„Worauf wartest du?", kreischt mir Lizzy ins Ohr. Lizzy hat ihre ganz eigene Art zu sprechen. Normalerweise schreit sie. Das liegt zum Teil daran, dass ihr Vater auf einem Ohr taub ist, weil er, als er noch

jünger war, zu viele Rockkonzerte besucht hat. Zum 75 Teil liegt es auch daran, dass sie ein bisschen klein geraten ist und das überkompensiert[1].

Ich antworte nicht und sie seufzt. Selbst ihre Seufzer sind laut. Die Ecken der Kassette bohren sich in meine nackten Beine, deshalb setze ich sie auf das 80 Handtuch, das Lizzy auf dem Felsen zwischen uns ausgebreitet hat. Diese Kassette steht für all meine Hoffnungen, all meine Fehlschläge. Bevor ich irgendetwas anderes tue, muss ich noch mal über alles nachdenken, was in diesem Sommer war: der 85 GROSSE FEHLER, der alte Mann, das Buch, die Lampe, das Fernrohr und genau diese Kassette, mit der alles anfing.

Aus dem Vorspann zu Wendy Mass: Das Leben ist kurz, iss den Nachtisch zuerst. Aus dem Amerikanischen von Barbara Küper. cbj-Verlag, München 2009

———

1 überkompensieren: übermäßig ausgleichen

3 **a** WER? Unterstreiche die Textstellen farbig, in denen der Leser etwas über Jeremy (gelb) und Lizzy (grün) sowie deren Beziehung zueinander (beide Farben) erfährt. Notiere Stichpunkte zu den Figuren und ihren Eigenschaften.

Jeremy: _____

_____

_____

_____

Lizzy: _____

_____

_____

_____

b Jeremy trägt eine Holzkassette bei sich. Unterstreiche alle Textstellen blau, in denen der Leser etwas über diese Holzkassette erfährt, und notiere auf den Linien, was auf ihrem Deckel steht.

Inschrift auf der Holzkassette: _____

_____

4 WAS? WANN? Ordne die Ereignisse aus dem Text in der richtigen zeitlichen Reihenfolge.

☐ Beginn einer Freundschaft: zwei Babys in Windeln	☐ Fahrt mit dem morschen Ruderboot
☐ Was in diesem Sommer war: der große Fehler, der alte Mann, das Buch, die Lampe, das Fernrohr und genau diese Kassette, mit der alles anfing	☐ Jeremy und Lizzy auf einem Felsen im Lake Mosley
☐ Der Tod von Jeremys Vater	☐ 22. Juli: Jeremys 13. Geburtstag
☐ Jeremys achter Geburtstag	*1* Ein Dreizehnjähriger bei der Handleserin in Atlantic City

Stärken stärken: Die Handlung zusammenfassen

Information	Die Handlung zusammenfassen

Eine schriftliche Zusammenfassung gibt die Handlung eines Textes in möglichst knapper Form wieder:

- Gliedere den Text in **Abschnitte** und überlege dir passende Überschriften.
- Schreibe zu jedem Abschnitt **die wichtigsten Handlungsschritte** in je einem Satz auf.
- Achte bei der Zusammenfassung auch auf die **Sprache:**
  - Schreibe knapp und **sachlich** und formuliere in eigenen Worten.
  - Mache die Zusammenhänge der Handlung deutlich: Verwende **Satzverknüpfungen** wie Konjunktionen, Adverbien oder Pronomen, z. B.: *als, weil, nachdem, zuerst, das, die …*
  - Schreibe im **Präsens** (bei Vorzeitigkeit: im Perfekt).
  - Forme wichtige Aussagen der Figuren in **indirekte Rede** um (▶ S. 55) oder umschreibe sie.

●○○ **1** Die Fragen WER?, WAS? und WANN? hast du auf Seite 29 bereits beantwortet.
Verschaffe dir nun einen Überblick über den Aufbau des Textauszugs auf Seite 28 bis 29.
Teile den Text in sechs Abschnitte ein. Achte dabei z. B. auf *Figuren, Orte, Gespräche.*
Schreibe dann zu jedem Abschnitt eine passende Überschrift oder einen Satz auf.

Z. 1–15: Der Ich-Erzähler Jeremy beschreibt, wie er mit seiner Freundin Lizzy auf einem Felsbrocken in einem See sitzt.

Z. 16–41:

●○○ **2** Pia hat ihre Zusammenfassung nicht knapp und sachlich geschrieben. Überarbeite ihren Text:
Streiche überflüssige und unsachliche Wörter und Ausdrücke mit dem Lineal durch.

VORSICHT FEHLER!

An einem extrem heißen Sommertag so gegen Ende Juli sitzen Jeremy Fink und seine immer so laut schreiende Freundin Lizzy auf einem Felsen in einem wunderbar ruhig gelegenen See in New Jersey. Auf seinen Beinen hält der coole Junge eine ziemlich alte Holzkassette, die er vor einem Monat erhalten hat. In ihrem Deckel sind die total komischen Worte „Der Sinn des Lebens" irgendwie reingeschnitzt. Echt toll, dass der 22. Juli ist! Denn an diesem Tag feiert er endlich seinen 13. Geburtstag. Und an diesem Tag darf er auch noch dazu das Holzkästchen öffnen.

○○ 3 In Mareks Zusammenfassung können die Zusammenhänge der Handlung verdeutlicht werden.
Verknüpfe die folgenden Sätze. Wähle passende Verknüpfungswörter aus dem Wortspeicher aus.

Es ist ein heißer Sommertag Ende Juli. Der Ich-Erzähler Jeremy Fink und seine
beste Freundin Lizzy sitzen auf einem Felsen in einem ruhig gelegenen See in
New Jersey.

Auf seinen Beinen hält Jeremy eine Holzkassette. Er hat die Kassette vor einem
Monat erhalten.

Lizzy, die ungeduldig auf das Öffnen der Kiste wartet, kennt er bereits seit Babytagen. Die beiden sind zusammen aufgewachsen.

> Wortspeicher
>
> als • denn •
> weil • obwohl •
> trotzdem •
> während •
> nachdem •
> die

Es ist ein heißer Sommertag Ende Juli, als der Jch-Erzähler

_____

_____

_____

○○ 4 Nur zwei der folgenden Sätze aus Pauls Zusammenfassung wurden in den richtigen Zeitformen verfasst.
Unterstreiche alle Verben und kreuze die Sätze mit den richtigen Zeitformen an. Schreibe den fehlerhaften Satz
verbessert auf die Linien.

A ☐ An einem heißen Sommertag Ende Juli sitzen der Ich-Erzähler Jeremy Fink und seine beste Freundin Lizzy
auf einem Felsen in einem ruhig gelegenen See in New Jersey.

B ☐ Auf seinen Beinen hält Jeremy ein Holzkästchen, das er vor einem Monat bekommen hat und das er an
diesem Tag, seinem 13. Geburtstag, öffnen darf.

C ☐ Lizzy, die ungeduldig auf das Öffnen der Kassette wartete, hatte er bereits seit Babytagen gekannt.

Verbesserung von Satz   : _____

_____

_____

_____

○○ 5 In Zeile 71 wendet sich Lizzy direkt, also in wörtlicher Rede, an Jeremy.
Wandle diese Textstelle für deine Zusammenfassung in indirekte Rede (▶ S. 55) um.

„Worauf wartest du?", kreischt mir Lizzy ins Ohr.

→ Lizzy kreischt Jeremy ins Ohr, _____

_____

○○ 6 Formuliere für deine Zusammenfassung der Handlung die Überschriften aus Aufgabe 1 in ganzen Sätzen aus.
Denke dabei an Satzverknüpfungen. Schreibe in dein Heft. Beginne z. B. so:

An einem heißen Sommertag Ende Juli sitzen der Jch-Erzähler Jeremy Fink und seine beste Freundin Lizzy auf einem
Felsen in einem ruhig gelegenen See in New Jersey.

Stärken stärken:
Eine Inhaltsangabe zu einem Jugendbuchauszug schreiben

Information	Schreibplan für eine Inhaltsangabe

In einer Inhaltsangabe gibst du den Inhalt eines Textes in eigenen Worten knapp und sachlich wieder, sodass auch andere, die den Text nicht gelesen haben, über das Wesentliche informiert sind.

Aufbau:

- In der **Einleitung** nennst du die Art des Textes (z. B. Jugendbuch), den Titel, den Namen der Autorin / des Autors, das Erscheinungsjahr und das Thema des Textes (Kernaussage).
- Im **Hauptteil** fasst du die wichtigsten Ereignisse der Handlung (Handlungsschritte) in der zeitlich richtigen Reihenfolge zusammen. Beschränke dich auf das Wesentliche und verzichte auf Einzelheiten.
- Im **Schluss** kannst du deine eigene Meinung zum Text wiedergeben oder den Text in Bezug zu deinen eigenen Erfahrungen bringen.

● ● ○ **1** Lies noch einmal den Jugendbuchauszug auf Seite 28 und 29.
Bearbeite anschließend die Aufgaben 1 bis 5 auf den Seiten 30 und 31.

● ● ○ **2** Lies die folgende <u>Einleitung</u> von Michele, die noch unvollständig ist.
a Ergänze die fehlenden Angaben. Du findest die Angaben auf den Seiten 28 und 29.
<u>Tipp</u>: Denke auch an das Thema.
b Notiere rechts daneben, welche Art Angabe du machst.
Wenn du unsicher bist, kannst du in der Information oben noch einmal nachlesen.

Das *Jugendbuch* „_____

_____ "

der amerikanischen _____

erschien _____ in deutscher Übersetzung. Der vorliegende

Auszug aus dem Roman handelt von _____

_____

_____

_____ .

Textsorte _____

_____

_____

_____

_____

_____

_____

● ● ○ **3** Schreibe für den <u>Hauptteil</u> deiner Inhaltsangabe eine Zusammenfassung der Handlung in dein Heft. Nutze deine Vorarbeiten von den Seiten 30 und 31.

Achte bei deiner **Zusammenfassung** auf die Sprache:
- Formuliere **knapp** und **sachlich.**
- Schreibe im **Präsens** (bei Vorzeitigkeit im Perfekt).
- Verwende **indirekte Rede** und
- nutze **Satzverknüpfungen.**

4 Zum <u>Schluss</u> deiner Inhaltsangabe kannst du deine eigene Meinung zum Text mitteilen.

a Lies die drei Aussagen in der linken Spalte.

b Welche Formulierung hältst du für gelungen? Begründe deine Bewertung.

Textauszug	Bewertung und Begründung
A Der Text hat mir ganz gut gefallen.	_____ _____ _____ _____
B Der Romanauszug war irgendwie doof, die Geschichte spielt ja in Amerika, das hat mit mir doch nichts zu tun.	_____ _____ _____
C Insgesamt fand ich den Romanauszug interessant, weil die Figuren sehr lebensnah wirken und der offene Schluss zum Weiterlesen anregt. Was versteckt sich wohl in der Holzkassette?	_____ _____ _____ _____ _____

c Ergänze die Satzanfänge und formuliere einen eigenen Schluss für deine Inhaltsangabe.

Der Textauszug aus Wendy Mass' Jugendroman macht neugierig, weil _____

_____

_____

Nicht besonders gelungen finde ich _____

_____

_____

Ich kann den Jugendroman „Das Leben ist kurz, iss den Nachtisch zuerst" auf jeden Fall weiterempfehlen, denn

_____

_____

5 Deine Ergebnisse aus den Aufgaben 2, 3 und 4 ergeben eine vollständige Inhaltsangabe.

a Prüfe deinen Hauptteil mit Hilfe der Checkliste auf Seite 37.

b Vergleiche deine Einleitung und den Schluss mit Textbeispielen im Lösungsheft (▶ S. 11).

Stärken stärken:
Eine Kalendergeschichte erschließen und zusammenfassen

● ● ● 1   **Lies die Kalendergeschichte.**

Johann Peter Hebel

Das wohlfeile Mittagessen (1804)

Johann Peter Hebel lebte von 1760 bis 1826 in Süd-
deutschland, wo er vor allem als Verfasser und Herausge-
ber von Kalendergeschichten berühmt wurde. Diese kur-
zen Erzählungen waren auf Jahreskalendern abgedruckt
und sollten die Menschen unterhalten und belehren. Oft
waren sie der einzige Lesestoff der einfachen Leute in der
damaligen Zeit.

Es ist ein altes Sprichwort: Wer andern eine Grube
gräbt, fällt selber darein. –
Aber der <u>Löwenwirt</u> in einem gewissen Städtlein war
schon vorher darin. Zu diesem kam ein <u>wohlgeklei-</u>
5 <u>deter Gast.</u> Kurz und protzig verlangte er für sein
Geld eine gute <u>Fleischsuppe.</u> Hierauf forderte er
auch ein Stück <u>Rindfleisch</u> und ein <u>Gemüs,</u> für sein
Geld. Der Wirt fragte ganz höflich, ob ihm nicht
auch ein <u>Glas Wein</u> beliebe? „O freilich ja", erwiderte
10 der Gast, „wenn ich etwas Gutes haben kann für
mein Geld." Nachdem er sich alles wohl hatte schme-
cken lassen, zog er <u>einen abgeschliffenen Sechser</u>
aus der Tasche und sagte: „Hier, Herr Wirt, ist mein
Geld." Der Wirt sagte: „Was soll das heißen? Seid Ihr
15 mir nicht einen Taler schuldig?" Der Gast erwiderte:
„Ich habe für keinen Taler Speise von Euch verlangt,
sondern für mein Geld. Hier ist mein Geld. Mehr
hab' ich nicht. Habt Ihr mir zu viel dafür gegeben, so
ist's Eure Schuld." –
20 Dieser Einfall war eigentlich nicht weit her. Es gehör-
te nur Unverschämtheit dazu und ein unbekümmertes Gemüt, wie es am Ende ablaufen werde. Aber das
Beste kommt noch. „Ihr seid ein durchtriebener
Schalk", erwiderte der Wirt, „und hättet wohl etwas
25 anderes verdient. Aber ich schenke Euch das Mittagessen und hier noch ein Vierundzwanzigkreuzerstück dazu. Nur seid stille zur Sache, und geht zu
meinem Nachbarn, dem Bärenwirt, und macht es
ihm ebenso." Das sagte er, weil er mit seinem Nach-
30 barn, dem Bärenwirt, aus Brotneid im Unfrieden
lebte und einer dem andern jeglichen Tort und
Schimpf gern antat und erwiderte. Aber der schlaue
Gast griff lächelnd mit der einen Hand nach dem
angebotenen Geld, mit der andern vorsichtig nach
35 der Türe, wünschte dem Wirt einen guten Abend
und sagte: „Bei Eurem Nachbarn, dem Bärenwirt,

Z.1–2: Lehre der Geschichte

Z.   : Ein gut angezogener Gast

bestellt sein Essen beim Löwenwirt

bin ich schon gewesen und eben der hat mich zu
Euch geschickt und kein anderer."
So waren im Grunde beide hintergangen, und der
40 dritte hatte den Nutzen davon. Aber der listige Kun-
de hätte sich noch obendrein einen schönen Dank
von beiden verdient, wenn sie eine gute Lehre daraus
gezogen und sich miteinander ausgesöhnt hätten.
Denn Frieden ernährt, aber Unfrieden verzehrt.

●●● 2 **Notiere deinen ersten Leseeindruck.**

●●● 3 **Die Kalendergeschichte von Johann Peter Hebel ist über 200 Jahre alt und enthält daher
viele Wörter und Wendungen, die heute nicht mehr gebräuchlich sind.**
a Lies den Text gezielt auf diese altertümlichen Wendungen hin und unterstreiche sie.
b Versuche, die jeweilige Bedeutung aus dem Textzusammenhang zu erschließen.
    Manchmal hilft dir auch ein Lexikon oder Wörterbuch. Schreibe auf, was sie bedeuten.

„fällt selber darein" (Z. 2): fällt selbst hinein

„ein Glas Wein beliebe" (Z. 9):

„ein unbekümmertes Gemüt" (Z. 21–22):

●●● 4 **Lies den Text ein weiteres Mal.**
a Unterstreiche die Schlüsselwörter, das sind Wörter, die für
    das Verständnis des Inhalts und des Handlungsverlaufs wichtig sind.
    Einige davon (nicht alle) sind im ersten Abschnitt bereits unterstrichen.
b Beantworte die folgenden W-Fragen in vollständigen Sätzen.

Wo spielt die Geschichte? _____

Wer ist am Geschehen beteiligt? _____

> Oft antworten die **Schlüssel-
> wörter** auf die W-Fragen.

> Eine Inhaltsangabe gibt nur
> das Wesentliche wieder.
> **W-Fragen** helfen dir dabei,
> die wichtigsten Informa-
> tionen eines Textes heraus-
> zufinden. Nicht immer gibt
> ein Text jedoch auf alle
> W-Fragen eine Antwort.

● ● ● **5** Mache dir den <u>Aufbau</u> der Geschichte bewusst.
Gliedere den Text in einzelne Handlungsschritte.

   a Kennzeichne die Handlungsschritte: Setze vor jeden neuen Handlungsschritt ein Absatzzeichen. ⎏

   b Notiere die Zeilennummern des Abschnitts jeweils
rechts neben den Text.

   c Schreibe zu jedem Handlungsschritt eine kurze
Zusammenfassung. Die unterstrichenen Schlüsselwörter helfen dir dabei.

> **Handlungsschritte erkennen**
> Achte darauf, wo
> - das Geschehen eine **Wende** nimmt,
> - **Figuren** neu auftreten oder sich entfernen,
> - ein **Zeitsprung** vorliegt,
> - ein **Gespräch** beginnt oder endet,
> - der **Schauplatz** wechselt.

● ● ● ● **6** Verfasse nun eine <u>Einleitung</u> für deine Inhaltsangabe zu der Geschichte von Hebel.
Ergänze dazu den Lückentext unten und formuliere das Thema. Schreibe in dein Heft.

> Die Kalendergeschichte „ ? " von ? erschien ? . Die Geschichte handelt von ? .

● ● ● **7** Im <u>Hauptteil</u> der Inhaltsangabe gibst du die wichtigsten Handlungsschritte wieder.

   a Lies die von dir formulierten Zusammenfassungen der Handlungsschritte nochmals durch.

   b Verbinde die Sätze durch passende Konjunktionen und Adverbien zu einem zusammenhängenden Text, z.B.:
deshalb, denn, aber, obwohl ...

Der Gast bestellt viele teure Gerichte. Der Wirt glaubt, dass sein Gast reich ist.
→ Der Gast bestellt viele teure Gerichte, <u>deshalb</u> glaubt ...
Der Wirt bietet ihm auch einen Wein an. Der Wirt erhofft sich ein gutes Geschäft.
→ ...

● ● ● ● **8** Für das Verständnis wichtige Aussagen der Figuren musst du von der direkten in die indirekte Rede umwandeln.
Beachte dabei die richtige Bildung des Konjunktivs (▶ S. 55).

Er fragt den Gast, _____

_____

> Seid Ihr mir nicht
> einen Taler schuldig?

> Ich habe für keinen Taler
> Speise von Euch verlangt,
> sondern für mein Geld.

Der Gast erwidert, _____

_____

_____

● ● ● ● **9** Gib zum <u>Schluss</u> deiner Inhaltsangabe deine eigene Auffassung zur Lehre wieder.

   a Die Kalendergeschichte „Das wohlfeile Mittagessen" beginnt mit dem Sprichwort: „Wer andern eine Grube
gräbt, fällt selbst hinein." Kreuze den Satz unten an, der deiner Meinung nach die Bedeutung des Sprichworts
am besten wiedergibt:

   A ☐ Schadenfreude ist doppelte Freude.

   B ☐ Schadenfreude lohnt sich nicht.

   b Formuliere in deinem Heft eine Schlussbemerkung, die die Lehre und deine Auffassung darüber aufgreift.

● ● ● **10** Schreibe die vollständige Inhaltsangabe zu der Kalendergeschichte in dein Heft.
Nutze dazu die Teilergebnisse der vorausgegangenen Aufgaben.

Teste dich!

Einen literarischen Text zusammenfassen

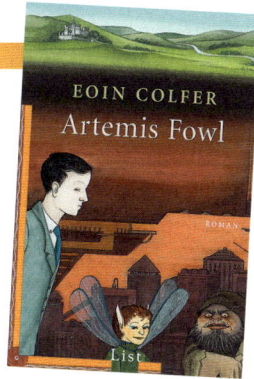

Der Jugendroman „Artemis Fowl" des irischen Autors Eoin Colfer erschien im Jahr 2005 in der deutschen Übersetzung im List-Taschenbuchverlag. Der literarische Text handelt von Artemis Fowl, einem zwölfjährigen genialen Meisterdieb, der mit Hilfe eines geheimen Elfenbuchs einen sagenhaften Goldschatz bergen will.

1 Moritz möchte für eine Inhaltsangabe zum Jugendbuch „Artemis Fowl" die Handlung zusammenfassen.
a Prüfe seine Zusammenfassung mit Hilfe der Checkliste unten. Hat Moritz alles richtig gemacht? (5 P.)
b Überarbeite Moritz Zusammenfassung. Streiche überflüssige und unsachliche Wörter. Streiche auch fehlerhafte Formulierungen durch und schreibe sie verbessert auf. (7 P.)

VORSICHT FEHLER!

Zu Beginn der Geschichte recherchierten Artemis und sein Bodyguard Butler in Saigon nach einem geheimen Buch,

welches dem Elfenvolk gehört. Ein Informant hatte die beiden mit einer als Heilerin getarnten Elfe bekannt gemacht.

Artemis ist total clever, denn es gelingt ihm, eine digitale Kopie der Buchseiten zu sichern. Obwohl er noch ein Junge

ist, verfügt er über echt tolle Fähigkeiten und ungeheure finanzielle Mittel. Als jüngster Spross einer alten irischen

Gangsterfamilie sagt er sich: „Was kostet die Welt! Ich bin reich!" Auf seinem Landsitz Fowl Manor, nahe Dublin,

versucht Artemis später, das Buch zu entschlüsseln. Er will halt dem Geheimnis um das Gold des Elfenvolks auf die

Spur kommen. Bei seinen Abenteuern unterstützt wird er durch seinen Butler und dessen Tochter Juliet.

Checkliste

Fit für eine Zusammenfassung?

☺ ☹

- Werden im Hauptteil die **Handlungsschritte** in der richtigen Reihenfolge genannt?
- Wird der Inhalt **knapp** und **sachlich** wiedergegeben?
- Ist die Zusammenfassung im **Präsens** geschrieben? (Bei Vorzeitigkeit: Perfekt)
- Finden sich **Satzverknüpfungen** (Konjunktionen) und abwechselnde Satzanfänge?
- Werden wichtige Aussagen der Figuren **in indirekter Rede** wiedergegeben?

Vergleiche deine Ergebnisse mit dem Lösungsheft. Für jede richtige Antwort erhältst du einen Punkt.

☺ 12–9 Punkte	☺ 8–5 Punkte	☹ 4–0 Punkte
Gut gemacht!	Gar nicht schlecht, aber lies dir den Merkkasten auf Seite 30 noch einmal genau durch.	Arbeite die Seiten dieses Kapitels noch einmal sorgfältig durch.

Mit Sachtexten umgehen

Einen Sachtext erschließen und zusammenfassen

Methode	Die Fünf-Schritt-Lesemethode

1. Schritt: Einen Überblick gewinnen
Lies die Überschrift(en) und die ersten Zeilen des Textes, betrachte die Abbildungen.

2. Schritt: Den Text zügig lesen
Lies den gesamten Text zügig durch. Mache dir klar, was das Thema des Textes ist.

3. Schritt: Unbekannte Wörter und Textstellen klären
Kläre dir unbekannte Wörter und schwierige Textstellen durch Nachdenken oder Nachschlagen.

4. Schritt: Den Text sorgfältig lesen und bearbeiten
Markiere Schlüsselwörter, gliedere den Text in Sinnabschnitte und
notiere dazu Zwischenüberschriften.

5. Schritt: Die Informationen zusammenfassen
Fasse die Informationen des Textes in Stichworten oder wenigen Sätzen zusammen.

1 **1. Schritt (Überblick)**
Lies die Überschrift und überfliege den Anfang des Sachtextes. Sieh dir die Abbildungen an.
Überlege, was du möglicherweise schon über das Thema weißt.

2 **2. Schritt (erstes zügiges Lesen)**
a Lies den Text über eines der „neuen 7 Weltwunder", die Chinesische Mauer, zügig durch. Markiere
unbekannte Wörter. Tipp: Halte dich nicht lange mit Einzelheiten auf, die dir noch unverständlich sind.
b Notiere nach dem ersten Lesen das Thema des Textes.

In dem Sachtext geht es um ...

Die Chinesische Mauer

Die Chinesische Mauer ist das längste Bauwerk der Welt. Nach neueren Messungen ist sie fast 9 000 Kilometer lang. Man könnte
5 die Mauer mehr als zweimal um ganz Deutschland führen.
Bereits seit Längerem existierten kürzere Schutzwälle im Norden des Reiches. Diese ließ der erste Kaiser
10 ab 214 v. Chr. zu einer langen Anlage miteinander verbinden. Damit wollte er sein Reich und die chinesische Hochkultur vor den Einfällen kriegerischer Reitervölker und Nomaden aus der Steppe im Norden schützen. Immer
15 wieder tauchten diese wie aus dem Nichts auf, überfielen grenznahe Dörfer und Städte und plünderten

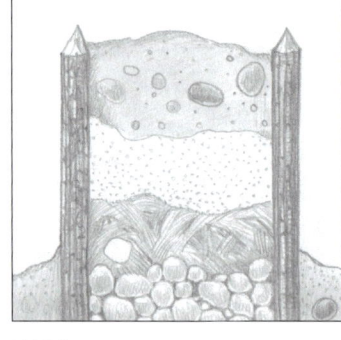
Abbildung 1

sie. Wenn sie wieder abzogen, hinterließen sie heillose Zerstörung. Das musste aufhören, denn solange die Attacken kein Ende fanden, war
20 das ganze Reich in Gefahr und die Macht des Kaisers bedroht.
Die Mauer verläuft in großen Teilen durch sehr gebirgiges Gelände, wobei es meistens über die Bergkäm-
25 me geführt wurde. Das machte die Arbeit extrem mühsam und gefährlich. Im Westen des Landes führte die Mauer zum Teil durch Wüsten und Einöden. Das Klima dort erschwerte die Arbeit ebenfalls sehr.
30 Als Baumaterial wurden ursprünglich Materialien genutzt, die man in der Umgebung vorfand: Natur-

steine und Lehm. In manchen Gegenden baute man aus Baumstämmen zweireihige Palisaden, also
35 Schutzwände aus Stämmen. Den Zwischenraum füllte man mit Steinen, Erde und Schutt, aber auch mit Schichten aus Stroh. Von diesen ältesten Anlagen ist heute nicht mehr viel erhalten. Erst später verwendete man gebrannte Ziegelsteine.
40 Nun wurden auch Wach- und Wehrtürme gebaut; insgesamt sollen es 25 000 gewesen sein. Sie dienten als Munitions- und Waffenlager und vor allem als Signaltürme: Wenn die Besatzung einen Feind herannahen sah, wurde auf dem Turm ein Feuer entfacht.
45 Dieses erblickten Späher auf dem nächsten Turm, die nun ihrerseits wieder ein Feuer entzündeten und so weiter. Auf diese Weise konnte die Nachricht von der anrückenden Gefahr in relativ kurzer Zeit bis zur Hauptstadt gelangen.
50 Weil sich das „Reich der Mitte", wie China sich selbst immer nannte, im 17. Jahrhundert weiter nach Norden und damit über die Große Mauer hinaus ausdehnte, verlor der Schutzwall seine Funktion und verfiel über weite Strecken. Vielfach nutzten auch Bewohner
55 der Gegend das Material zum Bau ihrer Häuser.

Abbildung 2

Erst im letzten Jahrhundert begann man damit, die Mauer teilweise zu restaurieren. Heute gehört sie zu den wichtigsten Sehenswürdigkeiten des Landes und vor allem in der Nähe von Peking besuchen jährlich Tausende Touristen die Anlage. Im Sommer 60 2007 wurde sie in einer weltweit durchgeführten Online-Abstimmung in eine neue Liste der Weltwunder aufgenommen.

Heinz Gierlich

3. Schritt (unbekannte Wörter und schwierige Textstellen klären)

- Die Bedeutung **unbekannter Wörter** kannst du meist aus dem Textzusammenhang klären.
- **Wortzusammensetzungen** musst du zerlegen und nach dem Grundwort suchen, z.B.: *Bauwerk = Bau + Werk.*
- Falls du immer noch Zweifel hast, schlage in einem **Lexikon oder Wörterbuch** nach.

a Schlüssle die Bedeutung des Wortes „Schutzwall" (▶ Z. 8) auf. Ergänze.

Bedeutung

Schutz   *Sicherung, Maßnahmen gegen eine Bedrohung ...*

Wall   *Ein Wall ist ein Hindernis, das ...*

Schutzwall   *Ein Schutzwall ...*

b Kläre die Bedeutung dir unbekannter Wörter und schwer verständliche Stellen im Text auf den Seiten 38 und 39. Schreibe sie mit Erläuterungen auf.

Palisade (▶ Z. 34): _____

Munitionslager (▶ Z. 42): _____

Es ist nicht immer notwendig, jedes Wort zu kennen. Prüfe, ob du den Satz auch ohne das Wort verstehst.

4 4. Schritt (zweites sorgfältiges Lesen)
Lies den Text ein zweites Mal gründlich und bearbeite ihn.
Markiere dabei Schlüsselwörter, die die wichtigsten Informationen enthalten.

5 Teile den Text in sieben Sinnabschnitte ein – nutze hierfür folgendes Absatzzeichen ⎿.
a Notiere für jeden Sinnabschnitt die Zeilenangaben.
b Ergänze eine sinnvolle Zwischenüberschrift oder fasse in einem Satz zusammen.
Tipp: Die Schlüsselwörter, die du markiert hast (▸ Aufg. 4), helfen dir, die Informationen zusammenzufassen.

Sinnabschnitt 1 (Z.1–6): längstes Bauwerk der Welt: fast 9000 km lang, passt

zweimal um Deutschland

Sinnabschnitt 2 (Z.   ):

6 5. Schritt (Informationen mit eigenen Worten zusammenfassen)
a Ergänze den Einleitungssatz und schreibe ihn vollständig ins Heft.

In dem Text „ ? " informiert der Autor ? über ? .

b Vervollständige die Zusammenfassung des ersten
Sinnabschnitts. Das angebotene Wortmaterial hilft dir.
Schreibe ins Heft.

Wortspeicher

9 000 km • Bundesrepublik Deutschland •
zweimal • längstes Bauwerk

Die Chinesische Mauer ist mit ? das ? der Welt.
Damit könnte man sie mehr als ? um die ? führen.

c Fasse auch die restlichen Sinnabschnitte im Heft zusammen. Verwende deine Vorarbeit aus Aufgabe 5.
Tipp: Verwende Konjunktionen und Adverbien, z. B.: *aber, zunächst, wei, obwohl, da, ...*

Methode	Einen Sachtext mit eigenen Worten zusammenfassen

Fasse den Inhalt des Sachtextes knapp und sachlich zusammen, sodass andere,
die den Text nicht gelesen haben, über das Wesentliche informiert werden.
- Nenne in der **Einleitung** Titel, Namen des Verfassers/der Verfasserin und Thema des Textes.
- Fasse im **Hauptteil** die wichtigsten Textinformationen knapp, sachlich und in eigenen Worten
zusammen. Verwende als Zeitform das **Präsens** (bei Vorzeitigkeit das Perfekt).

Stärken stärken: Grafiken und Diagramme auswerten

○○ **1** Lies den Text auf den Seiten 38 und 39. Bearbeite dann die Aufgaben 1 bis 6 auf den Seiten 38 bis 40.

○○ **2** Untersuche nun die Grafik auf Seite 38 genauer:
  – Zu welchem Textabschnitt passt die Grafik am besten?
    Notiere die Zeilennummern.
  – Beschreibe, was die Grafik darstellt.

> Eine Grafik kann anschaulich **Zahlen** (z. B. Größenverhältnisse), **Konstruktionen und Funktionen** (z. B. Bauwerke) oder **Orts- bzw. Lageangaben** (z. B. Landkarten) darstellen.

Die Grafik passt zu dem _____ Abschnitt _____

(Z. _____) und darin zu Z. _____ . Sie verdeutlicht, wie _____

_____ .

Methode   **Diagramme verstehen und auswerten**

Ein Diagramm ist eine **bildliche Darstellung von Daten und Informationen**. Die häufigsten Arten von Diagrammen sind: Säulendiagramm, Balkendiagramm, Kurvendiagramm und Kreisdiagramm.

1 Schau dir das Diagramm genau an. Lies die Überschrift sowie die übrigen Angaben und Erklärungen.

2 Stelle fest, worüber das Diagramm informiert. Welche Maßeinheiten werden verwendet, z. B. Prozentzahlen (%), Maße (m, cm), Gewichte (kg) oder Jahreszahlen?

3 Vergleiche die Angaben miteinander (höchster und niedrigster Wert, gleiche Werte).

4 Fasse zusammen, was im Diagramm gezeigt wird: Was lässt sich ablesen?

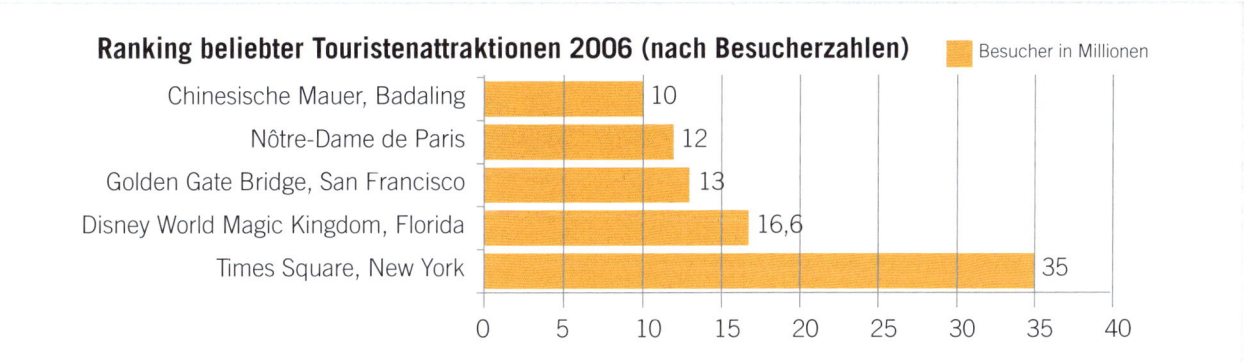

Ranking beliebter Touristenattraktionen 2006 (nach Besucherzahlen)   Besucher in Millionen

- Chinesische Mauer, Badaling: 10
- Nôtre-Dame de Paris: 12
- Golden Gate Bridge, San Francisco: 13
- Disney World Magic Kingdom, Florida: 16,6
- Times Square, New York: 35

○○ **3** Das Diagramm oben zeigt das Ergebnis einer Umfrage.
  a Um welche Art von Diagramm handelt es sich? Notiere. _____
  b Worüber informiert das Diagramm? Markiere die Überschrift und die verwendete Maßeinheit.
  c Werte die Informationen des Diagramms aus. Beantworte dazu die folgenden Fragen in Stichworten:

  A Welche Touristenattraktion war 2006 am beliebtesten? _____

  B Wie viele Touristen haben 2006 die Chinesische Mauer besucht? _____

○○ **4** Das Diagramm ergänzt Informationen zum Text „Die Chinesische Mauer" (▶ S. 38 f.). Welche sind es? Trage sie ein:

Das Diagramm ergänzt die Textstelle Z. _____ bis Z. _____. Es nennt den genauen Ort, _____ ,

und die genaue _____ : _____ .

Stärken stärken:
Informationen aus verschiedenen Sachtexten zusammenfassen

● ● ○ **1** Erarbeite dir die beiden Sachtexte A (▶ unten) und B (▶ S. 43) jeweils nach der 5-Schritt-Lesemethode.
Schreibe ins Heft.
   a Verschaffe dir zunächst einen Überblick: Überfliege die Überschriften und Texte. Betrachte das Foto.
   b Lies dann zügig die beiden Texte.
   c Erschließe unbekannte Wörter durch den Textzusammenhang oder schlage nach.
   d Markiere Schlüsselwörter und mache dir Notizen zu den einzelnen Abschnitten.
      Nutze hierzu Aufgabe 2 a.
   e Fasse die Informationen der Texte in Stichworten oder wenigen Sätzen zusammen.

Text A

Kai Hirschmann

Das Taj Mahal

Das Taj Mahal (gesprochen: Tadsch Mahal) ist ein strahlend weißer Palast in der Nähe der Stadt Agra im Norden Indiens. Der Schah Jahan ließ ihn als Grabstätte für seine Frau Mumtaz Mahal errichten.
5 Der Name „Taj Mahal" bedeutet wörtlich „Kronenpalast". Er sollte nach dem Willen Jahans das schönste Bauwerk aller Zeiten werden – prächtiger als alle bekannten Weltwunder. Der mächtige Herrscher wollte seiner Lieblingsfrau Mumtaz Mahal, die bei der
10 Geburt ihres 14. Kindes gestorben war, eine Wohnstätte für die Ewigkeit bauen. Das strahlend weiße Gebäude sollte für alle Zeit an die Liebe der beiden erinnern.
Schah Jahan ließ die besten Handwerksmeister aus
15 ganz Süd- und Zentralasien kommen – insgesamt 20 000 waren am Bau beteiligt. Und mehr als 1000 Elefanten brachten die edelsten Baumaterialien Asiens herbei: Marmor, Sandstein und 28 verschiedene Arten Edelsteine. Nach 18 Jahren Bauzeit wurde das
20 prachtvolle islamische Mausoleum[1] 1648 fertiggestellt.

Der Legende nach wollte der Herrscher sicherstellen, dass sein Bauwerk einmalig blieb, und ließ deshalb viele Handwerksmeister verstümmeln, nachdem das Taj Mahal fertig war. Auf diese Weise wollte 25 er angeblich verhindern, dass die Spezialisten noch einmal ein so schönes Gebäude errichten konnten.
Das Taj Mahal brachte Schah Jahan kein Glück. Denn es stellte sich heraus, dass der Prachtbau das ganze Vermögen des Herrschers verschlungen hatte. 30 Einen zweiten, schwarzen Palast auf der anderen Seite des Flusses, der ihm als Grabstätte dienen sollte, konnte er sich nicht mehr leisten. Weil er so viel Geld ausgegeben hatte, wurde Schah Jahan 1658 sogar von seinem eigenen Sohn gestürzt und im Roten 35 Fort von Agra bis zu seinem Tode unter Hausarrest gestellt. Von dieser Festungsanlage, die nicht weit entfernt vom Taj Mahal liegt, konnte er auf sein Lebenswerk blicken. Seine letzte Ruhe fand er 1666 neben seiner Frau im Taj Mahal. 40

1 Das Mausoleum: Grabmal in Form eines Gebäudes

Text B

Das Taj Mahal im Überblick

Zahlen – Maße: Das Taj Mahal steht auf einer 100 m langen und 100 m breiten Marmorplatte, ist 58 m hoch und 56 m breit und umgeben von 40 m hohen Minaretten.

Das Grabmal liegt in einem 18 Hektar großen Garten mit einem länglichen Wasserbecken, in dem sich das Bauwerk spiegelt.

Auf dem Gelände des Taj Mahals stehen außerdem eine Moschee, ein Gästehaus und ein Eingangsgebäude.

Baumaterial: Für das Gebäude wurden Marmor, roter Sandstein sowie 28 verschiedene Arten von Edel- und Halbedelsteinen verwendet. Jade, Lapislazuli, Saphire und auch Diamanten sind in den Marmor eingefügt und nahezu jede Fläche wurde in irgendeiner Form verziert.

Besonderheiten: Die vier an den Eckpunkten stehenden Minarette, die für die Gebetsrufer (Muezzins) errichtet wurden, sind leicht vom Taj Mahal weggeneigt, damit sie im Falle eines Erdbebens nicht auf das Gebäude stürzen.

Bedeutung für die Menschen: Das Taj Mahal ist eines der schönsten Bauwerke überhaupt und zieht jedes Jahr viele Millionen Touristen an. Aber auch für frisch vermählte Ehepaare ist das Gebäude ein beliebtes Ausflugsziel, denn es gilt als Denkmal ewiger Liebe.

●○ **2 Die Texte sind unterschiedlich aufgebaut und vermitteln Informationen auf verschiedene Weise.**

a Lege eine Tabelle an und übertrage die Informationen in die entsprechende Spalte.

	Text A	Text B
Überschrift	*Das Taj Mahal*	*Das Taj Mahal im Überblick*
Abschnitte, Unterüberschriften	*Z.1–13: Entstehungsgeschichte des Taj Mahals*	*Zahlen – Maße: Z.1–10*
	Z. ...	*Baumaterial: Z. ...*
Schlüsselwörter: Was? Wer? Wo? Wann?	*schönstes Bauwerk aller Zeiten*	
	Schah Jahan	
	...	*...*

b Vergleiche: Wodurch unterscheiden sich die Sachtexte, worin ergänzen sie sich? Halte deine Beobachtungen fest:

_____

_____

●○ **3 Schreibe mit Hilfe deiner Notizen aus Aufgabe 2 eine Zusammenfassung**

a Notiere, welche Fragen zum Taj Mahal in deinem Text beantwortet werden sollen, z. B.:

Was ist das Taj Mahal? Wo steht es? Welche Materialien ...?

_____

b Markiere die entsprechenden Informationen in deinen Ergebnissen aus Aufgabe 2.

c Schreibe die Zusammenfassung in dein Heft.

Stärken stärken: Ein Schaubild anfertigen

●●● **1** Nicht als Weltwunder, aber als Weltkulturerbe gilt das Orchontal in der Mongolei. Touristen verbinden einen Besuch häufig mit einer Rundreise. In einem Reiseprospekt wird eine solche Rundreise beschrieben.

a Lies den Text genau. Markiere Ortsangaben, Reisemittel und Unterkunftsarten in unterschiedlichen Farben.

Mongolei-Rundreise: Erlebnisse im „Land des ewig blauen Himmels"

1. Tag: Ulan Bator Abholung am Flughafen in Ulan Bator. Noch heute gehen Sie auf Erkundungstour: Sie besuchen das Gandan Kloster, das größte buddhistische Kloster der Mongolei. Sie übernachten in Ulan Bator im Hotel.

2. Tag: Baga Gadsryn Tschuluu Von Ulan Bator aus fahren Sie mit einem Jeep ins Felsgebirge von Baga Gadsryn Tschuluu. Sie verbringen den Tag in diesem wunderschönen Landstrich, besichtigen prähistorische Felsmalereien und Steingräber und übernachten im Jurten-Camp.

3. Tag: Südgobi Mit dem Jeep geht es weiter nach Südgobi. Die Ausblicke auf die grandiose Landschaft entschädigen Sie für die holprige Fahrt über oftmals reine Naturpisten. Sie verbringen den restlichen Tag im Gobi-Nationalpark im östlichen Altai-Gebirge und unternehmen einen Ausflug in die Geierschlucht Yolyn Am. Übernachtung in Jurten.

4. Tag: Oase Bayanzak Quer durch die Wüste geht es zur Oase Bayanzak, wo Sie den berühmten Saurierfriedhof besichtigen. Übernachtung in Jurten.

5. Tag: Ongital Sie fahren weiter durch

das Ongital zu den Ruinen der Klöster am gleichnamigen Fluss. Nach dem Mittagessen wandern Sie zur nahe gelegenen Ruinenstadt Ongiin-Khiid. Übernachtung im Jurten-Camp.

6. Tag: Khan-Gebirge Mit dem Jeep geht es weiter zum Mittelpunkt der Mongolei, nach Elsen Tasarkhai. Am Nachmittag reiten Sie auf Kamelen zu den spektakulären Sanddünen von Mongol Els.

7. Tag: Karakorum Nach dem Frühstück begeben Sie sich auf die Fahrt nach Karakorum, wo sie ein Museum besuchen und ein Kloster besichtigen. Nach dem Mittagessen geht es weiter: Halb wandernd, halb fahrend erreichen Sie die traumhafte Kulisse im Orchontal und übernachten im Jurten-Camp am Fluss Orchon.

8. Tag: Hustai Nuruu Beim Besuch des Nationalparks beobachten Sie Wildpferde und zahlreiche Vogelarten. Übernachtung im Jurten-Camp.

9. Tag: Ulan Bator Ihre Reise führt Sie wieder zurück in die Hauptstadt und es heißt Abschied nehmen. Sie treten ihren Rückflug ab Ulan Bator an.

b Betrachte die folgende Karte zur Rundreise. Trage mit Hilfe der Angaben im Text und der nebenstehenden Legende die Reiseroute sowie Reisemittel und Unterkunftsarten ein.

Teste dich!

Einen Sachtext und eine Grafik auswerten

Mond-Gerücht über die Chinesische Mauer

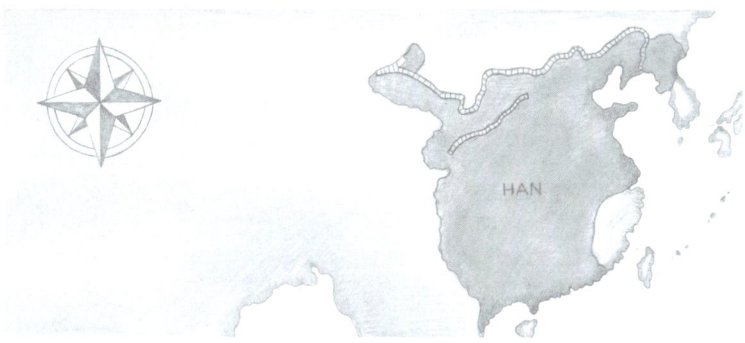

Die Chinesische Mauer ist mit fast 9000 Kilometern das längste Bauwerk der Welt und zu Recht hat man sie daher im Jahre 2007 in die Liste der neuen Weltwunder aufgenommen. Immer wieder hört man sogar, man könne die Mauer vom Mond aus sehen. Das aber ist ein Gerücht, welches dadurch ausgelöst wurde, dass ein Astronaut 2004 von der Internationalen Raumstation aus mit einem Teleobjektiv die Erde fotografierte. Dabei konnte er auch die Chinesische Mauer erkennen, und zwar, weil gerade Winter war und Schnee auf der Mauer lag, als weiße Linie. Aber das gelang ihm eben mit einem Teleobjektiv. Mit dem bloßen Auge wäre das nicht möglich gewesen. Nun muss man Folgendes bedenken: Die Raumstation kreist in einer Höhe von ungefähr 350 Kilometern um die Erde, der Mond aber ist mehr als tausendmal so weit von der Erde entfernt. Damit ist eines klar: Vom Mond aus hat man keine Chance, die Chinesische Mauer zu sehen. Aber das ändert natürlich überhaupt nichts daran, dass sie sehr beeindruckend ist und daher völlig zu Recht auf der Liste der neuen Weltwunder steht.

1 Untersuche den Sachtext über die Chinesische Mauer. (1 P.)
Kreuze an, was das Thema des Textes ist.

A [ ] Die Chinesische Mauer als Weltwunder

B [ ] Kann man die Chinesische Mauer vom Weltall erkennen?

2 Prüfe bei jeder der folgenden Aussagen, ob sie richtig oder falsch ist oder anhand des Textes und der Grafik nicht überprüft werden kann. Notiere rechts daneben *r* für richtig, *f* für falsch oder *ka* für keine Angabe in den Materialien. (8 P.)

C [ ] Die Chinesische Mauer ist das berühmteste Monument der Menschheitsgeschichte.

D [ ] Der Mond ist mehr als 350 000 Kilometer von der Erde entfernt.

E [ ] Die Landkarte informiert über die geografische Lage der Chinesischen Mauer.

F [ ] Man kann die Chinesische Mauer mit bloßem Auge vom Mond betrachten.

G [ ] Die Grafik hat ein Astronaut 2004 von einer Internationalen Raumstation erstellt.

H [ ] Im Norden grenzt die Chinesische Mauer an die Mongolei.

I [ ] Anhand der Landkarte kann man den Verlauf der Mauer verfolgen.

J [ ] Im Winter kann man die Mauer mit einem Teleobjektiv aus dem Weltall fotografieren.

Vergleiche deine Ergebnisse mit dem Lösungsheft. Für jede richtige Antwort erhältst du einen Punkt.

☺ 9–7 Punkte	☺ 6–4 Punkte	☹ 3–0 Punkte
Gut gemacht!	Gar nicht schlecht, aber lies dir die Merkkästen auf den Seiten 38 und 41 noch einmal genau durch.	Arbeite die Seiten dieses Kapitels noch einmal sorgfältig durch.

Was kannst du schon? – Grammatik

1 Um welche Wortart handelt es sich? Kreuze an. (9 P.)

	stürmen	oben	manche	Wolken	eine	unter	darunter	diese	gewaltig
Verb	☐	☐	☐	☐	☐	☐	☐	☐	☐
Nomen	☐	☐	☐	☐	☐	☐	☐	☐	☐
Adjektiv	☐	☐	☐	☐	☐	☐	☐	☐	☐
Artikel	☐	☐	☐	☐	☐	☐	☐	☐	☐
Pronomen	☐	☐	☐	☐	☐	☐	☐	☐	☐
Adverb	☐	☐	☐	☐	☐	☐	☐	☐	☐
Präposition	☐	☐	☐	☐	☐	☐	☐	☐	☐

2 Bestimme die konjugierten Verben in Numerus und Tempus, indem du sie durch Linien miteinander verbindest. Ergänze jeweils den Infinitiv in Klammern. (10 P.)

sie arbeiteten

du hattest geworfen

wir werden schwimmen

du wirst gegessen haben

er ist gegangen

2. Person Sg. Plusquamperfekt (_____)

3. Person Sg. Perfekt (_____)

1. Person Pl. Futur I (_____)

3. Person Pl. Präteritum (*arbeiten* _____)

2. Person Sg. Futur II (_____)

3 Kreuze an: Ist das Verb regelmäßig (schwach) oder unregelmäßig (stark) gebildet? (4 P.)

	stark	schwach
A Die Wolken <u>zeigten</u> heute ein besonderes Schauspiel.	☐	☐
B Kilometerhoch <u>türmten</u> sie sich über unseren Köpfen.	☐	☐
C Mit unbändiger Kraft <u>entluden</u> sie Blitz und Donner.	☐	☐
D Regengüsse <u>schossen</u> auf uns nieder.	☐	☐

4 Stelle diesen Satz zweimal um (Umstellprobe). Schreibe die beiden neuen Sätze auf. (2 P.)

Über unseren Köpfen finden täglich faszinierende Naturschauspiele statt.

A _____

_____

_____

B _____

_____

_____

5 Bestimme die unterstrichenen Satzglieder. Trage dazu die Buchstaben hinter den Satzgliedern in die nachfolgende Tabelle ein. (9 P.)

1 <u>Weltweit</u> (A) jagen <u>begeisterte Fotografen</u> (B) <u>Wolken</u> (C) hinterher.
2 <u>Sie</u> (D) <u>suchen</u> (E) nach überraschenden Motiven <u>am Himmel</u> (F).
3 In den Wolkenbergen erkennen <u>sie</u> (G) <u>oft</u> (H) <u>die unglaublichsten Dinge</u> (I).

Satz	Subjekt	Prädikat	Akkusativobjekt	Dativobjekt	adverbiale Bestimmung
1					
2					
3					

6 Hauptsatz oder Nebensatz? Notiere es rechts daneben. (3 P.)

A Schon Kinder liegen im Gras, weil sie die Wolken beobachten wollen. = *Hs, Ns* _____

B Sie sehen Drachen und Burgen darin, sie erkennen Elefanten und Giraffen. = _____

C Wolken zu beobachten macht Spaß und es regt die Fantasie an. = _____

D Nur wenige werden bestreiten, dass Wolken völlig uninteressant sind. = _____

7 a Prüfe deine Lösungen mit Hilfe des Lösungshefts.
  b Trage ein, wie du die Aufgaben bewältigt hast: ✓ = das Meiste richtig ⸮ = noch etwas unsicher

Aufgabe	1 ☐	2 ☐	3 ☐	4 ☐	5 ☐	6 ☐
Weitere Übungen	Seite 48–52	Seite 53–55	Seite 53–54	Seite 59–60	Seite 59–65	Seite 68–72

Wörter und Wortarten

Nomen, Artikel, Adjektive

Information	Nomen und ihre Begleiter

Nomen und ihre **Begleiter** stehen immer im gleichen Kasus, z. B.: *Landwirte waren schon immer besonders abhängig vom Wetter* (Nominativ). *Deshalb haben sie die Beobachtung des Wetters in Bauernregeln festgehalten* (Genitiv). Begleiter können sein:
- der **bestimmte Artikel**, z. B.: *der Regen,*
- der **unbestimmte Artikel**, z. B.: *ein Gewitter,*
- **Adjektive**, z. B.: *dunkle Wolken,*
- **Pronomen**, z. B.: *dieser Wind.*

1 a Streiche im ersten Absatz des Textes jeweils die falsche Form durch.
   b Setze im zweiten Absatz die in Klammern stehenden Wörter im richtigen Kasus ein.

Der Föhn

Wer im Süden Deutschlands bewusst ~~einen Wetterbericht~~ / den Wetterbericht hört, hat sicher schon einmal *ein Wort /
das Wort* „Föhn" gehört. *Ein Föhnwind / Der Föhnwind* ist
das Wetterphänomen, das vorwiegend in den Bergen vor-
5 kommt. Er entsteht, wenn ein Luftpaket vor *einem Gebirge /
dem Gebirge* zum Aufsteigen gezwungen wird. Dabei
kühlt sich *ein Luftpaket / das Luftpaket* ab. Dann konden-

siert *ein Wasserdampf / der Wasserdampf* und es bilden sich *Wolken / die Wolken*. Die Luftmassen verlieren
einen großen Teil / den großen Teil der Feuchtigkeit, indem sie sich über den Bergen abregnen (Steigungsre-
10 gen). Auf der anderen Seite des Berges sinken *Luftmassen / die Luftmassen* wieder nach unten und erwärmen
sich. Es weht nun *ein trockener, warmer Fallwind / der trockene, warme Fallwind*. Die Wolken lösen sich auf
und man kann sich einer guten Fernsicht erfreuen. *Ein Alpenvorland / Das Alpenvorland* verzeichnet jedes
Jahr mehrere Tage, an denen der Einfluss des Föhns spürbar wird.

<u>*Einen solchen Fallwind*</u> (ein solcher Fallwind) gibt es aber an nahezu jedem Gebirge. Allerdings erhält

15 er von Region zu Region _____ (ein anderer Name). Beispielswei-

se ist der Föhn _____ (die Nordamerikaner) als Chinook bekannt.

Die drückende Hitze, eine Folge _____ (das schnelle Absin-

ken) der Luft, macht _____ (viele wetterfühlige

Menschen) zu schaffen. Sie leiden unter _____

20 (die Kopfschmerzen und die Kreislaufprobleme). _____ (Dieses

warme Wetter) ist es aber auch zu verdanken, dass im Winter der Schnee schnell schmilzt und im Herbst die

Traubenernte _____ (die ansässigen Winzer) besser ausfällt.

Pronomen

Information	Pronomen

Pronomen können Nomen ersetzen, sie begleiten oder Verknüpfungen im Satz herstellen:
- **Personalpronomen** (persönliche Fürwörter), z. B.: *ich, du, er/sie, es, wir, ihr, sie*
- **Demonstrativpronomen** (hinweisende Fürwörter), z. B.: *dieser, jener, der, die, das*
- **Possessivpronomen** (besitzanzeigende Fürwörter), z. B.: *mein, dein, ihr, euer, unser*
- **Indefinitpronomen** (unbestimmte Fürwörter), z. B.: *etwas, manche, niemand, kein ...*
- **Relativpronomen,** z. B.: *Das Buch, das ich lese, ... Der Arzt, dessen Rat ich befolge, ...*

1 a Setze die Indefinitpronomen aus dem Wortspeicher an der richtigen Stelle ein.
   b Unterstreiche die anderen Pronomen: Personalpronomen (P) <u>grün</u>, Demonstrativpronomen (D) <u>blau</u>, Relativpronomen (R) <u>orange</u> und Possessivpronomen (Poss) <u>rot</u>.

Wortspeicher

allen • sämtliche • einiges • jeder • jedes • keine • alle • keine • jeder • niemand • manche

Wolken – lebensnotwendig für _____ Lebewesen

Kumulus, Stratus, Zirrus – das sind _____ Legionäre aus „Asterix und Obelix", sondern Wolkenformen.

_____, die sich damit beschäftigen, verraten sie _____ über das Wetter von morgen.

Wolken sind lebensnotwendig für _____ Lebewesen, denn sie regeln unseren weltweiten Wasser-

haushalt. _____ Mensch und _____ Tier benötigt ausreichend Wasser und

5   _____ Pflanze kann ohne Wasser überleben. Wolken speichern verdunstetes Wasser aus Flüssen,

Seen und Meeren, tragen es weiter und verteilen es als Regen schließlich wieder auf der Erde. Doch _____

_____ Wolken überraschen uns auch mit Blitz und Donner. Man unterscheidet hohe Wolken

(in 5–13 km Höhe), mittelhohe Wolken (2–7 km), tiefe Wolken (bis 2 km) und solche, die in _____ Höhenlage

vorkommen. Weil sie sich so schnell verändern, hatte _____ die Wolken klassifiziert, bis sie vor

10   etwa 200 Jahren der Apotheker Luke Howard erstmals in zehn Gattungen einteilte.

2 a Setze passende Fragewörter in die Sätze ein.
   b Unterstreiche in jedem Satz ein weiteres Pronomen und kreuze an, um welche Art es sich handelt.

unterstrichene Pronomen

	P	Poss	D	Indef
A _____ kann man etwas über die Wolken erfahren?	☐	☐	☐	☐
B Luisa recherchiert im Internet, _____ diese Wolkengattungen heißen.	☐	☐	☐	☐
C _____ findet Paul in seinem Lexikon?	☐	☐	☐	☐
D Sina fragt die Buchhändlerin, _____ Sachbuch sie empfiehlt.	☐	☐	☐	☐

Stärken stärken: Adverbien

| Information | Adverbien (Umstandswörter; Sg.: das Adverb) |

Adverbien (von lat. *adverbium* = bei dem Verb) beziehen sich auf das Verb in einem Satz und beschreiben die genaueren Umstände eines Geschehens, nämlich:
- **Wann? – Adverbien der Zeit,** z. B. *neulich, manchmal, heute, danach* – In den Alpen schneit es <u>häufig.</u>
- **Wo? – Adverbien des Ortes,** z. B. *draußen, darunter, links, überall* – <u>Dort</u> kann es Lawinen geben.
- **Wie? – Adverbien der Art und Weise,** z. B. *umsonst, gern, sowieso* – Viele sind nicht <u>unbedingt</u> vorsichtig.
- **Warum? – Adverbien des Grundes,** z. B. *deshalb, deswegen, darum* – <u>Deshalb</u> geschehen oft Unfälle.

●○○ **1** **a** In diesem Text sind die Buchstaben der Adverbien durcheinandergeraten, lediglich der erste ist an seinem Platz verblieben. Fülle die Lücken, indem du die Buchstaben in die richtige Reihenfolge bringst.

Wenn der Hang rutscht

Lawinen sind große Schneemassen, die sich von Bergen lösen und arsätwb *abwärts* gleiten. Imemr

_____ wenn es im Hochgebirge stark schneit, steigt smoti _____ die Gefahr, dass dtro

_____ Lawinen entstehen. Bsnosedre _____ gefährlich wird es, wenn idogewrn

_____ Neuschnee auf eine fest gefrorene Schneedecke fällt. Das Gewicht des Neuschnees drückt

5 sßihlclchei _____ nach utnne _____ . jttez _____ kann es dslhbea

_____ zum Abrutschen von Schneeflächen kommen. Drmau _____ wurden

Schutzmaßnahmen ergriffen.

b Erstelle eine Tabelle nach folgendem Muster in deinem Heft und ordne alle Adverbien aus dem Text ein.

Adverb der Zeit	Adverb des Ortes	Adverb der Art/Weise	Adverb des Grundes
	abwärts		

●●○ **2** Setze passende Adverbien aus dem Wortspeicher in die Lücken unten ein. Ordne sie dann in eine Tabelle wie in Aufgabe 1 ein.

> **Wortspeicher**
> allerdings • deswegen • häufig
> irgendwie • leider • überall

Den besten Schutz bieten Wälder – _____ gibt es fast

_____ spezielle Aufforstungsprogramme. _____ werden auch künstliche

Schutzbauten erstellt, welche die niedergehenden Lawinen _____ bremsen,

ablenken oder stoppen sollen. Diese sind _____ sehr teuer.

●●● **3** Unterstreiche in den folgenden Sätzen die fünf Adverbien und ordne sie in eine Tabelle wie in Aufgabe 1 ein.
Vorsichtshalber nehmen inzwischen viele Wintersportler einen Lawinenpiepser und einen Lawinenairbag mit. In den Alpen können daher erfreulicherweise jährlich zahlreiche Menschen gerettet werden.

Stärken stärken: Präpositionen

Information	Präpositionen

Präpositionen zeigen **lokale, temporale, kausale oder modale Beziehungen** zwischen Lebewesen, Gegenständen oder Vorgängen an, z. B.: *auf dem See*, *vor dem Orkan*, *wegen eines Gewitters*, *mit meinem Freund*. Die Präposition bestimmt den Kasus des folgenden Nomens bzw. Pronomens, z. B.: *wegen des Seegangs* (Genitiv), *zu dem Steg* (Dativ), *durch ihn* (Akkusativ). Die **Wechselpräpositionen** *in, auf, vor, hinter, unter, über, neben, an, zwischen* fordern manchmal den Dativ (↗ Wo?), manchmal den Akkusativ (↗ Wohin?), z. B.: *Er sitzt in dem Boot* (Dativ). – *Er springt in das Boot* (Akkusativ).

○○ 1 Ergänze die passenden Präpositionen aus dem Wortspeicher und setze die Wörter in Klammern im richtigen Kasus ein.

> **Wortspeicher**
>
> auf • ~~bei~~ • durch • für • in • mit •
> mit • nach • über • wegen

Flaschen-Tornado

Tornados, die _bei uns_ (wir) Windhosen genannt werden, kommen vor allem _____

_____ (die große Landmasse) Nordamerikas vor. _____

(der folgende Versuch) lässt sich ihre Entstehung verdeutlichen. _____ (ein

Flaschen-Tornado) braucht man zwei Flaschen. Ihre Schraubverschlüsse werden aneinandergeklebt, durch-

5   bohrt und mit Isolierband umwickelt. Eine der Flaschen wird zu zwei Dritteln mit Wasser gefüllt. Nun schraubt

man die leere Flasche _____ (die gefüllte Flasche).

_____ (der Versuchsaufbau) wird das Gebilde umgedreht und

_____ (die Hände) _____ (eine Kreisbewegung) versetzt.

_____ (die Fliehkraft) wird das Wasser an die Außenwand gedrückt. _____

10   _____ (der entstandene Luftkanal) kann die Luft aufsteigen und das Wasser abfließen.

●○ 2 Bearbeite Aufgabe 1. Umkreise dann weitere Präpositionen, die im Text versteckt sind.

●● 3 Umkreise alle Wechselpräpositionen im Text unten. Notiere in Klammern, welcher Kasus jeweils auf die Wechselpräposition folgt: D für Dativ und A für Akkusativ. Ergänze dann die Nomen im passenden Kasus.

Tornados sind Wirbel aus (___) _____ *(Luft)*. Besonders häufig treten sie in (___) _____

_____ *(der Westen der USA)* auf, in (___) _____ *(die Region)* Tornado Alley, Tornado-Gasse.

Dort gibt es sogar sogenannte Tornadojäger, die sich in (___) _____ *(das Geschehen)* wagen, um

weitere Erkenntnisse über Tornados zu gewinnen. Sie helfen der Forschung, Frühwarnsysteme einzurichten,

damit die Menschen rechtzeitig gewarnt werden und sich in (___) _____ *(Sicherheit)* bringen können.

Teste dich!

Wörter und Wortarten

1 Trage die Fachbegriffe für die Wortarten an der richtigen Stelle ein. (8 P.)
<u>Hinweis:</u> Prüfe für die Zuordnung, ob und auf welche Weise du die Wortart beugen kannst.

Verb	Artikel	Pronomen	Konjunktion	Adjektiv	Nomen	Adverb	Präposition

---

Personal-pronomen
ich, du, er/sie/es, wir, ihr, sie

Possessiv-pronomen
mein, dein, unser, euer...

Demons-trativ-pronomen
dieser, jener, der, das...

Indefinit-pronomen
kein, je-mand, et-was, alle...

bestimmt
der, die, das...

unbe-stimmt
ein, eine, eines...

Steigerung
Positiv (Grundform): *hoch*
Komparativ (1. Steigerungs-stufe): *höher*
Superlativ (2. Steigerungs-stufe): *am höchsten*

A _____
(auch: Hauptwort)
Jongleur, Bühne, Clown

B _____
(Stellvertreter/ Fürwort)

C _____
(Begleiter)

D _____
(Eigenschaftswort)
bunt, gelenkig, freundlich, musikalisch

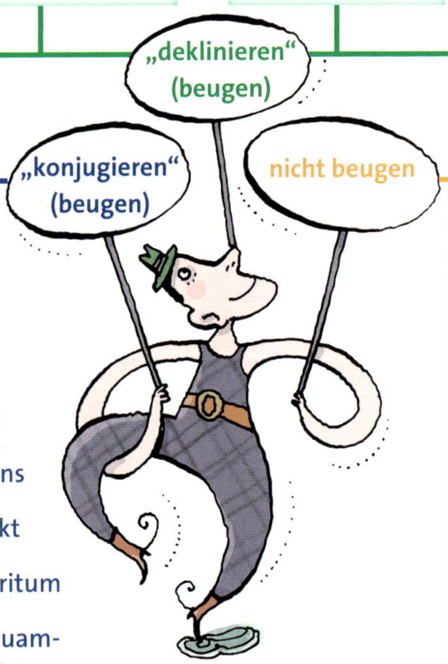

„deklinieren" (beugen)

E _____
(Tätigkeitswort)
werfen, schwingen, staunen

„konjugieren" (beugen)

nicht beugen

F _____
(Bindewort)
und, denn, weil, als, dass ...

- Imperativ
- Personal-endung (Person, Anzahl)
  - Futur
  - Präsens
  - Perfekt
  - Präteritum
  - Plusquam-perfekt
- Zeitform (Tempus)
- Aktiv – Passiv
- Indikativ – Konjunktiv

G _____
(Umstandswort)
abends, dort, bald, paarweise ...

H _____
(Verhältniswort)
auf, an, mit, in, unter ...

Überprüfe deine Lösungen mit Hilfe des Lösungshefts.

☺ 8–6 Punkte	☺ 5–4 Punkte	☹ 3–0 Punkte
Gut gemacht!	Gar nicht schlecht, aber lies dir die Merkkästen auf den Seiten 48 bis 51 noch einmal genau durch.	Arbeite die Seiten dieses Kapitels noch einmal sorgfältig durch.

Verben: Zeitformen

Information	Zeitformen des Verbs

Verben geben an, was jemand tut oder was geschieht. Sie lassen sich in verschiedene Zeitformen (Tempora) setzen: Präsens, Präteritum, Perfekt, Plusquamperfekt, Futur I und Futur II.

1 Setze die Ziffern 1 bis 6, die für die jeweilige Zeitform stehen, an der richtigen Stelle ein.

Zeitform		Verwendung		Bildung	Beispiel
1	Präsens	*3*	Wenn man mündlich von Vergangenem erzählt.	Hilfsverb *werden* + Infinitiv	*ich sagte* *er ging*
2	Präteritum		Wenn man von einem zukünftigen Ereignis berichten will.	Wortstamm + Personalendung	*ich hatte gesagt* *er war gegangen*
3	Perfekt		Wenn man schriftlich von Vergangenem erzählt oder berichtet.	schwaches Verb: Wortstamm + *-te* starkes Verb: Stammvokal ändert sich	*ich werde gesagt haben* *er wird gegangen sein*
4	Plusquamperfekt		Wenn man von etwas erzählt, das im Moment passiert, das allgemein gültig ist oder das (mit Zeitangabe) zukünftig geschehen wird.	Hilfsverb *haben/sein* im Präsens + Partizip II	*ich habe gesagt* *er ist gegangen*
5	Futur I		Wenn man eine Vermutung aufstellt oder ein zukünftiges Geschehen so betrachtet, als sei es abgeschlossen.	Hilfsverb *werden* + Partizip II + Hilfsverb *haben/sein*	*ich sage* *er geht*
6	Futur II		Wenn man von einem Ereignis in der Vergangenheit berichtet und auch noch mitteilen will, was davor geschehen ist.	Hilfsverb *haben/sein* im Präteritum + Partizip II	*ich werde sagen* *er wird gehen*

2 Unterstreiche die Verbformen. Bestimme anschließend Person, Numerus und Zeitform und ergänze den Infinitiv.

A Wasser <u>ist</u> die Grundlage allen Lebens auf der Erde.

3. Pers. Sing. Präsens (sein)

B Es kommt dabei in ganz unterschiedlichen Formen vor.

C Schon in unserer Kindheit hatten uns die fröhlichen Tänze der Schneeflocken verzückt.

D Später fuhren wir lieber mit dem Schlitten die steilsten Berge hinab.

E Sicherlich hast du auch schon von Eisbergen gehört.

F Das Vorkommen von Eisbergen hat dabei immer wieder zu verhängnisvollen Katastrophen geführt.

G Durch das Abschmelzen der Polkappen wird dies zukünftig wohl noch zunehmen.

3 Trage die passende Zahl in die Kästchen ein: Der Satz steht im Plusquamperfekt ☐1 , im Perfekt ☐2 , im Präteritum ☐3 , im Präsens ☐4 , im Futur ☐5 .

Auch eine der bekanntesten Katastrophen der Geschichte hängt direkt mit der Einwirkung von Wasser zusammen ☐. Jeder kennt das Schicksal der „Titanic" ☐. Dieses Unglück war so unvorstellbar ☐, dass man sich noch Jahrhunderte später daran erinnern wird ☐. Am 14. April 1912 gegen 23:40 Uhr kollidierte das bis dahin größte Schiff der Welt mit einem mächtigen Eisberg im Nordatlantik ☐, nachdem es nur wenige Tage zuvor zu seiner

5

Jungfernfahrt ausgelaufen war ☐. Das Gewicht des Eisbergs wird heute auf rund 300 000 Tonnen geschätzt ☐. Wahrscheinlich war er von einem Gletscher in Grönland abgebrochen und ins offene Meer getrieben ☐. Innerhalb von nur zweieinhalb Stunden versank die „Titanic" und riss rund 1 500 Menschen mit in den Tod ☐. Heutzutage verhindert moderne Technik oft Unglücke dieses Ausmaßes ☐.

10

4 Ergänze passende Zeitformen. Manchmal gibt es auch mehrere Möglickeiten.

Als Eisberge _____ (bezeichnen) man mächtige, im Meer schwimmende Eismassen. Sie _____ (stammen) zumeist aus Grönland oder aus der Antarktis, wo sie von Gletschern oder Schelfeisflächen _____ (abbrechen) und ins offene Meer _____ (treiben).

5

Aufgrund ihrer Herkunft _____ (bestehen) sie aus Süßwasser. Nur gut ein Siebtel des Eisbergs _____ (liegen) über der Meeresoberfläche. Da sich Eis unter Wasser meist horizontal ausdehnt, _____ (führen) dies schon früher

10

sehr oft zu schweren Fehleinschätzungen. 1956 _____

(entdecken) man im südlichen Pazifik den bislang größten Eisberg mit einer Fläche von 31 000 km². Durch die globale Erwärmung und das Abschmelzen der Polkappen _____ zukünftig Eisberge in zunehmenden Mengen von den Gletschern der Antarktis und auf Grönland _____ (abbrechen) und in die offene See _____ (treiben).

Verben: Die indirekte Rede – Der Konjunktiv

Information	Der Konjunktiv in der indirekten Rede

Um wörtliche Aussagen wiederzugeben, verwendet man die **indirekte Rede.** Verben, die in der direkten
Rede im **Indikativ** (Wirklichkeitsform) stehen, formt man dazu in den Konjunktiv (Möglichkeitsform) um, z. B.:
- *Der Lehrer behauptet: „Jedes Lebewesen auf der Erde braucht Wasser."* (Wörtliche Rede im Indikativ)
- *Der Lehrer behauptet, jedes Lebewesen auf der Erde brauche Wasser.* (Indirekte Rede im Konjunktiv I)
Bei der indirekten Rede verwendet man normalerweise den **Konjunktiv I.** Er wird gebildet, indem man
an den Stamm des Verbs (Infinitiv ohne -en bzw. -n) die entsprechende Personalendung anfügt, z. B.:

Indikativ Präsens:	*ich trinke*	*du trinkst*	*er/sie/es trinkt*	*wir trinken*	*ihr trinkt*	*sie trinken*
Konjunktiv I:	*ich trinke*	*du trinktest*	*er/sie/es trinke*	*wir trinken*	*ihr trinket*	*sie trinken*

1 Fülle den Lückentext aus. Verwende den Konjunktiv I.

Zum Thema „Wasser" erklärt der Lehrer, die Geschichte

der Menschheit *sei* (ist) schon immer eng mit dem

Element Wasser und seiner Nutzung verbunden. Bis

heute, so fährt er fort,_____ (besteht)

5 ein Konflikt zwischen einem Zuviel und einem Zuwe-

nig an Wasser. Die Schüler fragen, was das zu bedeu-

ten _____ (haben). Das _____ (ist)

sehr einfach, antwortet der Lehrer, denn einerseits _____ (können) durch den Mangel an Wasser

die Ernte vernichtet werden. Andererseits _____ (bedrohen) Hochwasser das Leben der Menschen

10 und _____ (zerstören) deren Besitz.

2 Forme den Indikativ Präsens in den Konjunktiv I um. Die Buchstaben in den markierten Kästchen ergeben,
in der richtigen Reihenfolge gebraucht, ein Lösungswort. Es benennt eine deutsche Stadt, die immer wieder
von Hochwasser bedroht wird.

1	ich singe	5	ihr backt
2	ihr meint	6	sie bringen
3	ihr geht	7	du besuchst
4	du hast		

Ihr Name ist:

Verben: Aktiv und Passiv

Information	Aktiv und Passiv der Verben

Das **Aktiv** und das **Passiv** sind zwei Verbformen, mit deren Hilfe man Handlungen und Vorgänge unterschiedlich darstellen kann. Man kann aus **zwei Perspektiven** darauf schauen:

1 Im **Aktiv** wird der Handlungsträger (Handelnde) betont. Es ist wichtig, **wer** handelt/etwas tut, z. B.:
Leonardo da Vinci erfand viele verschiedene Flugapparate.

2 Im **Passiv** steht die Handlung / der Vorgang im Mittelpunkt. Betont wird, **was** geschieht, z. B.:
Viele verschiedene Flugapparate wurden von Leonardo da Vinci erfunden.

Das Passiv wird meist mit einer Form von „werden" und dem Partizip II des Verbs gebildet, z. B.:
fliegen – wird geflogen, erfinden – wird erfunden, landen – wird gelandet

1 a Kreuze die Sätze an, in denen ein Handlungsträger genannt wird.
b Unterstreiche in den angekreuzten Sätzen den Handlungsträger.
c Kreuze unten an, ob diese Sätze im Aktiv oder im Passiv stehen.

☐ A Schon früh träumten die Menschen vom Fliegen.

☐ B Im 15. Jahrhundert wurde ein Flugapparat entwickelt.

☐ C Der Erfinder Leonardo da Vinci orientierte sich dabei am Flug der Vögel.

☐ D Gebaut und erprobt wurde dieser leider nie.

Die angekreuzten Sätze stehen im ☐ **Aktiv** ☐ **Passiv**

2 Die folgenden Sätze über den Berliner Flugpionier Otto Lilienthal stehen im Aktiv. Wandle sie ins Passiv um.
Hinweis: Markiere die Akkusativobjekte, bevor du ins Passiv umschreibst.

Ab 1891 erprobte Otto Lilienthal verschiedene Flugapparate.

_____

_____

In Lichterfelde bei Berlin schüttete man für ihn einen 15 m hohen Hügel auf.

In einem Aktivsatz ist der Handelnde immer das Subjekt. Wandelt man einen Aktivsatz in einen Passivsatz um, so wird das **Akkusativobjekt** (Wen oder was?) des Aktivsatzes zum **Subjekt** (Wer oder was?) des Passivsatzes.
Aktiv: *Lilienthal führte einen Flugversuch durch.* Wen oder was?
→ Akkusativobjekt
Passiv: *Ein Flugversuch wurde durchgeführt.* Wer oder was?
→ Subjekt

_____

_____

Von diesem „Fliegeberg" absolvierte er über 1000 Flüge bis ca. 80 m Weite.

_____

Otto Lilienthal unternahm die ersten erfolgreichen Gleitflüge.

_____

Stärken stärken: Aktiv und Passiv

Information — Passiv aus Informationsmangel / als Informationsriegel

- In einem **Passivsatz** kann der Handlungsträger ergänzt werden, z. B.:
  Gestern wurde im Museum ein wertvolles Gemälde <u>von einem bekannten Kunsthändler</u> entwendet.
- In einem **Passivsatz** kann der **Handlungsträger** aber auch völlig weggelassen werden, z. B.:
  wenn er unbekannt oder unwichtig ist oder dieser aus bestimmten Gründen nicht genannt
  werden soll, z. B. um eine betroffene Person zu schützen oder verantwortliche Täter zu verschleiern.

Aktiv (Tatsache): *Ein bekannter Kunsthändler entwendete ein wertvolles Gemälde aus dem Museum.*
Passiv (Zeitungsschlagzeile): *Wertvolles Gemälde wurde aus Museum entwendet.*

OO 1   **a** Lies die Aussagen in den Sprechblasen von Museumsdirektor Hochstedt und Wachmann Kowalsky.

　　b Aktiv oder Passiv? Markiere in den Aussagen die Verben im Aktiv in <u>Rot</u> und im Passiv in <u>Blau</u>.

　　c Schreibe die Verben im Aktiv jeweils im Passiv in dein Heft, z. B.:
　　ich habe die Polizei gerufen = sie ist gerufen worden.
　　<u>Tipp</u>: Für fünf Verben gibt es keine sinnvolle Passivform.

Diebe in der Luft

Wachmann Kowalsky:
Die Diebe steuerten das seltsame Fluggerät über uns hinweg und landeten es hundert Meter weiter. Mithilfe eines Hakens an einem Seil wurde die Kiste mitgerissen. Die Diebe flüchteten mit einem Wagen. Das Fluggerät ließen sie zurück.

Museumsdirektor Hochstedt:
Ich habe die Polizei wegen eines Diebstahls gerufen. Dabei wurde ein wertvolles Gemälde gestohlen. Es wurde gerade ins Museum gebracht, als die Tat geschah.

Hausmeister Trödel:
Die Kiste mit dem Gemälde wurde gerade in das Museum transportiert. Wegen des ungewöhnlichen Tumults ließen die Wachleute die Kiste kurze Zeit aus den Augen.

Kommissar Schibulske:
Wir suchen die Diebe. Darum bitten wir alle Besucher und Mitarbeiter des Museums um sachdienliche Hinweise.

Rosalinda Rothwein:
Auf dem Nebengebäude habe ich Männer beobachtet. Sie trugen ein seltsames Gefährt, das wie ein Drachen aussah. Mit einem Mal sprangen sie vom Dach und schwebten über dem von Wachpersonal gesicherten Vorplatz des Museums.

●O 2　**a** Lies die Aussagen in den Sprechblasen oben. Markiere die Darstellungen des Geschehens in <u>Gelb</u>,
　　die Handlungsträger (Wer oder was ...?) in den Aktivsätzen in <u>Grün</u>.

　　b Wandle die Aktivsätze ins Passiv um. Schreibe sie in dein Heft.

●● 3　Bearbeite Aufgabe 2. Schreibe dann über diesen Diebstahl einen Zeitungsartikel im Passiv. Formuliere Aussagen,
　　die das Geschehen benennen, nicht aber die Handlungsträger. Du kannst so beginnen:
　　Spektakulärer Diebstahl im Städtischen Museum – Polizei bittet um Hinweise
　　Gestern wurde die Polizei wegen eines ungewöhnlichen Diebstahls zum Städtischen Museum gerufen ...

Teste dich!

Rund ums Verb

1 **a Kreuze an, ob es sich um einen Aktiv- oder Passivsatz handelt. (5 P.)**
b Benenne jeweils die Zeitform des Satzes. (5 P.)

	Aktiv	Passiv	Zeitform
A Das erste Motorflugzeug der Welt war zu Beginn des 20. Jahrhunderts von den Brüdern Wright entwickelt worden.	☐	☐	_____
B 1899 begannen sie mit dem Bau eines Gleitapparats.	☐	☐	_____
C 1903 versahen sie diesen mit einem Motorpropeller.	☐	☐	_____
D Am 17. Dezember 1903 wurde ihr erstes Motorflugzeug fertiggestellt.	☐	☐	_____
E Der „Wright Flyer" schwebte 12 Sekunden durch die Luft.	☐	☐	_____

2 **Forme den folgenden Satz um: den Satzteil im Passiv ins Aktiv, den Satzteil im Aktiv ins Passiv. (2 P.)**

Der „Wright Flyer" wurde noch am selben Tag durch eine Windbö zerstört, sodass man ihn später nur noch als Ausstellungsstück im Smithsonian Museum in Washington unterbrachte.

_____

_____

3 **Für einen Zeitungsartikel gibt der Leiter des Smithsonian Museums Auskunft auf Fragen zum „Wright Flyer". Forme seine Antworten in indirekte Rede um. Verwende den Konjunktiv. (3 P.)**

„Der Erstflug des Wright Flyers hat in Kitty Hawk, North Carolina, stattgefunden."

Der Direktor erklärt, der Erstflug _____

_____

„Am 17. Dezember sind die Brüder Wright vier Mal in die Lüfte gestiegen."

_____

_____

„Der letzte Flug an diesem Tag hat 59 Sekunden gedauert."

_____

Prüfe deine Lösungen mit Hilfe des Lösungshefts. Für jede richtige Antwort erhältst du einen Punkt.

☺ 15–12 Punkte	☺ 11–7 Punkte	☹ 6–0 Punkte
Gut gemacht!	Gar nicht schlecht, aber lies dir die Merkkästen auf den Seiten 53 bis 57 noch einmal genau durch.	Arbeite die Seiten dieses Kapitels noch einmal sorgfältig durch.

Satzglieder unterscheiden

Satzglieder erkennen und bestimmen

- Mit der **Umstellprobe** stellst du fest, wie viele Satzglieder ein Satz hat. Die Wörter, die dabei zusammen-bleiben, bilden ein Satzglied, z. B.: Erfinder sind oft sehr berühmt. → Oft sind Erfinder sehr berühmt.
- Der Aufbau eines Satzes lässt sich sehr gut mit dem **Feldermodell** (▶ Aufgabe 2) darstellen.
- Mit der **Frageprobe** ermittelst du, um welche Art von Satzglied es sich handelt, z. B.:
Manche berühmten Erfinder entwickelten schon in früher Kindheit große Neuerungen.

Frage:	Wer oder was?	↓	Wann?	Wen oder was?
	↓	↓	↓	↓
Satzglied:	Subjekt	Prädikat	adverbiale Bestimmung	Akkusativobjekt

1 Füge die folgenden Fachwörter für die Satzglieder an der richtigen Stelle in die Übersicht ein.

Objekte   Subjekt   adverbiale Bestimmungen   Prädikat

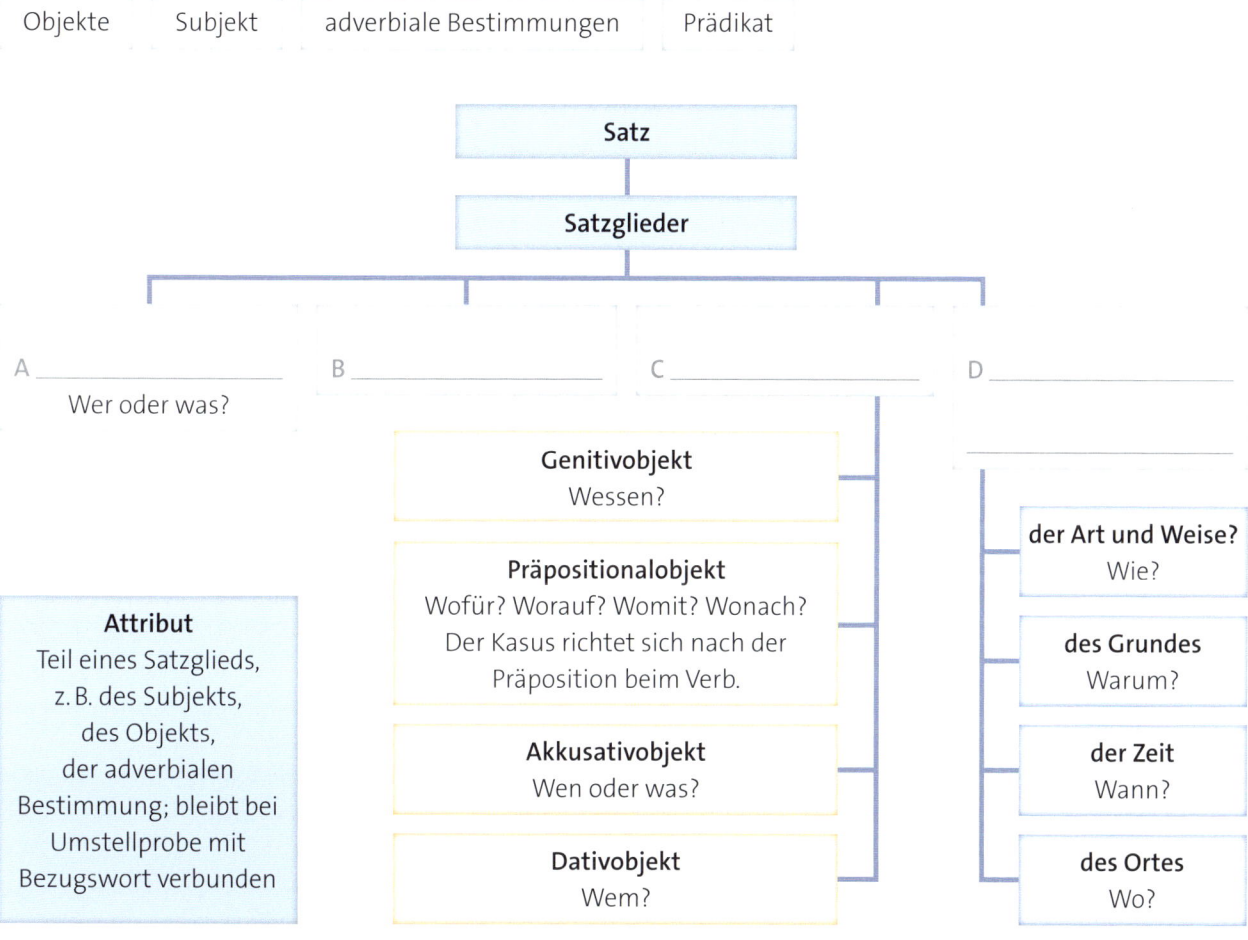

2 Übertrage den folgenden Satz in deinem Heft ins Feldermodell.
Stelle den Satz in der Tabelle des Feldermodells dann mit Hilfe der Umstellprobe so oft wie möglich um.

Viele geniale Erfinder haben schon in ihrer Kindheit besondere Ideen entwickelt.

Vorfeld	linke Satzklammer	Mittelfeld	rechte Satzklammer	Nachfeld
Viele geniale Erfinder	*haben*	...	...	–
...	...	...	...	–

Stärken stärken: Satzglieder erkennen und bestimmen

●○○ **1** **a Lies den folgenden Text über die Erfindung des Kaffeefilters.**

1 Früher kochte man gemahlenen Kaffee in heißem Wasser auf.
2 Beim Trinken blieb der Kaffeesatz zwischen den Zähnen hängen.
3 1908 beendete Melitta Bentz das unangenehme Kaffeesatztrinken.
4 Sie durchlöcherte den Boden eines Messingtopfs.
5 Dann suchte sie nach einem möglichst wasserdurchlässigen Papier.
6 Im Schulheft ihres Sohnes fand sie das geeignete Löschpapier.
7 Nun bot sie den gefilterten Kaffee ihrem Mann an.
8 Seitdem erfreut sich der Melitta-Filter großer Beliebtheit.

b Beantworte die folgenden Fragen zum Text und notiere die Antworten. Wende die Frage- und die Umstellprobe an.

A Was sind in den Sätzen 1, 2 und 3 die Subjekte?

Satz 1: _____

B Enthält Satz 4 ein Dativobjekt oder ein Akkusativobjekt? _____

C Welches Objekt enthält Satz 5? _____

D Wie viele Satzglieder enthält Satz 6? _____

E Welche Arten von Objekten enthält Satz 7? _____

F Mit welchem Satzglied endet Satz 8? _____

●●○ **2** **Beantworte die folgenden Fragen zum Text aus Aufgabe 1. Die Informationen auf Seite 59 oben können dir helfen.**

A Welche Attribute enthält Satz 1? _____

B Welche adverbialen Bestimmungen enthalten Satz 2 und 3? _____

C Welche Satzklammer (▶ Feldermodell, S. 59) findet sich in Satz 7? _____

D In welchem Satz findet sich ein Präpositionalobjekt? _____

E In welchem Satz findet sich ein Genitivobjekt? _____

●●● **3** **Unterstreiche im folgenden Text fünf Präpositionalobjekte. Wende die geeigneten Frageproben an.**

Nicht jeder interessiert sich für neue Erfindungen. Dabei gibt es im Alltag viele Anlässe für Neuerungen. Jens aus Osnabrück zum Beispiel zweifelte an der Ehrlichkeit seiner Freunde. Nachdem er bei Nachforschungen auf dem Dachboden auf eine sonderbare kleine Maschine gestoßen war, hatte er ihnen dies berichtet. Sie schworen einen Eid, dass sie nichts verraten würden. Aber Jens war misstrauisch. Er verband ein Stück Gartenschlauch und einen Trichter mit Klebestreifen zu einem Fernabhörgerät. Am nächsten Schultag bewegte Jens den Schlauch samt Trichter vorsichtig und leise voran, bis dieser den Kreis der Jungen erreichte. Jens lauschte und wartete gespannt auf den befürchteten Verrat. Seine Freunde allerdings lachten laut über ihn!

Das Prädikat – Der Kern des Satzes

Das Prädikat – der Kern des Satzes

Der **Kern des Satzes** ist das Prädikat. Es steht im Aussagesatz immer an der zweiten Satzgliedstelle.
Es gibt Prädikate, die aus einem Teil bestehen (z. B.: *Ich fahre Auto*), sowie Prädikate, die aus mehreren
Teilen bestehen und im **Feldermodell** eine Satzklammer bilden (z. B.: *Ich fahre mit dem Auto weg*).
Zweiteilige Prädikate können auch mit **Modalverben** *(können, sollen, müssen, dürfen, wollen, mögen)*
gebildet werden, die dem Vollverb einen bestimmten Aspekt hinzufügen. Dann steht das Modalverb in
der Personalform, das zugehörige Vollverb im Infinitiv, z. B.: *Berta Benz will Auto fahren. Ihre Söhne dürfen
mitfahren.*

1 a Markiere im Text alle Prädikate. Zeichne, falls nötig, Satzklammern ein.
  b Umkreise alle Modalverben.

Große Männer, große Frauen!

Über die Erfindungen großer Männer kann man vieles lesen. Und dabei übersieht
man gerne, dass auch Frauen großartige Entdeckungen und Erfindungen gemacht
haben. Sicherlich gehört Marie Curie dazu. Als einzige Frau überhaupt konnte sie
gleich zwei Nobelpreise in Empfang nehmen: einen für Physik, einen für Chemie.
5 Aber manchmal sind es auch die kleinen Dinge, die Geschichte schreiben.
So weiß wohl jeder, dass Carl Benz das erste vierrädrige Automobil erfunden hat.
Aber wer sollte die erste große Automobilfahrt der Weltgeschichte unternehmen?
Seine Frau Bertha! Am 5. August 1888 unternahm sie eine 106 Kilometer lange
Fahrt von Mannheim nach Pforzheim und fuhr drei Tage später über eine andere
10 Route zurück. Diese erste erfolgreiche Fernfahrt mit einem Automobil fand in
Begleitung ihrer beiden 15 und 13 Jahre alten Söhne statt – ihr Mann Carl durfte
davon aber nichts wissen …

Bertha Benz (1849–1944)

2 a Bilde aus den folgenden Schlagzeilen vollständige Aussagesätze.
  Ergänze, wenn nötig, Wörter oder Satzglieder.
  b Unterstreiche die Prädikate. Kennzeichne zweiteilige Formen mit einer Satzklammer.
  c Umkreise alle verwendeten Modalverben. Ein Beispiel hilft dir dabei.

Melitta Bentz – ihr Kaffeefilter überzeugte selbst schärfste Kritiker!

Der Kaffeefilter von Melitta Bentz (konnte) selbst schärfste Kritiker überzeugen.
————————————— Satzklammer —————————————

A Forscherin Marie Curie: Zum zweiten Mal Nobelpreis!

_____

_____

B Erste Fernfahrt des Automobils – Carl Benz nicht dabei!

_____

Adverbiale Bestimmungen – Genaue Angaben machen

Information	Adverbiale Bestimmungen (auch: Adverbiale, Sg.: das Adverbial)

Adverbiale Bestimmungen sind Satzglieder, die **zusätzliche Informationen über** den **Ort,**
die **Zeit**, den **Grund** und die **Art und Weise** eines Geschehens oder einer Handlung geben.
Mit der **Frageprobe** kannst du ermitteln, welche adverbiale Bestimmung vorliegt:

- Wann? Wie lange? Seit wann? Wie oft? **adverbiale Bestimmung der Zeit**
- Wo? Wohin? Woher? **adverbiale Bestimmung des Ortes**
- Warum? Weshalb? Weswegen? **adverbiale Bestimmung des Grundes**
- Wie? Auf welche Weise? Womit? **adverbiale Bestimmung der Art und Weise**

1 a Ordne den adverbialen Bestimmungen Farben zu. Male dazu die Felder aus.
   b Unterstreiche im nachfolgenden Text zwölf adverbiale Bestimmungen in den vier Farben.

adv. Best. ☐ des Ortes ☐ der Zeit ☐ der Art und Weise ☐ des Grundes

Die Erfinderin mit Durchblick

Im Winter 1903 beobachtete die Amerikanerin Mary Anderson in New York den
Verkehr. Bei Schnee und Regen mussten die Fahrer der Straßenbahnen und der
ersten Automobile wegen der schlechten Sicht stoppen, aussteigen und von
Hand die Windschutzscheibe säubern. Diese lästige und nasse Fahrtunter-
brechung konnte Mary Anderson problemlos abschaffen. Sie konstruierte einen
Schwingarm mit Gummiblatt, der im Wageninneren mechanisch in Bewegung
gesetzt wird: Der Scheibenwischer war erfunden. Auf Grund ihrer Erfindung
konnte die geschickte Konstrukteurin im November 1903 ein Patent anmelden.
Das praktische Bauteil ist heute in jedem Auto Standard.

2 a Beschreibe das Bild mit Hilfe der folgenden drei adverbialen Bestimmungen in einem Satz.

Wortspeicher
zu Beginn des 20. Jahrhunderts • lässig • auf dem Rand eines Korbs

Eine Frau

_____

_____

   b Bestimme die drei adverbialen Bestimmungen mit Hilfe der Frageprobe.

_____

_____

_____

Stärken stärken: Adverbiale Bestimmungen erkennen und verwenden

○○ **1** **Trage die folgenden adverbialen Bestimmungen passend in die Übersicht ein.**

| an einer Sollbruchstelle | zuverlässig | in den Jahren 1913/14 |

| auf Grund vieler eigener Testflüge | exakt gefaltet | vor ihrer Erfindung |

Adverbiale Bestimmung ...

| ... der Zeit | ... des Ortes | ... der Art und Weise | ... des Grundes |

_____

_____

_____

●○ **2** **Beantworte zum folgenden Text die Fragen in der Randspalte: Wähle hierzu eine passende adverbiale Bestimmung in der Übersicht von Aufgabe 1 aus und trage sie im Text ein.**

_____ erfand Katharina Paulus etwas, *wann?*

das nach ihr vielen Menschen das Leben retten sollte: das Fallschirmpaket.

_____ waren Fallschirme sperrige und schwere *wann?*

Tücher, die sich nicht _____ öffneten. K. Paulus verpackte den *wie?*

Fallschirm _____ in einem kleinen Sack, *wie?*

eine kleine Reißleine öffnete den Sack _____, *wo?*

sodass er sich entfaltete. _____ *warum?*

_____ konnte sie ihre Erfindung immer perfekter gestalten.

●● **3** **Erweitere jeden der folgenden Sätze durch alle vier Arten von adverbialen Bestimmungen. Schreibe die erweiterten Sätze auf.**

A Jede kluge Erfinderin tüftelt.

_____

_____

B Erfindungen entstehen.

_____

_____

Das Attribut – Teil eines Satzglieds

Attribute **bestimmen ein Bezugswort** (meist ein Nomen) näher. Sie sind immer **Teil eines Satzglieds** und bleiben bei der Umstellprobe (▶ S. 59) mit ihrem Bezugswort verbunden. Attribute können mehrteilig sein, sie stehen vor oder nach ihrem Bezugswort. Man kann sie mit **Was für…?** erfragen.
Attribute gibt es in unterschiedlichen **sprachlichen Formen**:
- **Adjektivattribut**, z. B.: *eine intelligente Frau, die kreative Entwicklung*
- **präpositionales Attribut**, z. B.: *eine Maschine zum Geschirrspülen*
- **Genitivattribut**, z. B.: *die Idee der Erfinderin, das Trocknen des Geschirrs*

1
a Trenne in den folgenden Sätzen die Satzglieder mit senkrechten Strichen | voneinander ab.
b Wende die Umstellprobe an und notiere je einen Satz mit anderem Satzanfang.
__Hinweis:__ Bilde keine Fragen.

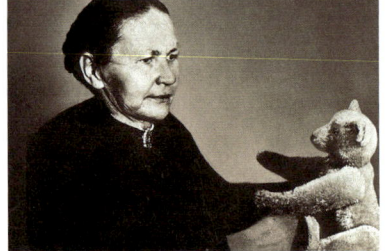

A 1903 | nähte | Margarete Steiff | ein neuartiges Spielzeug zum Schmusen.

B Der pelzige Teddybär ist bis heute eine Freude der Kinder.

C Josephine Cochrane erfand 1886 einen hilfreichen Automaten für die Küche.

D Der Geschirrspülautomat mit Motor ersetzte mühsames Spülen von Hand.

E Windelwechseln ohne Mühe verdanken Eltern der experimentierfreudigen Marion Donovan.

F Nach der Erfindung des Windelhöschens entwickelte sie die praktische Windel zum Wegwerfen.

2
a Prüfe für die Sätze von Aufgabe 1, welche Satzglieder Attribute umfassen, und unterstreiche diese Attribute.
b Kennzeichne mit einem Pfeil, auf welches Bezugswort sich das jeweilige Attribut bezieht.

1903 | nähte | Margarete Steiff | ein neuartiges Spielzeug zum Schmusen.

Stärken stärken: Attribute bestimmen

◯◯ **1** a Unterstreiche im folgenden Text sechs weitere Attribute.
   b Bestimme die Form jedes Attributs, indem du das richtige Kürzel darunterschreibst:
   <u>Aa</u> = Adjektivattribut, <u>Ga</u> = Genitivattribut, <u>pA</u> = präpositionales Attribut.

Die Abschaffung der Spülhände – Teil 1

Ga
Josephine Cochrane <u>aus dem US-Bundesstaat Illinois</u> gilt als Erfinderin des

pA
Geschirrspülers. Als wohlhabende Frau hat Cochrane zahlreiche Partys

gegeben, nach denen Berge von Geschirr gespült werden mussten. Weil

zerbrochenes Porzellan sie ärgerte, baute sie ein Gerät für den Abwasch.

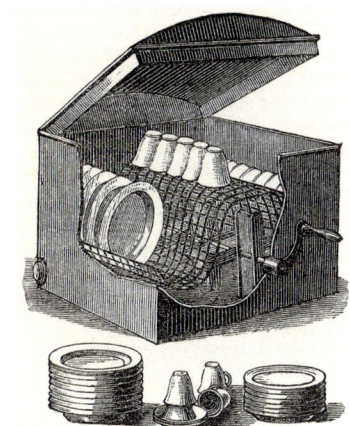

●◯ **2** a Unterstreiche im folgenden Text sieben Attribute.
   Achte auch auf die Überschrift.
   b Bestimme die Form der Attribute, indem du das richtige Kürzel darunterschreibst:
   <u>Aa</u> = Adjektivattribut, <u>Ga</u> = Genitivattribut, <u>pA</u> = präpositionales Attribut.

Die Abschaffung der Spülhände – Teil 2

Sie entwarf einen Geschirrhalter aus Drahtbügeln, der in einem großen Waschkessel aus Kupfer montiert wurde.

Mit einem Motor wurde das Drahtgestell gedreht. Gleichzeitig pumpte eine Wasserpumpe heiße Seifenlauge in

den Kessel. Die entscheidende Idee war es, Wasserdruck einzusetzen. 1886 ließ Josephine Cochrane, die Tochter

eines Wasserbauingenieurs, ihren Geschirrspülautomaten patentieren.

   c Erweitere den folgenden Satz mit mindestens zwei verschiedenen Attributformen.

Mit einem Motor wurde das Gestell gedreht.

●● **3** a Lies den Tippkasten rechts zur Apposition genau.
   b Fasse die Informationen der folgenden Sätze jeweils in einem Satz
   in deinem Heft zusammen und verwende dazu Appositionen.
   Achte auf die Kommasetzung.

> Auch **Appositionen** sind Attribute. Sie stehen meist hinter dem Bezugswort und immer zwischen zwei Kommas: *Margarete Steiff, <u>eine gelernte Schneiderin</u>, erfand den Teddy.*

Mary Anderson meldete 1903 ein Patent für eine Scheibenwischanlage an.
Mary Anderson arbeitete als Bauunternehmerin und Rancherin
in Amerika.
Mary Anderson, eine amerikanische Bauunternehmerin und Rancherin, meldete 1903 ein Patent für eine Scheibenwischanlage an.

   A Margarete Steiff gründete die gleichnamige Spielwarenfabrik.
   Margarete Steiff wurde trotz ihrer Kinderlähmung eine selbstständige und erfolgreiche Frau.
   B Durch die Erfindung der Einwegwindel erleichterte Marion Donovan Millionen von Eltern das Wickeln.
   Die Einwegwindel ist ein echter Verkaufsschlager.

Relativsätze – Attribute in Form eines Nebensatzes

| Information | Mit einem Relativsatz näher erklären |

Relativsätze sind **Nebensätze, die ein vorausgehendes Bezugswort** (Nomen oder Pronomen) **näher erklären**.
Sie werden mit einem **Relativpronomen** eingeleitet, z. B. *der, die, das, welcher, welche, welches.*
Ein Relativsatz wird immer durch ein **Komma** vom Hauptsatz getrennt. Eingeschobene Relativsätze werden
durch zwei Kommas abgetrennt, z. B.: *Ein Nebensatz, der ein Bezugswort näher beschreibt, heißt Relativsatz.*
Relativsätze nehmen im Satz die Rolle eines Attributs ein und werden deshalb auch **Attributsätze** genannt.

 a Setze im folgenden Text die fehlenden Kommas.
b Umkreise die Relativpronomen und unterstreiche die Bezugswörter.

Die Frau, die die Currywurst erfand

VORSICHT
FEHLER!

Die Erfindung der Currywurst wird häufig Herta Heuwer
zugeschrieben die nach eigenen Angaben erstmals am
4. September 1949 an ihrem Imbissstand der sich in
Berlin-Charlottenburg befand eine gebratene Brühwurst
in einer Sauce aus Tomatenmark, Curry und weiteren
Zutaten anbot. 1959 wurde ihre Sauce die bis weit über die Grenzen Berlins bekannt wurde als Patent
eingetragen. Ihr Imbiss der schnell eine feste Institution wurde war Tag und Nacht geöffnet. Seit 2003
befindet sich am ehemaligen Standort eine Gedenktafel die an die große Berlinerin erinnert.

 a Forme in den Sätzen unten die unterstrichenen Attribute in Relativsätze um.
b Umkreise in deinen Sätzen die Relativpronomen. Achte auf die Zeichensetzung.

A Menschen <u>mit einer Liebe zur Currywurst</u> findet man überall.

Menschen, die _____

_____

B Je nach Region besteht die Currywurst aus einer <u>gebratenen oder frittierten</u> Brühwurst.

_____

_____

C <u>An Currywurst interessierte</u> Feinschmecker können auch ins Currywurst-Museum <u>nach Berlin</u> pilgern.

_____

_____

Teste dich!

Satzglieder und Attribute

1 Im folgenden Text sind Satzglieder unterstrichen.
   a Bestimme diese Satzglieder und notiere ihre Bezeichnung unter dem Text. (6 P.)
   b Einige der unterstrichenen Satzglieder umfassen Attribute.
      Kreise diese Attribute ein. (4 P.)

Leinwandgöttin mit Erfindergeist

Der Hedy-Lamarr-Preis A wird verliehen für besondere Leistungen von Frauen auf dem Gebiet der Nachrichtentechnik. B Hedy Lamarr war ein Hollywoodstar der 1930er und 1940er Jahre. C Ihren Tüfteleien verdanken wir das Frequenzsprungverfahren, das heute der LAN- und Bluetooth-Technik zugrunde liegt. D Auf Grund synchroner Frequenzwechsel bei Sender und Empfänger verhindert dieses Verfahren E das Abhören oder Stören eines Funksignals. Hedy Lamarr und ihr Partner George Antheil setzten F während der Datenübermittlung mittels Funk 88 Kanäle ein.

A _____   B _____   C _____

D _____   E _____   F _____

2 Ordne die bei Aufgabe 1 umkreisten Attribute in die nachfolgende Tabelle ein. (4 P.)

Adjektivattribut   präpositionales Attribut

_____   _____

Genitivattribut   _____

_____   _____

3 Kreuze für jede Aussage die richtige Ergänzung an. (3 P.)

A Kein Satzglied ist ☐ das Präpositionalobjekt, ☐ das Genitivattribut, ☐ die adverbiale Bestimmung.

B Es gibt keine adverbiale Bestimmung ☐ des Ortes, ☐ des Grundes, ☐ der Präposition.

C Es gibt ☐ keine adverbiale Bestimmung des Genitivs, ☐ kein Genitivattribut, ☐ kein Genitivobjekt.

Vergleiche deine Ergebnisse mit dem Lösungsheft. Für jede richtige Antwort bekommst du einen Punkt.

☺ 17–14 Punkte	☺ 13–8 Punkte	☹ 7–0 Punkte
Gut gemacht!	Gar nicht schlecht, aber lies dir die Merkkästen auf den Seiten 59 bis 64 noch einmal genau durch.	Arbeite die Seiten dieses Kapitels noch einmal sorgfältig durch.

Sätze abwechslungsreich gestalten

Satzreihe und Satzgefüge

Information   **Die Satzreihe** (Hauptsatz + Hauptsatz)

- Ein Satz, der aus **zwei oder mehreren Hauptsätzen** besteht, wird **Satzreihe** genannt.
  Die einzelnen Hauptsätze werden durch ein Komma voneinander getrennt.
- Häufig werden Hauptsätze durch **nebenordnende Konjunktionen** wie *und, oder, aber, doch, sondern, denn*
  miteinander verbunden. Nur vor den Konjunktionen *und* bzw. *oder* darf das Komma entfallen, z. B.:
  Viele Männer schrieben Geschichte, <u>aber</u> auch Frauen leisteten Großartiges.
  ——————— Hs ——————— (Konj.) ——————— Hs ——————— .

---

1 **a** Setze im Text „Verwegene Frauen" die fehlenden Kommas.
　　b Unterstreiche die Hauptsätze und markiere die nebenordnenden Konjunktionen in den Satzreihen.

Verwegene Frauen

Christoph Kolumbus ist berühmt aber keiner kennt Gudridur Thorbjanardottir
oder Annie Smith Peck. Die Wikingertochter Thorbjanardottir betrat immerhin
500 Jahre vor Kolumbus den neuen Kontinent Amerika und die Bergsteigerin
Peck bestieg 1933 mit 82 Jahren noch den Mount Madison. Weltumrundungen
und wissenschaftliche Entdeckungsreisen waren nur eine Art der Herausforderung denn die Abenteurerinnen der ersten Stunden mussten zunächst noch
ganz andere Hürden in einer von Männern dominierten Welt überwinden.

2 Füge die folgenden Sätze zu sinnvollen Satzreihen zusammen. Verwende passende nebenordnende
Konjunktionen. <u>Hinweis:</u> Konjunktionen findest du im Informationskasten oben.

A Die Französin Jeanne Baret verkleidete sich 1766 als Mann. So konnte sie an einer Pflanzenexpedition nach
Tahiti teilnehmen.

_____

_____

_____

B Die Tahitianer waren mit der westlichen Kleiderordnung nicht vertraut. Sie durchschauten ihr Spiel.

_____

_____

C Trotz dieser Entdeckung wurde Jeanne Baret berühmt. Sie war die erste Frau, die um die Welt gesegelt ist.

_____

_____

Information   Das Satzgefüge (Hauptsatz + Nebensatz)

Ein **Satzgefüge** besteht aus **Hauptsatz (Hs)** und **Nebensatz (Ns),** sie werden durch Komma getrennt.

- Der Nebensatz wird mit einer **unterordnenden Konjunktion** (z. B. *weil, nachdem, obwohl, wenn, während ...)* oder mit einem **Relativpronomen** eingeleitet.
- Im Hauptsatz steht die Personalform des Verbs immer an zweiter, im Nebensatz an letzter Satzgliedstelle.
- Man spricht daher im **Feldermodell** bei Hauptsätzen auch von **Verbzweitsätzen** und bei Nebensätzen von **Verbletztsätzen.**
- Ein Nebensatz kann vor, hinter oder innerhalb des Hauptsatzes stehen.

Große Entdeckerinnen kennen wir nur wenige, <u>weil</u> Geschichte oft von Männern gemacht wurde.

―――――― Hs ―――――― ,

(Konj.)――――― Ns ――――― .

Weil Geschichte oft von Männern gemacht wurde, kennen wir nur wenige große Entdeckerinnen.

――――――――― Hs ――――――――― .

(Konj.) ―――――― Ns ―――――― .

Große Entdeckerinnen kennen wir, <u>weil</u> Geschichte oft von Männern gemacht wurde, nur wenige.

――― Hs ――― ,   ― Hs ― .

(Konj.)―――― Ns ―――― ,

3 a Umkreise jeweils in beiden Teilsätzen die Personalform des Verbs.
   b Unterstreiche den Nebensatz.
   c Markiere die Konjunktion.
   d Zeichne zu jedem Satz einen Satzbauplan.

Mary Kingsley schreibt Geschichte

<u>Weil</u> sich Mary Kingsley für Stammesbräuche | interessierte | , | reiste | sie 1893 allein nach Westafrika.

(Konjunktion) _____ Ns _____ , ―――― Hs ―――― .

A Englische Freunde erklärten sie für verrückt, als sie von ihrem kühnen Plan erzählte.

B Man war entsetzt über ihr Reiseziel, da im Inneren Afrikas viele gefährliche Tropenkrankheiten vorkamen.

C Mary Kingsley ließ sich dennoch nicht entmutigen, obwohl die Gefahren unabsehbar waren.

D Nachdem sie alle Vorbereitungen getroffen hatte, brach sie per Schiff nach Afrika auf.

4 Übertrage die Nebensätze aus Aufgabe 3 in die Tabelle des Feldermodells (▸ S. 59).
   Arbeite in deinem Heft.
   Achtung: Bei Nebensätzen besetzt die einleitende Konjunktion die linke Satzklammer.
   Das Vorfeld bleibt leer.

Adverbialsätze – Satzgefüge bilden

Die Adverbialsätze

Je nach Funktion im Satz unterscheidet man unterschiedliche Arten von Nebensätzen.
Nebensätze können die Stelle von Satzgliedern übernehmen. Man nennt sie dann **Gliedsätze.**
Adverbialsätze sind Gliedsätze, weil sie die **Stelle einer adverbialen Bestimmung** einnehmen, z. B.:

Wegen der Benachteiligung von Frauen musste sich Mary Kingsley ihren Weg hart erkämpfen.
adverbiale Bestimmung

Weil Frauen benachteiligt wurden, musste sich Mary Kingsley ihren Weg hart erkämpfen.
Adverbialsatz (mit einleitender Konjunktion *weil*)

Adverbialsätze werden meist mit einer **unterordnenden Konjunktion** eingeleitet. Sie können nicht ohne
Hauptsatz stehen und werden **immer** durch ein **Komma** von diesem abgetrennt.

1
a Verbinde die folgenden Sätze mit Hilfe der angebotenen Konjunktionen
zu Satzgefügen. Schreibe diese auf und achte auf die Kommasetzung.
b Unterstreiche in deinen Satzgefügen jeweils den Adverbialsatz und
umkreise die Konjunktion.

A Die Afrikaforscherin Mary Kingsley war ins Landesinnere
Afrikas vorgedrungen. Sie erforschte die Gegenden um
Niger und Cross River.

nachdem

B Viele Europäer trugen Gewehre und Messer. Sie konnten sich so vor den Eingeborenen schützen.   damit

C Mary Kingsley war stets unbewaffnet. Sie vertraute auch in gefährlichen Situationen auf ihre Worte.   weil

D Die Eingeborenen hatten schnell Respekt vor ihr. Sie nannten Mary Kingsley manchmal sogar „Sir".   sodass

Stärken stärken: Adverbialsätze erkennen und unterscheiden

Information   Gliedsätze: Adverbialsätze

Mit der **Frageprobe** kannst du näher bestimmen, welche Art von Adverbialsatz vorliegt:

Adverbialsatz	Frageprobe	Konjunktionen	Beispiel
Temporalsatz (Zeitpunkt/-dauer)	Wann? Seit wann?	*als, nachdem, während, bevor*	*Nachdem Mary Kingsley Afrika erforscht hatte, kehrte sie nach England zurück.*
Kausalsatz (Grund, Ursache)	Warum? Aus welchem Grund?	*da, weil*	*Sie war nun eine Berühmtheit, da sie viele gefährliche Reisen bewältigt hatte.*
Konditionalsatz (Bedingung)	Unter welcher Bedingung?	*wenn, falls, sofern*	*Auch Kollegen lobten sie, sofern diese ihren männlichen Stolz überwinden konnten.*
Finalsatz (Ziel, Absicht)	Wozu? In welcher Absicht?	*damit, dass*	*Die Anerkennung ihrer Arbeit war ihr wichtig, damit sie weiter für ihre Überzeugungen kämpfen konnte.*

1 **a** Unterstreiche in den folgenden Sätzen die Adverbialsätze.
   b Umkreise die Konjunktionen.
   c Bestimme mit Hilfe der Frageprobe, um welche Art von Adverbialsatz (▸ Information oben) es sich handelt. Notiere.

A Weil Mary Kingsleys Leidenschaft für Afrika brannte, kehrte sie 1895 ein drittes Mal zurück.

Art des Adverbialsatzes: _____

B Sie starb jedoch mit 38 Jahren, nachdem sie sich als Krankenschwester mit Typhus angesteckt hatte.

Art des Adverbialsatzes: _____

2 **a** Was erklären die unterstrichenen Angaben? Notiere die Fragen in der Randspalte.
   b Prüfe für jede unterstrichene Angabe, worum es sich handelt, und trage ein:
      aB (adverbiale Bestimmung) oder As (Adverbialsatz).

Nach einem Jahr in Afrika *aB* reiste Mary Kingsley kurz nach England ____ zurück.   *Wann?* _____

Sie kehrte aber bald wieder, weil sie sich in Afrika wohler fühlte als in England ____ .   _____

In ihrer Heimat ____ wurde sie schnell sehr berühmt, da sie auf ihren weiteren Rei-   _____

sen in Gebiete gelangte ____ , die noch kein Europäer vor ihr betreten hatte.   _____

3 Unterstreiche in dem folgenden Satz zwei Adverbialsätze und eine adverbiale Bestimmung.
Notiere über den jeweiligen Textstellen die Art der Adverbialsätze und der adverbialen Bestimmung.

Bevor Mary Kingsley 1895 erneut zurück nach England reiste, bestieg sie schnell den 4070 Meter hohen Kamerun-

berg, weil sie das Abenteuer und die Aussicht reizten.

Teste dich!

Satzgefüge und Satzreihe

1 Kreuze für jede der folgenden Aussagen an, ob sie zutrifft oder nicht. (6 P.)

trifft zu · trifft nicht zu

A Eine Satzreihe enthält nie ein Komma. .... ☐ ☐

B Eine Satzreihe kann durch eine nebenordnende Konjunktion verbunden sein. .... ☐ ☐

C Ein Satzgefüge besteht aus einem Nebensatz und einem Hauptsatz. .... ☐ ☐

D Die Personalform des Verbs steht im Nebensatz immer an letzter Satzgliedstelle. ...... ☐ ☐

E Adverbialsätze sind Teil eines Satzgefüges. .... ☐ ☐

F Adverbialsätze haben ihren Namen von den adverbialen Bestimmungen,
deren Stelle sie einnehmen. .... ☐ ☐

2 a Prüfe für jeden der folgenden Sätze, ob es sich um ein Satzgefüge (SG) oder eine Satzreihe (SR) handelt.
Notiere hinter jedem Satz jeweils die passende Abkürzung. (5 P.)

b Markiere unterordnende Konjunktionen gelb, nebenordnende Konjunktionen grün und
Relativpronomen (▶ S. 66) blau. (5 P.)

links:
Königin Victoria (1819–1901)
rechts:
Königin Elisabeth I (1533–1603)

Oft war es Zufall oder Mangel an männlichen Alternativen, **wenn** Frauen ins Zentrum des Weltgeschehens

rücken konnten (_____). Im Lauf der Geschichte gab es nur wenige weibliche Regenten, **denn** meist waren

diese von der Erbfolge ausgeschlossen (_____). **Wenn** eine Frau aber einmal an der Macht war, dann wusste

sie etwas damit anzufangen (_____). Die englischen Königinnen Elizabeth I und Victoria prägten ganze Zeit-

alter, **die** später ihre Namen tragen sollten (_____). Dennoch dauerte es in Deutschland bis 2005, **bis** zum

ersten Mal eine Frau Bundeskanzlerin wurde (_____).

Prüfe deine Lösungen mit Hilfe des Lösungshefts. Für jede richtige Antwort erhältst du einen Punkt.

☺ 16–13 Punkte	☺ 12–8 Punkte	☹ 7–0 Punkte
Gut gemacht!	Gar nicht schlecht, aber lies dir die Merkkästen auf den Seiten 66 und 68 bis 71 noch einmal genau durch.	Arbeite die Seiten dieses Kapitels noch einmal sorgfältig durch.

Zeichensetzung – Kommaregeln

Kommasetzung bei Aufzählungen

Information	Kommasetzung bei Aufzählungen

- **Kommas** stehen zwischen **aufgezählten Wörtern und aufgezählten Gruppen von Wörtern.**
  → Das **Komma entfällt,** wenn sie durch *und* oder *oder* verbunden sind, z. B.:
  Nairobi, Kairo __und__ Tunis sind afrikanische Großstädte.
- Das **Komma steht vor** den Verknüpfungen (Konjunktionen) ***aber, jedoch, sondern*** und ***doch.*** Sie leiten
  einen **Gegensatz** ein, z. B.: *Nairobi, Kairo und Tunis sind afrikanische Städte, __aber__ Athen ist europäisch.*

1 Erkläre mit Hilfe der Regeln A, B, C die Kommasetzung in den Sätzen 1 bis 3.
Setze den richtigen Buchstaben in Klammern hinter die Sätze.

A Aufzählungen von Wörtern werden durch ein Komma getrennt.
B Aufzählungen von Wortgruppen werden durch ein Komma getrennt.
C Vor Verknüpfungswörtern, die einen Gegensatz einleiten, steht ein Komma.

1 In vielen Städten Afrikas leben Kinder in Slums, die unwirtlich, lebensfeindlich und überbevölkert sind. (_____)

2 Zwar verdienen die Menschen meistens etwas Geld, aber für ein gutes Leben einfach nicht genug. (_____)

3 Mit 10 € täglich hätte eine achtköpfige Familie in Afrika ein ausreichendes Einkommen, könnte sich gesund

ernähren und die Kinder zum Lernen in die Schule schicken. (_____)

2 a Setze in dem folgenden Text die sieben fehlenden Kommas.
b Unterstreiche die Aufzählungen. Umrahme Verknüpfungswörter, die einen Gegensatz einleiten.

Auch in den Armutsvierteln afrikanischer Städte kann man Obst Gemüse und alle anderen Grundnahrungsmittel

kaufen aber nur mit ausreichend Geld. Eine gute Lösung wäre die Selbstversorgung durch eigenen Gemüseanbau.

Das nötige feucht-warme Klima wäre vorhanden jedoch leider nicht der nötige Platz. Eine Lösung sind so genannte

Sackgärten, in denen Zwiebeln Spinat Kohl und Tomaten angebaut werden. Man braucht nur Platz für zwei Säcke

doch man erntet daraus für eine ganze Familie. Die italienische Hilfsorganisation COOPI unterstützt die Anlage

von Sackgärten. Ein bepflanzter Sack kostet 15 € aber er liefert sechs Monate lang alle drei bis sechs Tage eine Ernte.

3 a Verbinde mit Pfeilen die nachstehenden Wortgruppen zu sinnvollen Sätzen.
b Setze die Kommas. Notiere hinter jedem Satz den richtigen Buchstaben für die Kommaregel aus Aufgabe 1.

Jeder Pflanzsack braucht in seinem Inneren …	aber er sorgt für eine große Ernte.
Die Pflanzen wachsen nicht nur oben aus dem Sack …	Kohl Zwiebeln Paprika.
Angepflanzt werden Gemüse des täglichen Bedarfs wie …	sondern auch aus den Seiten.
Der Sack benötigt nur eine kleine Grundfläche …	kleine Steine größere Steine gedüngte Erde.

Kommasetzung in Satzreihen

Information	Kommasetzung in Satzreihen

Eine **Aufzählung von Hauptsätzen** nennt man eine **Satzreihe** (▶ S. 68).
Man **trennt sie durch Kommas** oder **verbindet sie durch Verknüpfungswörter** (Konjunktionen).
- Vor den Verknüpfungen *und* und *oder* **kann ein Komma** stehen, muss aber nicht, z. B.:
  Mali liegt in Afrika, Timbuktu heißt die Hauptstadt(,) und der Niger ist der größte Fluss des Landes.
- Vor den Verknüpfungen *aber, doch, sondern, denn* steht immer ein Komma, z. B.:
  Mali liegt nicht im feuchten Teil Afrikas, sondern es befindet sich in der trockenen Zone südlich der Sahara.

1 **Erkläre mit den Regeln A, B, C die Kommasetzung.**
Setze den richtigen Buchstaben in Klammern hinter die Sätze.

> A Hauptsätze werden durch ein Komma voneinander getrennt.
> B Vor den Verknüpfungswörtern *und* und *oder* kann ein Komma stehen, muss aber nicht.
> C Vor den Verknüpfungswörtern *aber, doch, sondern, denn* steht immer ein Komma.

Kinder in Afrika müssen früh arbeiten, ihre Aufgabe ist häufig die Versorgung mit Holz und Wasser. (___)
Sie können oft nicht zur Schule gehen, sondern sie müssen ihrer Familie beim Überleben helfen. (___)
5 Ihre Aufgabe können sie in den trockenen Gebieten oft nur schwer bewältigen, denn es gibt immer weniger Holz (___), die Kinder müssen immer weitere Wege in Kauf nehmen. (___)
Ein Solarkocher könnte Holz überflüssig machen(,) 10 und das würde vor allem die Arbeit der Frauen und Kinder vereinfachen. (___)

2 **a** **Setze in der Fortsetzung des Textes aus Aufgabe 1 die sechs fehlenden bzw. möglichen Kommas.**
b **Notiere den Buchstaben aus Aufgabe 1, der die entsprechende Regel für die Kommasetzung nennt.**

Mädchen profitieren besonders von den Solarkochern denn sie bekommen Zeit für die Schule. (___)
Sie müssen nicht mehr endlos lange Holz für das Feuer sammeln sondern sie können lernen. (___)
5 Leider kann man die Solarkocher nicht überall unproblematisch einsetzen sie passen nicht zu den Lebensgewohnheiten vieler Menschen in Afrika. (___)
Zwar scheint in Afrika fast überall die Sonne im Überfluss aber oft wird nur abends gekocht (___) und da scheint die Sonne nicht mehr. (___) 10
Viele Frauen dürfen zudem nicht draußen kochen aber der Kocher funktioniert nicht im Haus. (___)

3 **a** **Verbinde im Heft die folgenden Hauptsätze.**
b **Schreibe einen zusammenhängenden Text und prüfe deine Kommasetzung.**

Solarkocher könnten eine Lösung für das knapp werdende Holz sein.		Das ist nicht praktisch.
Wandernde Familien müssen den Kocher mitnehmen und an anderen Stellen wieder aufbauen.		
Sie bergen Gefahren.	Die Spiegel für die Solarkocher können bis zu 300° heiß werden.	
Außerdem brauchen Solarkocher viele Schrauben.		Schrauben gehen schnell verloren.
Kinder können sich leicht Verletzungen zuziehen.		

Kommasetzung in Satzgefügen

Information	Kommasetzung in Satzgefügen

Satzgefüge (mindestens ein **Haupt-** und ein **Nebensatz;** ▶ S. 69) werden **durch Kommas getrennt.**
Der **Nebensatz** kann **vor** oder **nach** dem Hauptsatz stehen oder **eingefügt** sein, z. B.:
- **vor:** *Wenn Kinder in der Schule lernen sollen,* brauchen sie ausreichend Nahrung.
- **nach:** Kinder brauchen ausreichend Nahrung, *wenn sie in der Schule lernen sollen.*
- **eingefügt:** Kinder brauchen, *wenn sie in der Schule lernen sollen,* ausreichend Nahrung.

1 Mache dir klar, warum in den folgenden Sätzen Kommas gesetzt wurden.
Markiere in den Satzgefügen die Nebensätze. Umrahme die Kommas.

Hirse ist das Grundnahrungsmittel vieler Menschen in Afrika, weil sie auch unter schwierigen Bedingungen gut angebaut werden kann. Dass sie aber auch sehr gesund ist, ist dabei wichtig für die Ernährungssituation der Menschen. So gilt Hirse, da sie viel Magnesium und Folsäure enthält, auch als Gesundmacher.

2 Unterstreiche im nachstehenden Text die Nebensätze. Setze die fehlenden Kommas.

Hirse hat ein kräftiges Aroma das den Hirsebrei sehr schmackhaft macht. Die Hirse wird einfach 30 bis 40 Minuten in Wasser das sie im Topf bedecken muss gekocht. Es gilt in der Regel dass man für ein halbes Pfund Hirse einen halben Liter Wasser nehmen muss. Wenn man Hirse vor dem Garen in einer Pfanne leicht anröstet bekommt sie einen nussigen Geschmack.

3 **a** Verbinde im Heft die folgenden Sätze mit Pfeilen zu sinnvollen Satzgefügen.
b Ordne sie, sodass sich ein sinnvoller Text ergibt. Schreibe ihn auf.
c Prüfe deine Kommasetzung.

Hirsebrei mit Beilage

Alle Gemüsesorten werden geputzt und zerkleinert …	… da er Zutaten für eine Gemüsepfanne liefert.
Für viele afrikanische Menschen gibt es nur Hirsebrei …	… weil nichts anderes vorhanden ist.
Eine Gemüsebeilage ist eine willkommene Abwechslung …	… damit sie schnell garen können.
Der Sackgarten kann eine gute Ergänzung sein …	… wenn beides vorhanden ist.
Das Garen geschieht in einer Pfanne mit Öl …	… weil sie gesund ist und gut schmeckt.

Kommasetzung vor *das* oder *dass*

Information	Nebensätze mit *das* oder *dass* unterscheiden

Nebensätze, die mit **das** oder **dass** beginnen, werden durch **Komma** abgetrennt.

- Relativsätze (▶ S. 66) mit **das** beziehen sich auf ein sächliches Nomen im Hauptsatz, z. B.:
  Ein Kind, **das** *die Schule besucht, kann seine Zukunft leichter meistern.*

- **Dass** dagegen **bezieht sich auf das Verb des vorangegangenen Satzes,** z. B.:
  Jeder weiß, **dass** *Kinder mit Schulbildung bessere Chancen für die Zukunft haben.*

Tipp: Das Relativpronomen „das" kann durch „dies", „dieses" oder „welches" ersetzt werden.

1
a Setze die notwendigen Kommas vor *das* oder *dass*.
b Begründe die jeweilige Schreibung von *das* und *dass*, indem du das Bezugswort im Hauptsatz unterstreichst.

Die afrikanische Sahelzone ist ein Gebiet das durch sehr trockenes Klima mit einer Regenzeit im Jahr bestimmt ist. Die Menschen im Norden haben sich in ihrer Lebensweise dadurch angepasst dass sie der Regenzeit mit ihren Tieren von Weideplatz zu Weideplatz hinterherziehen. Das heißt dass auch die Kinder ständig ihren Wohnort wechseln. Im Süden betreiben die Menschen Ackerbau. Auch in diesen Familien ist es so dass die Kinder früh Aufgaben übernehmen. Die Bevölkerung wächst sehr stark. Das bedeutet dass immer größere Flächen für den Ackerbau benötigt werden.

2 Bilde in deinem Heft mit Hilfe der folgenden Satzbausteine sinnvolle Satzgefüge.
Leite die Nebensätze mit *das* oder *dass* ein und setze ein Komma davor, z. B.:
Früher war es die Pflicht der Bewohner der Sahelzone, dass man die Bäume pflegte.

Früher war es die Pflicht der Bewohner der Sahelzone …	Man hat die Bäume einfach abgeholzt.
Später wurde es normal …	Der Brennholzbedarf muss reduziert werden.
Die Staaten der Sahelzone müssen heute daran arbeiten …	Man baut Lehmöfen.
Eine Möglichkeit besteht darin …	Man legt drei Steine auf die Erde und macht ein Feuer.
Das kann man dadurch schaffen …	Man musste die Bäume pflegen.
Eine afrikanische Feuerstelle zeichnet sich dadurch aus …	Der Boden muss geschützt werden.
Ein Lehmofen führt dazu …	Man kann mit viel weniger Holz kochen.
Ein weiterer Vorteil ist …	Der Ofen kann in Afrika gebaut werden und kostet nicht viel.

Teste dich! – Kommasetzung

1 Erkläre die Kommasetzung im nachstehenden Text mit Hilfe der Regeln A bis D.
Setze den richtigen Buchstaben in Klammern hinter die Sätze. (5 P.)

> A Aufzählung von Wörtern und Wortgruppen   B Satzreihe
> C Satzgefüge   D gegensatzanzeigende Verknüpfungswörter

Die Wüste wächst, aber es gibt erste Hoffnungsschimmer. (____)

Der Kampf gegen die Wüstenbildung, gegen Abholzung und Abtragung

des Bodens ist eine der größten Herausforderungen in Afrika. (____)

Nur Bäume können letztlich die Austrocknung stoppen, denn sie

halten den Wind ab und das Wasser im Boden. (____)

Sie sind so wichtig, weil sie Schatten bieten. (____)

Außerdem locken sie Würmer und Insekten an, ihre Blätter dienen als Dünger. (____)

2 **a** Setze im folgenden Text die 13 fehlenden Kommas. (13 P.)
b Kreuze an, gegen welche Regel am häufigsten verstoßen wurde: (1 P.).

Seit Jahrzehnten versuchen Wissenschaftler Agrartechniker und Hilfsorganisationen die Ausbreitung der Wüste zu stoppen. Trockenperioden Wasserknappheit und der wachsende Bedarf an Feuerholz beschleunigen das Wachsen der Wüsten. Es ist deshalb kein Wunder dass die Länder der Sahelzone wollen dass wieder Bäume in der abgeholzten trockenen Gegend wachsen. In den letzten Jahren haben viele Wissenschaftler experimentiert. Sie haben kleine Bäumchen gepflanzt größere Bäume gepflanzt mit Bewässerung ohne Bewässerung Windfänge errichtet Zäune gezogen aber die Ergebnisse waren kläglich: Mal knabberten Ziegen die jungen Triebe ab dann fegte ein Sandsturm die Blätter von den Zweigen. Oft fällten auch die Bauern die Bäume weil sie Feuerholz gewinnen wollten.

Fehlende Kommasetzung ☐ bei Satzreihen ☐ bei Satzgefügen ☐ bei Aufzählungen

3 Setze im folgenden Text die acht fehlenden Kommas. (8 P.)

Im Humbo-Tal im afrikanischen Staat Niger hat man die Begrünung der Sahelzone geschafft aber ganz anders als gedacht. Da wo es eigentlich nichts mehr zu säen und zu ernten gab gibt es jetzt wieder Schatten Gras und anderes Tierfutter. Aber man pflanzt keine neuen Bäume sondern pflegt alte Baumstümpfe die dann wieder Triebe bilden. Viele Kleinfarmer beteiligen sich an der Aktion sie schneiden die Triebe von den Baumstümpfen. Die Zweige bleiben schützend auf dem Boden liegen erst dann dienen sie als Feuerholz. Durch diesen Schutz gegen die Austrocknung werden die Baumstümpfe wieder grün.

4 Prüfe deine Lösungen und die Punktzahl mit Hilfe des Lösungshefts (▶ S. 23–24).

Was kannst du schon? – Rechtschreibstrategien

1 Prüfe, wie gut du deine Rechtschreibstrategien beherrschst. Ordne die folgenden Wörter in die Tabelle ein: Mit welcher Strategie kannst du die Schreibungen herausfinden? (16 P.)

> **Wortspeicher**
>
> die Zähne • die Erdkugel • der Zug • die Wegbeschreibung • der Schlüssel •
> das Pfund • der Ballkünstler • die Zäune • die Winde • die Gemäuer •
> gesund • der Himmel • die Gesundheit • der Zwerg • die Ernte • aufräumen

2 Trage das Strategiezeichen für die entsprechende Strategie ein. (4 P.)

Strategiezeichen	Steht für das:
	Schwingen (Laut-Buchstaben-Zuordnung): Man schreibt, wie man spricht.
	Ableiten: um die Verwechslung von *e* und *ä, eu* und *äu* zu vermeiden.
	Zerlegen: um unklare Stellen in zusammengesetzten Wörtern herauszufinden.
	Verlängern: um unklare Auslaute und Einsilber deutlich zu hören.

3 a Schreibe die folgenden Wörter richtig auf: Ergänze *i* oder *ie*. (17 P.)
   b Ordne den Wörtern das richtige Strategiezeichen zu. Zeichne es davor. (3 P.)

die L ? be   die S ? be   der W ? nter   z ? ren   s ? ben   w ? gen   l ? gen

z ? ht   kr ? cht   fl ? ßt   z ? rt   v ? l   schw ? mmt

die Z ? rnaht   die Fl ? ßgeschwindigkeit   der S ? bdruck   die Z ? lgerade

4 **a** Wende die Rechtschreibstrategien an:
Finde in den Sätzen A bis D die Fehlerwörter und verbessere sie. (10 P.)

A Der Sohn schickte seiner Familie eine Grusskarte mit herzlichen Grüssen aus dem Urlaub.
B Das schlechte Wetter liess sie verdriesslich werden, was zu Verdruß bei ihrer Freundin führte.
C Draussen auf der Strasse leuchtete die Strassenlaterne die dunklen Ecken aus.
D Der Schneider braucht das Massband, um die Länge des Kleides zu meßen.

_____

_____

b s-Schreibung, Großschreibung, Doppelkonsonanten, ie-Schreibung?
Welcher Fehlerschwerpunkt liegt in den Sätze A bis D vor? *Fehler in der* _____ *-Schreibung* **(1 P.)**

5 **a** Markiere die Fehler im folgenden Text. Berichtige sie. (8 P.)
b Benenne den Fehlerschwerpunkt: *Fehler in der Schreibung des* _____ **(1 P.)**

Geocaching – Ein moderner Freizeitspaß

Geocaching ist eine moderne Form der Schnitzeljagd. Wie bei der traditionelen Schnizeljagd wird ein Schatz in der Natur verstekt, den es zu finden gilt. Neu ist aber, dass man für diesen Freizeitspass ein GPS-Gerät benötigt. Der Versteker des Schazes

notiert die GPS-Koordinaten der Stele, an der er sein Cache, seinen Schatz, versteckt hat, und veröfentlicht die Daten mit einer Beschreibung des Fundorts im Internet. Die Mitspieler gehen nun mit Hilfe eines Navigationsgeräts los, um den Schatz zu finden.

_____

_____

6 **a** Markiere auch die Fehler in der Fortsetzung des Textes. Korrigiere sie direkt im Text. (10 P.)

b Benenne den Fehlerschwerpunkt: _____ (1 P.)

Was ist aber nun der schatz? Meistens besteht er aus einem behälter, in dem sich ein Logbuch und vielleicht tauschgegenstände befinden. Für den Schatz lohnt sich die Mühe also nicht. Aber der finder kann sich in das Logbuch eintragen und den Gegenstand eintauschen, und er kann seinen fund im Internet bekannt geben.

Er kann auch selber ein neues verstreck anlegen und die Koordinaten veröffentlichen. Am wichtigsten ist aber wohl der spass, draußen mit anderen etwas zu unternehmen. Das bewegen in der Natur ist darüber hinaus sehr gesund und schafft einen Sinnvollen Ausgleich zum langen sitzen in der Schule, vor dem Computer und dem Fernseher.

7 Zähle deine Punkte mit Hilfe des Lösungsbeilegers zusammen (▶ S. 24). Wo hast du noch Probleme?

Rechtschreibstrategien anwenden

Strategie Schwingen – Wörter deutlich in Silben sprechen

Methode	Wörter schwingen

Viele deutsche Wörter sind **lauttreu**, d. h.: Wir ordnen **jedem** gesprochenen **Laut Buchstaben** zu.
- Wenn man die Wörter **deutlich in Silben mitspricht**, hört man, **mit welchen Buchstaben sie geschrieben** werden. Das nennt man **Wörter s**chwingen, z. B.: *Win ter, Far be, Me lo ne, Schu he, Schach teln.*
- Einige Laut-Buchstaben-Zuordnungen muss man kennen, z. B.: **„kw"** schreibt man *qu* (*Quelle, Quark*).

1 **a** Im folgenden Wortgitter findest du zwölf lauttreue Wörter. Schreibe sie auf und zeichne die Silbenbögen.

L	K	U	C	H	E	N	A	I	E	L
I	N	B	M	Ä	M	A	L	E	R	Y
P	Q	Ö	R	E	G	E	L	Ä	B	I
K	I	R	S	C	H	E	K	O	F	F
H	G	M	D	O	S	E	S	C	A	K
W	C	S	A	U	E	R	I	D	M	Y
X	Q	U	B	A	U	E	R	N	N	Ö
E	K	F	N	H	Ö	F	E	E	O	E
J	Ö	P	I	N	S	E	L	P	K	W
Y	D	H	E	F	T	E	G	S	N	I
T	S	E	I	F	E	H	O	S	E	T

b Bilde im Heft aus den Wörtern mindestens vier Zusammensetzungen, die lauttreu sind.

2 Vergleiche die folgenden Wörter in ihrer Schreibung.
Beschreibe mit Hilfe des nebenstehenden Lückentextes Gemeinsamkeiten und Unterschiede.

niederländisch	deutsch	
kwaken	quaken	Man spricht in beiden Sprachen _____.
Kwark	Quark	Im Niederländischen schreibt man _____ , im
Kwartier	Quartier	
Kwaliteit	Qualität	Deutschen _____.

3 Schreibe die Wörter mit *qu* aus der Textschlange heraus. Füge im Heft bei den Nomen den richtigen Artikel hinzu.

Q U O T E Q U A D R A T Q U E T S C H U N G Q U E L L E B E Q U E M Ä Q U A T O R Q U A N T U M
Q U I T T U N G Q U E T S C H E N Q U I T T E N B R O T Q U I E T S C H E N Q U E R S C H N I T T Q U A S T E

Strategie Verlängern – Einsilber und unklare Auslaute

Methode	Wörter verlängern

- Bei einsilbigen Wörtern und am Wortende gilt die eindeutige Laut-Buchstaben-Zuordnung nicht immer, z. B.: *der Zwerg, der Unfall*.
- Hier hilft die Strategie Verlängern. **Verlängern** heißt: **Man fügt an das Wort eine Silbe an.** Danach kann man die **Wörter wieder schwingen**, z. B.: *die Zwer ge, die Un fäl le*.
- Das Verlängern hilft auch, um die jeweilige **Wortart zu erkennen**, z. B.: *der Zwerg – die Zwer ge = Nomen, stellt – wir stel len = Verb, krumm – krum mer als = Adjektiv.*

1 Kreuze an: Welche Wörter werden am Ende anders gesprochen, als sie geschrieben werden?

☐	das Schaf	☐	der Gepard	☐	das Kamel	☐	der Leopard	☐	der Hund
☐	hell	☐	rund	☐	schön	☐	mild	☐	müd
☐	lebt	☐	hebt	☐	malt	☐	schwimmt	☐	summt

2 Mit Hilfe der jeweiligen Verlängerung kannst du Verben, Nomen und Adjektive sicher unterscheiden. Ordne die Verlängerungswörter aus Aufgabe 2 richtig in die Tabelle ein.
Hinweis: Setze Nomen in die Mehrzahl, steigere Adjektive und setze Verben in eine andere Personalform.

Nomen: *die …*	Adjektive: *… er als*	Verben: *wir …*

3 a Unterstreiche im folgenden Text zehn Wörter mit einem unklaren Auslaut, die verlängert werden müssen.
b Schreibe im Heft die Wörter mit ihren Verlängerungswörtern auf.

Mongolei – Spiel mit Schafsknochen

Viele Nomadenkinder in der Mongolei haben keine Spielesammlungen. Daher wird häufig mit den Knochen von Schafsgelenken gespielt, die man in der Mongolei Schagei nennt.
5 Der kleinste Knochen des Knöchels wird als Würfel genutzt, weil er fast viereckig ist. Er zeigt vier verschiedene Positionen an: Schaf, Ziege, Pferd oder Kamel.
Das einfachste Spiel geht so: Man verteilt die Schagei
10 auf dem Boden und wirft den Würfel hoch in die Luft. Solange sich der Würfel in der Luft befindet, muss man mit der Wurfhand möglichst viele Knochen vom Boden aufsammeln. Das braucht großes Geschick.
Wenn die Kinder mit den Schagei Pferderennen 15 spielen, wird eine lange Reihe von Knochen aufgebaut, die festlegt, wie viele Schritte zum Sieg nötig sind. Die beiden Spielpartner legen rechts bzw. links dieser Reihe ihren Spielknochen und würfeln mit insgesamt vier Knöcheln. Aber nur wer ein Pferd 20 würfelt, darf seinen Spielstein weitersetzen. Wer also Glück hat, kann vier Schritte weitergehen, wer Pech hat, kann keinen Schritt tun. Es gewinnt, wer zuerst ankommt.

Einsilbige Verbformen verlängern

Methode	Einsilbige Verbformen richtig verlängern

- Einsilbige Verbformen kann man durch Verlängern sicher schreiben, z. B.:
  *Er schrei**b**t – wir schrei **b**en.*
- Das Partizip II wird meist mit der Vorsilbe ge gebildet. Wenn vorhanden, trennt man diese Vorsilbe ab und verlängert dann den Einsilber, z. B.: *Er hat* ge *le**b**t – wir le ben.*

1 Die Schreibweise einsilbiger Verbformen ist nicht immer hörbar.

a Markiere in den folgenden Verbformen die Stelle, die man nicht hören kann: *er/sie/es …*

Wortspeicher

kennt • lebt • rennt • nennt • kommt • knurrt • bellt • kriegt • birgt • erlebt • verlebt • belebt • bekennt • erkennt • benennt • erstellt • versagt • beklebt

b Kreuze die zutreffenden Aussagen an.

☐ Das *t* am Wortende gehört zu der Verbform.   ☐ Die unklare Stelle liegt vor dem *t*.

☐ Das *t* am Ende schreibt man anders, als man es spricht.

c Begründe im Heft die Schreibweise der Verbform durch die Verlängerungsform mit: *wir …*

2 a Ordne die folgenden 15 Partizipien passend in das Wortgitter ein.
b Schreibe daneben ihre Verlängerungsformen auf.
c Suche dir fünf Partizipien aus und bilde Sätze. Schreibe sie ins Heft.

Wortspeicher

erkannt • getrabt • ausgeflippt • geprägt • gefragt • gestellt • bestellt • gekrallt • geschnappt • geschleppt • gelebt • gesagt • erlaubt • geknallt • geschabt

1		E			B	
2		E	S			
3	G	E				
4		E		L		
5		E		R	A	
6		E	F			
7		E			L	
8		E				N
9		E		Ä		
10		E			L		T
11		E	S			
12		E		I		
13	B	E				
14		E			A	
15		E			L	T

82

Strategie Zerlegen – Zusammengesetzte Wörter

Methode	Wörter zerlegen, Bausteine abtrennen, Verlängerungsstellen suchen

- Verlängerungsstellen in zusammengesetzten Wörtern findet man, indem man sie **zerlegt**, z. B.:

  das Schwi<u>mm</u>/ba<u>d</u> – denn: schwi<u>m</u> <u>m</u>en, die Bä <u>d</u>er.
- Wenn man **Vor- und Nachsilben abtrennt**, kann man Verlängerungsstellen finden, z. B.:

  en<u>d</u> los – denn: das En <u>d</u>e   die Blin<u>d</u> heit – denn: blin <u>d</u>er als.
  <u>Hinweis:</u> An den Nachsilben erkennst du die Wortart, z. B.: -los, -haft = Adjektiv; -heit, -ung, -keit = Nomen.

1 **a** Kreuze an: Welche Wörter muss man zerlegen, weil sich in ihnen Verlängerungsstellen befinden?

Marmorkuchen	Windbeutel	Pfannkuchen	Sandkuchen
Landbrot	Rosinenbrot	Vollkornbrot	Roggenbrot
Wildbraten	Rindfleisch	Kalbfleisch	Lammwurst

b Zerlege die Wortzusammensetzungen und markiere die unklaren Laute.
c Beweise die Schreibweise durch ein mögliches Verlängerungswort,   z. B.: *Berg werk – denn: die Ber ge.*

_____

_____

_____

2 **a** Bilde Wörter, indem du an die Einsilber eine Nachsilbe hängst. Ordne deine Wörter nach ihrer Wortart.

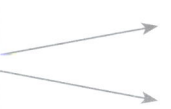

Land • Freund • Stand • Feind •
Tugend • Kind • lieb • wild • rund

+   -schaft • -heit • -keit • -nis

+   -los • -lich • -haft

Nomen   **Adjektive**

_____   _____

_____   _____

b Zerlege deine Wörter aus Aufgabe 2a und beweise die Schreibweise durch ein Verlängerungswort.

_____

_____

_____

3 Bilde im Heft einen Satz mit drei Wörtern aus Aufgabe 2.

Strategie Ableiten – Wörter mit *ä* und *äu*

Methode	Wörter mit *ä* und *äu* ableiten

- **Ableiten** heißt: **verwandte Wörter** mit *a* und *au* finden.
- **Normalerweise** schreibt man *e* oder *eu.*
- Wenn es **verwandte Wörter** mit *a* oder *au* gibt, dann schreibt man *ä* oder *äu,* z. B.:

die Welt – aber: *er trägt,* denn: *tragen*   *die Leute* – aber: *läuten,* denn: *laut*
Hinweis: Wörter wie *Säbel* und *Bär* muss man sich **merken.**

1 **a** Markiere in den folgenden Sätzen die Schreibweise mit *ä* und *äu* mit dem Strategiezeichen:

A Die Sonne scheint im Sommer alljährlich prächtig vom Himmel.

B Das Kätzchen schnurrt und hält das glänzende Näschen in die Sonne.

C Damit die Gärten gesäubert werden können, brauchen die Gärtner gutes Wetter.

D Die älteren Bäume spenden den Käuzchen gute Lebensräume.

b Schreibe die Beweiswörter mit *a* oder *au* in die Tabelle.

Wörter mit *ä* – Beweiswort mit *a*	Wörter mit *äu* – Beweiswort mit *au*

2 Überlege, ob du die nachstehenden Wörter mit *ä* und *äu* ableiten kannst oder ob du sie dir merken musst.
Liste die Wörter in deinem Heft so auf:

Verwandtes Wort mit *a* oder *au*	Merkwort
Ausläufer – auslaufen, …	*Ähre, …*

Wortspeicher

Ähre • Ausläufer • Äquator • häufig • Ägypten • Betäubung • Geräusch • Bestäubung • äußerlich •
säuerlich • einäugig • Knäuel • Wiederkäuer • Käfer • Häsin • Käse • täglich • bäuerlich • fähig • während

3 Bilde in deinem Heft mit mindestens vier Merkwörtern sinnvolle Sätze.

Strategiewissen anwenden

1 a Markiere in dem folgenden Schülertext die 14 Fehlerwörter und schreibe sie richtig darunter.

VORSICHT FEHLER!

Die Mongolei – Das Leben im Land der Pferde

Manche mongolische Kinder können früher reiten als laufen. Das zeikt, wie wichtik Pferde in der Mongolei

sind. Ohne Pferde könnten die mongolischen Nomaden in den weiten Grassteppen kaum überleben.

Heute werden in der Mongolei 2,4 Millionen Pferde zum Reiten und zur Milch- und Fleischgewinnung gehal-

ten. Dabei schätzen die Nomaden besonders die zähen Mongolenponys. Ein solches Tier träkt schwere Lasten

5 und bewältikt mühelos weite Strecken und den schlechtesten Wek. Es lept eigentlich in der Steppe, kan aber auch

die extremen Bedingungen im Hochgebirge und in der Wüste aushalten. Dabei mus es mit Temperaturen von

–40°Celsius und einer dünnen Grasnarbe unter der Schneedecke zurechtkommen.

Wehrend der eisigen Monate verlassen die Nomaden ihre Jurten, jene traditionellen Runtzelte, und ziehen in

einfache Hütten um. Wenn bei –25° Celsius das Feuer ausgeht, wird es jedoch auch darin erbermlich kalt.

10 Dann helfen nur noch wermende Decken. Auf den ersten Blick wirkt das Leben in der Steppe sehr karg und

ermlich, aber beim traditionellen Nationalfest der Mongolen „Naadam", bei dem die elteren und die jüngeren

Generationen zusammen feiern, kann man die große Lebensfreude der Steppenbewohner erleben.

zeigt,

b Welche drei Strategien können helfen, diese Fehler zu vermeiden? Kreuze an.

☐ Schwingen   ☐ Verlängern   ☐ Zerlegen   ☐ Ableiten   ☐ Merken Ⓜ

2 Markiere im Text die Fehlerwörter. Ordne sie korrigiert der passenden Strategie zu.

VORSICHT FEHLER!

Jedes Jahr feiern die Mongolen in der Somerzeit das Naadam-Fest. Dabei stehen drei Veranstaltungen im Vorder-
grunt: Reiten, Ringen und Bogenschießen. Es ist ein beeindrukendes Spektakel, wenn eine Horde Pferde gleichzeitik
über die Steppe jakt. Gestartet wird, je nach Altersklase der Pferde, in 12 bis 35 km Entfernung vom Ziel.
Die Jockeys sind Kinder zwischen 6 und 12 Jahren, darunter viele Mädchen. Oftmals benutzen sie nicht einmal
Settel, was bei dem hohen Tempo nicht ungefehrlich ist.

Schwingen	Verlängern	Ableiten

3 Notiere im Heft möglichst viele Wörter mit *a* und *ä* zum Wortstamm *-gefahr-*.

85

Stärken stärken: Strategiewissen anwenden

●○○ 1   **a   Entscheide dich im folgenden Text jeweils für die richtige Schreibweise: Streiche das Fehlerwort.**

Der junge Mongole Batocha hat nur ein Ziel. Er möchte auf dem *dreitegigen/dreitägigen* Nationalfest der Mongolei auftreten. Bei dem Fest geht es um den *Wettbewerb/Wetbewerb* in den Disziplinen *Rinkkampf/Ringkampf*, Bogenschießen und *Pferderenen/Pferderennen*. Pferderennen werden eigentlich nur von Kindern zwischen 6 und 12 Jahren bestritten. Eigentlich muss der junge Mongole seinem *älteren/elteren* Bruder bei der Arbeit
5   helfen. Seine Aufgabe ist es, die Tiere zu hüten und *Wasser/Waßer* vom Fluss zu holen. Dennoch hat er intensiv und heimlich trainiert. Bei dem wichtigsten mongolischen Fest „Naadam" treffen sich die *bessten/besten* jugendlichen Reiter auf den besten *Rennpferden/Renpferden*. Batocha reitet das Pferd des Onkels, obwohl seine Mutter es nicht will. Sie hat Angst um ihren Sohn, denn die Rennen sind *gefehrlich/gefährlich*. Und gefeiert wird immer nur das Pferd, nicht sein Reiter.

b   Kreuze an: Welche Strategien helfen, um die richtigen Schreibungen zu finden?

☐   Schwingen   ☐   Verlängern   ☐   Zerlegen   ☐   Ableiten   ☐   Merken

●●○ 2   **Finde im folgenden Text die Fehler in den markierten Wörtern. Schreibe sie verbessert auf.**

Mongolenpferde sind nicht grösser als Ponys. Im Vergleich zu Pferden, wie wir sie kenen, sehen sie eher unscheinbar aus. Nach ihrem Aussehen denkt man nicht unbedingt, dass sie für die Besiedlung der Mongolei so wichtig waren: Sie sind kleinwüchsig, aber kreftig. Ihr Fel ist zottelik und glanzlos, der Kopf im Verheltnis zum Körper zu groß, die Brust zu breit. Auch Namen haben sie nicht, denn sie werden als Arbeitstiere gesehen. Zwar könnten die Tiere keinen Schönheitspreis gewinen, dafür gelten sie als die herteste Pferderasse dieser Welt. Sie entwickelten sich aus den Pferden, die den neunmonatigen Höhenwinter in der Steppe mit eißkalten Temperaturen und Stürmen und wenik Graß unter der Schneedecke überleben konnten.

_____

_____

●●● 3   **Markiere alle 12 Fehler mit dem entsprechenden Strategiezeichen. Schreibe die Wörter verbessert auf.**

Pferde, die beim Naadam starten, werden gut vorbereitet. Man hült sie einige Tage lang in Tücher, damit sie

schwitzen und leichter werden. Geriten werden sie von besonders leichten Kindern, die selten elter sind als 10

Jahre. Die Pferde werden so trainiert, dass sie auch alein ins Ziel finden, falls einer der kleinen Reiter sich bei

dem Tempo im gestreckten Galop nicht festhalten kan. Die Rennen sind also keineswegs ungefehrlich. Der

5   Zieleinlauf ist der Höhepunkt des Nationalfestes. Aus fast jeder Familie sind Reiter im Rennen, deshalb sind

alle gespannt, an welcher Stelle das Reitergespan die Ziellinie überquert und ob das eigene Kind auch ins Ziel

komt. Wenn die kleinen Reiter mit ihren völlig erschöpften Pferden ihr Ziel erreichen, topt die Menge. Dem

donnernden Hufgetrapel, dem Vibrieren des Bodens und dem Stampfen der Pferde beim Renende kann sich

niemand entziehen.

_____

_____

Teste dich! – Strategiewissen

1 Kreuze die richtigen Aussagen an. (6 P.)

Schwingen ist die Strategie des Mitsprechens. Man schreibt, wie man spricht.

Verlängern ist die Strategie für die Fehler am Wortanfang.

Verlängern ist die Strategie für das Wortende.

Verlängern ist die Strategie für einsilbige Wörter.

Zerlegen muss man alle Wörter mit mehr als einer Silbe.

Zerlegen muss man zusammengesetzte Wörter, um die Verlängerungsstellen herauszufinden.

Ableiten heißt, verwandte Wörter zu suchen.

Ableiten gilt nur für Wörter mit *ä* und *äu*.

Man kann alle Wörter mit *ä* und *äu* ableiten.

2 a Kreuze an: Welche fünf Wörter musst du zerlegen, um die Schreibweise zu erklären? (5 P.)
b Setze neun Verlängerungszeichen (⟳) an die richtigen Stellen. (9 P.)

Waldbrandgefahr	Schuhsohlen	Radioapparat	Endrundenzeit
Sportereignis	Organisation	Windrichtung	Handballhalbzeitergebnis

3 Korrigiere die fehlerhaften Wörter und ordne sie im Heft dem richtigen Strategiezeichen zu: ⟳ ⟴ ⚡. (16 P.)

Ringkämpfe in der Mongolei

VORSICHT FEHLER!

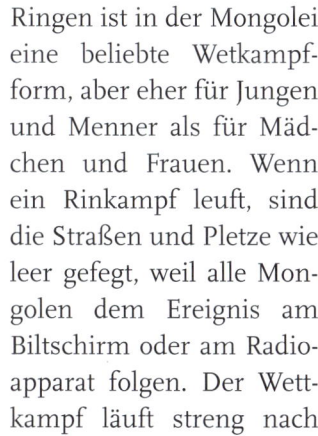

Ringen ist in der Mongolei eine beliebte Wetkampf-form, aber eher für Jungen und Menner als für Mäd-chen und Frauen. Wenn ein Rinkampf leuft, sind die Straßen und Pletze wie leer gefegt, weil alle Mongolen dem Ereignis am Biltschirm oder am Radio-apparat folgen. Der Wett-kampf läuft streng nach dem K.-o.-System ab, sodass sich die Zahl der Ringer mit jeder Runde halbiert, bis nur noch zwei zur Entrunde übrik bleiben.

Die Regeln sind denkbar einfach: Verloren hat der, der mit einem anderen Körperteil als mit seinen Schuhsohlen die Erde berührt. Der Kampf ist zeitlich nicht begrenzt.

Die Wettkampfkleidung ist aus sehr reißfestem Material und besteht aus kurzen Hosen und einem an der Brust offenen kurzen Jeckchen. Der Sage nach hatte die Jacke früher einen geschlossenen Schnit. Eines Tages sol aber ein bis dahin unbekannter Ringer angetreten sein, der alle namhaften Rivalen schluk. Wie sich später herausstellte, sol dies eine Frau gewesen sein. Nach diesem Vorfall sei die Jackenform in der heute üblichen Weise verendert worden.

Wenn die Ringer den Wettkampfplatz betreten, tun sie dies mit auffelligen Bewegungen, um den Flug eines mechtigen Adlers darzustellen. Sie halten die Arme ausgestreckt und bewegen den Körper.

4 Zähle die Punkte, die du erreicht hast, mit Hilfe des Lösungshefts zusammen (▶ S. 26).

Rechtschreibung verstehen – Regeln anwenden

Doppelte Konsonanten – Achte auf die erste Silbe

Information	Regel für doppelte Konsonanten

- **Offene Silben enden** mit einem **Vokal**. **Geschlossene Silben enden** mit einem **Konsonanten**.
- **Doppelte Konsonanten** schreibt man **nur**, wenn die **erste Silbe im zweisilbigen Wort geschlossen** ist.
- Stehen an der **Silbengrenze zwei verschiedene Konsonanten, verdoppelt** man **nicht,** z. B.:
  die Wel_ten – aber: *die Wel_len.*
- Um die Regel anzuwenden, muss man Einsilber verlängern, z. B.: *er rennt* – denn: *ren nen.*

1 a Prüfe durch Schwingen, wie die erste Silbe der folgenden Wörter jeweils gesprochen wird.
  b Wie lautet dein Ergebnis? Streiche das nicht passende Adjektiv am Satzende durch.
  A Wenn die erste Silbe offen ist, spricht man den Vokal *kurz/lang.*
  B Wenn die erste Silbe geschlossen ist, spricht man den Vokal *kurz/lang.*

  Wortspeicher

  haben • der Haken • der Hafen • haften • die Hälse • halten • hallen • hämmern •
  der Hase • hassen • heiter • der Himmel • die Henne • hinken • blinken • holen

2 a Trage die Wörter aus Aufgabe 1 in die nachstehende Tabelle ein.
  b Ergänze die Überschriften und setze ein: *offen/geschlossen; gleiche/verschiedene.*

Erste Silbe	Erste Silbe _____	
_____	Zwei _____ Konsonanten	Zwei _____ Konsonanten
ha ben	haf ten	hal len

3 Die folgenden Einsilber musst du verlängern. Trage ein und schreibe das verlängerte Wort als Beweis dazu.

l/ll: be_____t – denn: _____   ma_____t – denn: _____

m/mm: he_____t – denn: _____   ko_____t – denn: _____

n/nn: ne_____t – denn: _____   mei_____t – denn: _____

f/ff: ho_____t – denn: _____   scha_____t – denn: _____

Methode	Zerlegen und Verlängern

Zusammengesetzte Wörter muss man zerlegen, um die Regel für doppelte Konsonanten anzuwenden, z. B.:

die Renn/pferde – denn: *ren nen*.

4 **a** Im folgenden Wortgitter findest du 12 Wortzusammensetzungen. Markiere sie.
　　b Zehn Wörter müssen zerlegt werden.
　　　Beweise die Schreibung der Doppelkonsonanten durch ein Verlängerungswort. Notiere es.

B	U	N	D	E	S	I	N	N	E	N	M	I	N	I	S	T	E	R	I	U	M
I	C	Ö	K	A	L	L	T	A	G	S	S	O	R	G	E	N	E	P	M	L	K
U	Y	Y	V	A	N	T	R	I	T	T	S	R	E	D	E	S	Q	C	C	O	N
P	A	M	E	T	A	L	L	G	I	T	T	E	R	Z	H	J	T	V	Ö	Ä	W
R	A	B	A	T	T	M	A	R	K	E	D	R	U	C	K	M	I	T	T	E	L
D	F	E	T	T	V	E	R	B	R	E	N	N	U	N	G	O	S	M	Ä	L	P
T	U	Ö	T	E	M	P	O	O	B	E	R	G	R	E	N	Z	E	U	A	M	W
Q	Ö	T	R	I	T	T	S	I	C	H	E	R	H	E	I	T	N	W	N	S	J
G	O	B	N	A	T	I	O	N	A	L	M	A	N	N	S	C	H	A	F	T	E
K	J	F	R	V	G	A	P	R	O	G	R	A	M	M	P	U	N	K	T	E	L
Ö	X	P	F	B	R	E	N	N	H	O	L	Z	S	U	C	H	E	V	U	U	M

　　　—————————

　　　—————————

　　　—————————

　　　—————————

　　　—————————

5 **a** In der Beschreibung für das afrikanische Spiel „Mpira" fehlen fälschlicherweise
　　　fast alle Doppelkonsonanten. Markiere die Fehler.
　　b Ordne anschließend die korrigierten Wörter in die Strategietabelle unten ein.

Mpira – Afrikanischer Sandfußbal für 2 Spieler

Man braucht: 4 Stökchen oder Steine für die Torpfosten, 7 Steine pro Spieler, die man unterscheiden kan, und 1 kleinen runden Stein oder eine Murmel. Zuerst wird das „Fußbalfeld" aufgebaut. Man braucht eine feste ebene Sandfläche, denn der Bal mus rolen könen. Die Tore werden mit Stökchen
5　gestekt. Sie sind ca. 1,50 m voneinander entfernt und 20–30 cm breit. Jeder Spieler bekomt 7 Steine, die sein Team bilden. Diese „Fußbalspieler" werden gleichmäßig auf dem Feld verteilt.
Spielregeln:
Der anstoßende Spieler setzt den Ball in die Mite seiner Spielhälfte.
10　Nun versucht er, seinen Spielstein, der am nächsten am „Ball" liegt, durch

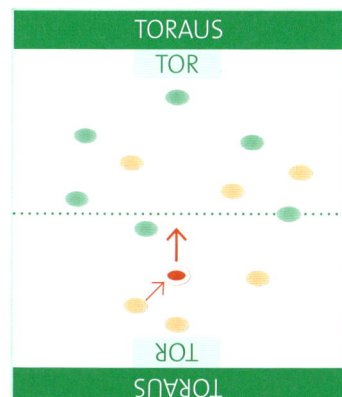

„Anditschen" so gegen den Ball zu stoßen, dass der in Richtung des gegnerischen Tores rolt. Nach jedem Schus dürfen die Spieler einen ihrer Steine eine Handbreit versetzen. Nach jedem Tor dürfen die Steine ganz neu verteilt werden. Gewonen hat imer der, der am meisten Tore geschosen hat.

Schwingen	Verlängern	Zerlegen

s oder ss? – Achte auf die erste Silbe

| Information | Regeln für Wörter mit s-Laut (Teil 1) |

- Man schreibt **s,** wenn die **erste Silbe offen** ist und man den **s-Laut summend** spricht, z. B.: *die Ro se;*
  wenn die **erste Silbe geschlossen** ist und **zwei verschiedene Konsonanten** an der **Silbengrenze** stehen, z. B.: *die Res te, die Wes pe.*
- Man schreibt **ss,** wenn die **erste Silbe geschlossen** ist, z. B.: *die Ros se.*
Um diese Regeln für den s-Laut anzuwenden, braucht man das zweisilbige Wort.

1 a Prüfe durch Schwingen, wie die erste Silbe der folgenden Wörter jeweils gesprochen wird.
b Wie lauten deine Ergebnisse? Ordne die Wörter nach der ersten Silbe und trage sie richtig in die Tabelle ein.

Wortspeicher

die Binse • die Bisse • die Vase • die Leiste • der Käse • die Kissen • die Reste •
das Wesen • die Risse • die Bremse • die Küsse • die Rose • die Gäste •
die Dose • das Wissen • die Gämse • die Hose • fassen • der Pinsel

   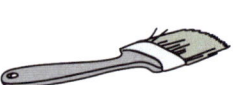 

Erste Silbe **offen**	Erste Silbe **geschlossen** Zwei verschiedene Konsonanten	Zwei gleiche Konsonanten
die Ha sen	*has ten*	*has sen*

2 a Die Vorsilbe ⌐miss-⌐ schreibt man mit **ss,** z. B.: *der* ⌐Miss⌐erfolg.
Begründe, warum man sich die Schreibung dieser Vorsilbe nur merken kann.
b Verbinde die folgenden Verben mit der Vorsilbe *miss-*.

Wortspeicher

verstehen • fallen • achten • behagen • gönnen • raten • brauchen • billigen

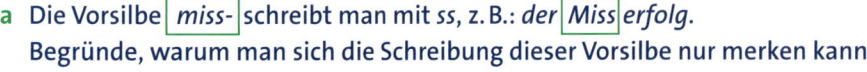

s oder *ß?* – Summend oder zischend

- Man schreibt **s**, wenn die **erste Silbe offen** ist und man den **s-Laut stimmhaft summend** spricht, z. B.: *die Grä ser, die Mäu se.*
- Man schreibt **ß,** wenn die **erste Silbe offen** ist und man den **s-Laut stimmlos zischend** spricht, z. B.: *die Grü ße, drau ßen.*

Um diese Regeln für den *s*-Laut anzuwenden, braucht man das zweisilbige Wort.

Hinweis: Lege deine Hand auf den Kopf und achte auf die Aussprache. Den zischenden s-Laut merkst du nicht, aber den summenden s-Laut spürst du in der Hand.

1 a Setze ein: *s* oder *ß?*
   b Liste anschließend die Wörter richtig in einer Tabelle wie folgt auf.

die Do_____e   die So_____e   die Ho_____e   die Lo_____e   au_____en   die Wie_____en   der Kie_____el

drau_____en   gie_____en   schwei_____en   sü_____en   flie_____en   das Wie_____el   die Fü_____e

Erste Silbe offen – summendes *s*	Erste Silbe offen – zischendes *s*
. . .	. . .

2 Am Ende eines Einsilbers unterscheiden sich *s* und *ß* in der Aussprache nicht.
   a Verlängere die nachstehenden Wörter und ordne sie in die Tabelle aus Aufgabe 1 ein.

er: gie [?] t • nie [?] t • rei [?] t • hei [?] t • rei [?] t • grü [?] t • schmei [?] t • gra [?] t • prei [?] t • bei [?] t

   b Bilde einen Satz, in dem mindestens drei Wörter mit *ß* vorkommen.

3 Im Wortgitter sind neun Wortzusammensetzungen mit *s* geschrieben. Markiere sie.
Davon müssen aber sechs Wörter mit *ß* geschrieben werden. Korrigiere sie und begründe
die Schreibweise durch ein Verlängerungswort, z. B.: *Fließ | geschwindigkeit – denn: fließen.*

D	O	K	K	S	S	C	H	W	E	I	S	G	E	R	Ä	T
B	C	F	L	E	I	S	C	H	P	R	E	I	S	W	M	I
Y	S	F	L	O	S	P	A	D	D	E	L	T	U	X	K	M
C	V	G	R	A	S	S	A	M	E	N	I	L	J	T	Y	W
W	F	J	E	J	Y	G	R	U	S	K	A	R	T	E	T	O
G	Z	S	C	H	O	S	H	U	N	D	J	Y	N	M	A	P
Y	M	R	Q	H	K	L	Ö	E	I	S	S	O	R	T	E	P
S	P	A	S	V	E	R	A	N	S	T	A	L	T	U	N	G
E	Y	N	H	E	I	S	L	U	F	T	B	A	L	L	O	N

ss und ß in einer Wortfamilie – Achte auf die erste Silbe

Information	Wörter mit ss und ß in einer Wortfamilie

- Verben können in ihren verschiedenen Formen zwischen ß und ss wechseln, z. B.:

  er beißt – denn: *sie bei ßen*; aber: *er biss* – denn: *sie bis̱ sen*.
- Diese Schreibweisen werden auch in verwandten Nomen und in Wortzusammensetzungen beibehalten,
  z. B.: *der Beißer* und *die Beißzähne* – denn: *bei ßen*; aber: *die Bisse* und *die Bisswunde* – denn: *die Bis̱ se*.
- Um die Schreibweise zu begründen, braucht man die zweisilbige Form.
  Deshalb muss man **Einsilber verlängern** und **Zusammensetzungen zerlegen**.

1 Ordne die folgenden Wörter richtig in die Tabelle ein:

goss   das Maß   schoss   der Guss   misst   reißen   der Riss   schießen   gießen   maß   reißt   schießt

Infinitiv	Präsens	Präteritum	Nomen
fließen	es fließt – denn: fließen	er floss – denn: flossen	der Fluss – denn: die Flüsse
	er gießt – denn:		
		er riss – denn:	
			der Schuss – denn: die Schüsse
messen			

2 Mit ß oder mit ss? Gehe so vor: *der Fluss|krebs* – denn: *die Flüsse*; *die Fließ|geschwindigkeit* – denn: *fließen*.

die Gie_____kanne   – denn: _____   das Gu_____eisen   – denn: _____

die Ri_____festigkeit – denn: _____   die Rei_____leine   – denn: _____

das Schie_____pulver – denn: _____   die Schu_____linie   – denn: _____

die Me_____latte   – denn: _____   der Ma_____schneider – denn: _____

3 **a** Setze die fehlenden Buchstaben ein: s, ss oder ß?
b Zeichne in die Kreise das Symbol für die Strategie, die du angewendet hast.

Der Fu_ß_baller scho_____ den Ball mit gro_____er Wucht ins Tor. Weil der Torwart gedö_____t hatte, konnte

der Schu_____ zu einem guten Abschlu_____ gebracht werden. Der Schütze lie_____ sich ins Gra_____ fallen

und geno_____ den Beifall der begei_____terten Zuschauer.

i oder *ie?* – Achte auf die erste Silbe

Information **Regeln für Wörter mit *i* oder *ie***

- Die **meisten Wörter mit *i*-Laut** schreibt man **mit einfachem *i*.**
  Man schreibt **immer *i*,** wenn die **erste Silbe** geschlossen ist, z. B.: *der Win ter.*
- Man schreibt **nur *ie*,** wenn die **erste Silbe** offen ist, z. B.: *die Bie ne.*
  Diese Regel gilt **nur für zweisilbige deutsche Wörter.**
- Um die Regel anzuwenden, muss man **einsilbige Wörter verlängern,** z. B.: *der Dieb – die Die be.*

  Wortzusammensetzungen muss man **zerlegen,** z. B.: *der Dieb/stahl – die Die be.*

1 **a** Prüfe durch Schwingen, wie die erste Silbe der folgenden Wörter jeweils gesprochen wird.
b Wie lauten deine Ergebnisse? Ordne die Wörter nach der ersten Silbe und trage sie richtig in die Tabelle ein.

Wortspeicher

hindern • singen • hissen • winseln • missen • schieben • wissen •
binden • lindern • mildern • liegen • schielen

c Kreuze die jeweils richtige Antwort unter der Tabelle an.

Erste Silbe offen	Erste Silbe geschlossen Zwei verschiedene Konsonanten	Zwei gleiche Konsonanten
Man spricht das *i*	Man spricht das *i*	Man spricht das *i*
☐ lang ☐ kurz.	☐ lang ☐ kurz.	☐ lang ☐ kurz.

2 Entscheide: *i* oder *ie*? Beweise durch ein Verlängerungswort.

das R_____nd – denn: _____   der D_____b – denn: _____

das S_____b – denn: _____   das Z_____l – denn: _____

der R_____ss – denn: _____   der B_____ss – denn: _____

der Tr_____b – denn: _____   das T_____r – denn: _____

Der *i*-Laut in Merk- und Fremdwörtern – Achte auf die Silbenzahl

Information	Regeln für Merk- und Fremdwörter mit *i*-Laut

- Die *ie*-Regel lautet, dass man nur *ie* schreibt, wenn **in einem zweisilbigen deutschen Wort** die **erste Silbe offen** ist (▶ S. 93). Werden sie dennoch mit einfachem *i* geschrieben, muss man sie sich merken, z. B.: *Tiger, Biber.*
- **Mehrsilbige Fremdwörter** hingegen **schreibt man in der Regel mit einfachem *i*,** auch wenn die Silbe offen ist und das *i* lang gesprochen wird, z. B.: *die Tur bi̲ ne, die Ma schi̲ ne.*
- Die Endungen *-ie, -ier, -iert* und *-ieren* muss man sich als Ausnahmen **merken.**

1 In der Wörterschlange findest du zweisilbige deutsche Wörter und mehrsilbige Fremdwörter.
a Ordne die Wörter nach der Anzahl ihrer Silben.
b Kreuze anschließend an, ob es sich um zu merkende Wörter oder regelhafte *i*-Schreibungen handelt.

K I N O K I L O B I B E R T I R A M I S U L I M O N A D E P R I M E L T I G E R T E R M I T E N
P A N T O M I M E Z I T R O N E B I B E L A P F E L S I N E B I B L I O T H E K G I R A F F E Z I V I L S I L O

Zweisilber	Mehrsilber

Es handelt sich um Wörter,

☐ die man sich mit *i* merken muss.

☐ die laut Regel nicht mit *ie* geschrieben werden.

Es handelt sich um Wörter,

☐ die man sich mit *i* merken muss.

☐ die laut Regel nicht mit *ie* geschrieben werden.

2 Verbinde diese Wortbausteine mit den Endungen *-ie, -iert, -ieren*. Ordne sie so in deinem Heft.

Garant-	Harmon-	marsch-	Reg-	buchstab-	Strateg-	Melod-	fund-	pik-	pol-	stud-

Wörter mit *-ie*   **Wörter mit *-iert***   **Wörter mit *-ieren***

3 In der folgenden Spielanleitung zum Spiel „Wolak-walik" fehlen fast alle *i*-Laute. Setze sie ein.

D___ses Sp___l w___rd in Indonesien trad___t___onell von Mädchen gesp___lt, g___lt aber auch in anderen Län-

dern als sehr bel___bt. Alle Sp___ler haben die gleiche Anzahl von Sp___lsteinen, z. B. K___sel oder Nüsse.

Zu Beg___nn verteilt ein Sp___ler alle Steine w___llkürlich vor s___ch auf dem Boden. Nur einen Stein behält

man, den Kokojo. D___sen legt man auf den eigenen Handrücken und w___rft ihn hoch in die Luft. Solange

s___ch der Stein in der Luft bef___ndet, muss man möglichst v___le seiner Steine einsammeln. Dann muss man

den Kokojo w___der auffangen, bevor er auf den Boden fällt. Es gew___nnt, wer als Erstes alle Steine einsam-

meln konnte und erst danach den Kokojo wieder auffängt.

Wörter mit *h* – Hören oder merken

Regeln für Wörter mit *h*

- Bei **einsilbigen Wörtern** kann man das *h* **nicht hören.** Wenn man sie **verlängert,** erscheint das *h* bei vielen Wörtern zu Beginn der **zweiten Silbe.** Es **öffnet** diese Silbe **hörbar,** z. B.: *ge<u>h</u>t – denn: ge hen.*
- Bei anderen Wörtern bleibt das *h* **in der ersten Silbe.** Diese Wörter sind **Merkwörter.** Man kann das *h* durch keine Strategie hörbar machen, z. B.: *fah ren, die Boh nen.*
- Das *h* bleibt in **allen Schreibweisen der Wortfamilie erhalten,** z. B.: *der Fa<u>h</u>rer, der Fa<u>h</u>rlehrer.*
- Zusammensetzungen muss man zerlegen und dann verlängern, z. B.: *der Geh|steig – denn: ge hen.*

1 a Unterstreiche in den folgenden Sätzen die Wörter mit hörbarem *h*.
 b Markiere die Wörter mit nicht hörbarem *h* mit dem Strategiezeichen .

Die Fahrer fahren die Autos in die Werkstatt. Wir gehen in die Eisdiele und schlecken ein Eis mit Sahne.

Die Ärzte ziehen die Zähne heute nicht mehr so schnell wie früher.

2 a Prüfe durch Verlängern, welche der folgenden Wörter Merkwörter sind. Markiere sie mit dem Zeichen .
 b Kennzeichne Wörter, deren *h* du durch Verlängern hörbar machen kannst, mit dem Zeichen .

der Rahm • sprüht • der Lohn • das Reh • der Zahn • zahm • geh • sehr • der Kahn • o weh

3 Ordne die Merkwörter mit *h* ihrer Wortfamilie zu. Schreibe sie mit der jeweiligen Ziffer in dein Heft.

①erzählen ②rühren ③wehren ④wählen ⑤bohren

der Erzähler • wehrhaft • die Bohrinsel • er wählt • der Wehrdienst • gerührt • die Bohrmaschine • das Wahljahr • wehrlos • die Wehrpflicht • erzählt • das Rührgerät • das Erzählgerüst • das Bohrloch • der Rührstab • die Wählscheibe • das Wahlergebnis • der Rührkuchen • gebohrt

4 Diese Wörter kann man leicht verwechseln:
Mahl und *Mal, währen* und *wären, Wahl* und *Wal, hohl* und *hol, dehnen* und *denen, ihm* und *im.*
 a Ordne die Wörter nach ihrer Bedeutung in das Wortgitter richtig ein.
 b Kennzeichne im Wortgitter die Merkwörter mit .

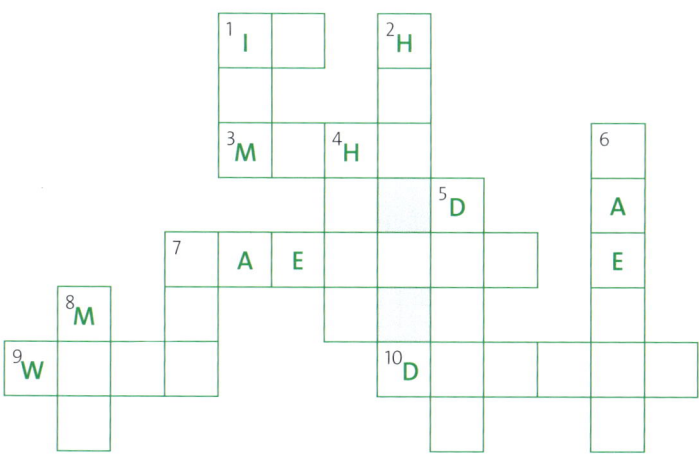

waagerecht:
1 Kurzform für *in dem* **3** Essen
7 dauern **9** Nomen zum Verb *wählen*
10 lang machen

senkrecht:
1 männliches Personalpronomen
2 Befehlsform von *holen* **4** innen leer
5 Relativpronomen im Plural
6 Konjunktivform von *sein*
7 ein Meeressäuger
8 besonderes Erkennungszeichen

5 Bilde mit jedem der Wörter aus Aufgabe 4 einen Satz, sodass die Bedeutung klar wird. Schreibe ins Heft.

Teste dich! – Regelwissen

1 Kreuze an, ob die Aussagen von A bis G richtig oder falsch sind. (7 P.)

		richtig	falsch
A	Doppelkonsonanten schreibt man, wenn die erste Silbe offen ist.	☐	☐
B	Doppelkonsonanten schreibt man, wenn die erste Silbe geschlossen ist.	☐	☐
C	Wenn nach der ersten geschlossenen Silbe zwei verschiedene Konsonanten folgen, verdoppelt man nicht.	☐	☐
D	Das *ie* ist typisch für Fremdwörter.	☐	☐
E	Das *ie* schreibt man in zweisilbigen deutschen Wörtern.	☐	☐
F	Das *ß* ist ein typisch deutscher Buchstabe.	☐	☐
G	Man schreibt *ß* nur, wenn die erste Silbe offen ist und man den *s*-Laut zischt.	☐	☐

2 Im folgenden Text kommen fälschlicherweise nur einfache Konsonanten vor.
Markiere die 13 Fehlerwörter und berichtige sie im Heft. (13 P.)

In Japan könen schon recht junge Menschen mit Stäbchen esen. Wir Europäer dagegen werden damit nicht so leicht sat. Für den Anfänger gibt es einen Trik: Nim ein Stükchen Papier (etwa so groß wie ein
5 Zetel von einem Notizblok) und falte es mehrmals. Es sol dann ungefähr so groß sein wie dein Daumennagel. Dieses gefaltete Papier legst du zwischen die Enden der beiden Stäbchen und umwikelst das

Ganze dann mit einem Gumiband. **VORSICHT FEHLER!** So kanst du die Stäbchen bewegen, aber sie falen dir 10 nicht dauernd einzeln aus der Hand.

3 *s, ss* oder *ß*? Trage die richtige Schreibung der s-Laute in die folgenden Lücken ein. (14 P.)

Wenn man in Afrika zum E___en eingeladen wird, spei___t man mei___tens zusammen mit einer Gro___familie. Alle sitzen auf dem Boden oder auf kleinen Holzschemeln: Zuerst werden Schalen mit Wa___er zum Händewaschen herumgereicht. In der Mitte dampft die gro___e Schü___el mit Rei___ oder Getreidebrei, am Rand liegen Fleischstückchen und die So___e. Jeder i___t an der Stelle, die er von seinem Platz aus erreichen kann. Der Gast beginnt. Statt mit Me___er und Gabel wird mit der rechten Hand gege___en, denn die linke gilt als unsauber. Mit Daumen, Zeige- und Mittelfinger rollt man aus dem klebrigen Reis eine Kugel und arbeitet dabei Fleisch und So___e mit ein. Das mu___ geübt sein, bevor man die Kugel dann elegant zum Mund führen kann.

4 a Vergleiche deine Ergebnisse mit dem Lösungsheft (▶ S. 29).
b Übe erneut die Schreibungen, bei denen du noch Schwierigkeiten hattest.

Groß- und Kleinschreibung

Nomenproben anwenden

Information   Nomen durch Proben erkennen

Nomen schreibt man groß. In Texten erkennt man sie mit der Hilfe von **Proben.**
- **Artikelprobe:** Vor Nomen kann man einen Artikel setzen, z. B.: _der_ Zucker, _die_ Suppe, _das_ Kind.
- **Zählprobe:** Nomen kann man zählen, z. B.: _zwei, drei, zehn, viele, einige_ Ziegen.
- **Adjektivprobe:** Nomen kann man durch Adjektive näher beschreiben, z. B.: die _zickige_ Ziege.
- Hinweis: **Pronomenprobe:** Vor Nomen kann man ein Pronomen setzen, z. B.: _meine_ Ziege.

---

1 Wende die Artikelprobe an. Setze den richtigen Artikel _der, die, das_ vor die folgenden Nomen.
Hinweis: Bei Zusammensetzungen bestimmt der letzte Begriff das Geschlecht (das Genus).

____ Ostküste   ____ Insel   ____ Welt   ____ Zeit   ____ Packeisgürtel   ____ Gegenden   ____ Jahreshälfte

____ Versorgungsschiffe   ____ Land   ____ Einwohner   ____ Dorf   ____ Siedlung   ____ Kleinstadt

____ Gemeinde   ____ Menschen   ____ Fläche   ____ Spur   ____ Weg   ____ Winter   ____ Spur

____ Hundeschlitten   ____ Skiwanderer   ____ Schneemobile   ____ Richtung

---

2   **a** Lies den Text und prüfe, ob du verstehst, um was es geht. Kreuze an:

☐ Ich verstehe nicht, um was es geht.   ☐ Ich kann den Text im Wesentlichen verstehen.

b Füge die Nomen aus Aufgabe 1 ein.

Die ___Ostküste___ der größten _____ der _____ ist die meiste

_____ des Jahres durch einen gigantischen _____ isoliert. Sie ist eine der unwirt-

lichsten und dennoch besiedelten _____ der Welt. Nur in der wärmeren _____

können _____ bis zum _____ vordringen. Wenige _____

leben in dem _____ Tiniteqilaaq, damit ist die _____ hier schon eine mittle-

re _____: Denn insgesamt leben in der gesamten _____ Ammassalik nur etwa dreitau-

sendfünfhundert _____. Ihre _____ aber ist sechsmal größer als Deutschland. Keine _____,

kein _____ führt nach Tiniteqilaaq. Im _____ ist es nur eine _____ der _____

_____, _____ und _____, die die _____ weist.

---

3   **a** Unterstreiche im Text zu Aufgabe 2 mindestens drei Nomen, die ein Numerale (Zahlwort) als Begleiter haben.
b Umrahme Nomen, die von einem [Adjektiv] begleitet werden.
c Umkreise drei (Nomen ohne Begleiter). Beweise durch eine der Proben, dass es sich um Nomen handelt.

Nomenendungen erkennen

Information	Typische Nomenendungen

Wörter mit den **Endungen** *-heit, -keit, -nis, -schaft, -tum, -in, -ung* sind Nomen, z. B.: *Umgebung*.

1 a Im Wortgitter findest du zwanzig Wörter, an die du eine der Nomenendungen anhängen kannst. Markiere sie.

Z	X	S	Ä	S	L	U	M	G	E	B	E	N	E
N	V	N	F	R	E	U	N	D	R	E	I	C	H
B	F	R	E	U	N	D	L	I	C	H	Z	W	O
I	T	E	R	E	I	G	N	E	N	L	A	N	D
T	F	F	I	Y	B	R	A	U	C	H	M	F	K
B	I	T	T	E	R	C	L	I	R	R	E	N	D
I	G	Z	Ü	B	E	R	R	A	S	C	H	E	N
U	P	A	U	S	G	R	A	B	E	N	A	M	H
E	R	Z	E	U	G	E	N	E	I	G	E	N	X
D	H	E	I	T	E	R	F	I	N	S	T	E	R
E	R	B	E	N	R	E	I	N	S	A	M	T	L
H	F	C	E	R	L	E	B	E	N	Y	V	Z	F
H	H	Y	M	T	N	I	Ä	D	U	N	K	E	L
N	A	C	H	S	I	C	H	T	I	G	Y	P	Q

b Bilde im Heft Nomen: Füge an zehn Wörter sinnvoll eine der Endungen *-heit, -keit, -nis, -schaft, -tum, -ung* an.

2 Im folgenden Text sind 15 Nomen fälschlicherweise kleingeschrieben. Markiere diese Wörter.

VORSICHT FEHLER!

Ein typischer Wintertag für die Inuit bedeutet Leben in ständiger finsternis. Die Mittagszeit erkennt man nur an einer ganz schwachen erleuchtung am südlichen Horizont. Die bedeutung dieser ständigen dun-
5 kelheit entzieht sich eigentlich unserer vorstellung. Wir können wohl nur erahnen, was es heißt, in monatelanger sonnenlosigkeit zu leben. Dazu kommt die klirrende Kälte in einer von Eis und Schnee geprägten landschaft. Da ist es nachvollziehbar, dass
10 die Inuit sich in die gemütlichkeit ihrer Häuser zurückziehen.
Früher fanden sie die geborgenheit in ihren Iglus, in denen eine kleine Feuerstelle für die helligkeit sorgte. Iglus sorgen, obwohl
15 sie aus Schnee gebaut sind, für behaglichkeit und Wärme. Und geselligkeit und gastfreundschaft waren den Inuit in ihren Iglus wichtig, denn vor allem die sozialen Kontakte schafften abwechslung. Hierbei wurden die alten Geschichten und Märchen er-
20 zählt und an die nachfolgende Generation weitergegeben. Heute werden Projekte für Jugendliche organisiert, damit diese in der einsamkeit der Eiswüste wieder zu sich und ihren Wurzeln finden.

Aus Verben und Adjektiven Nomen bilden

Methode	Nominalisierungen erkennen

Verben und Adjektive kann man **wie Nomen gebrauchen.** Solche **Nominalisierungen schreibt man groß.**
Nominalisierte Verben und Adjektive erkennt man an ihren Begleitern. Sinnvoll sind die **Nomenproben:**
- **Artikelprobe,** z. B.: _Das Suchen von Nahrung in der Eiswüste ist hart._
- **Adjektivprobe,** z. B.: _Kräftiges Reiben kann bei Eiseskälte helfen._
- **Zählprobe:** Adjektive werden oft mit unbestimmten Zahlwörtern verwendet, z. B.: _Ich esse **etwas Kaltes.**_

1
a Unterstreiche in dem folgenden Text sieben Nomen mit der typischen Endung _-ung._
b Kennzeichne verschiedenfarbig fünf Verben und ein Adjektiv, die im Text als Nomen gebraucht werden.

Inuit mussten früher in ihrem Lebensraum einen ständigen Kampf ums Überleben führen. Das Beschaffen der Nahrung machte vor allem im Winter große Probleme. Durch ihre lange Erfahrung gelang es ihnen, aus der zur Verfügung stehenden Nahrung alles zu gewinnen, was sie für die Erhaltung ihrer Gesundheit brauchten.

Das Wichtigste für ihre Ernährung war rohes Fleisch. Das Garen von Fleisch zerstört Vitamine und andere Nährstoffe. Isst man es roh, wird der Körper mit wichtigen Stoffen versorgt, und ein Ausgleichen mit Obst und Gemüse wird unnötig. Inuit aßen manche Stücke ihrer erlegten Tiere sogar blutig, vor allem solche, die richtige Vitaminbomben sind. Die fettige Unterhaut von Walen enthält mehr Vitamin C als Zitrusfrüchte. Sie wurde getrocknet und verhinderte somit zuverlässig Mangelerscheinungen wie Skorbut. Im Sommer bot das Sammeln von Beeren eine wichtige Ergänzung zum gesunden Essen.

2 Das Jugendbuch „Red Fox und der weiße Bär", geschrieben von Robin Lloyd-Jones, spielt im 19. Jahrhundert auf einem Schiff in der Arktis. Darin wird die Hauptfigur Adam von den zwei Inuit Pipaluk und Qortoq gerettet.
a Lies den folgenden Auszug und mache dir klar, welches Thema er mit dem Text zu Aufgabe 1 gemeinsam hat.

Bis jetzt hatte Adam dank Pipaluks Vorsorge weder Skorbut noch Erfrierungen bekommen. Sie und Qortoq und auch niemand sonst aus ihrer Gemeinschaft hätten jemals das gehabt, was die Qallunaat[1] Skorbut nannten, hatten sie Adam erklärt. Wenn er das gleiche Essen wie sie äße, würde er vielleicht auch keinen Skorbut bekommen. Sie hatte darauf bestanden, ihn fast dazu gezwungen, Brocken von rohem Walross- oder Seehundfleisch herunterzuwürgen. „Wie alte Seestiefel in Petroleum getränkt!", hatte er erklärt und das Gesicht verzogen. Aber ihr Ausdruck war so entschieden gewesen, dass er es heruntergeschluckt hatte.

Nun teilte er regelmäßig seine Mahlzeit mit Qortoq und Pipaluk und konnte ziemliche Mengen Speck herunterbekommen, ohne Übelkeit zu empfinden.

---

1 Qallunaat: Ausdruck der Inuit für die Weißen

b Formuliere in deinem Heft drei zum Text passende Sätze, in denen Verben oder Adjektive nominalisiert sind,
z. B.: _Das Vorsorgen gegen Skorbut war für die Inuit etwas Überlebenswichtiges._

Wortspeicher

~~das Vorsorgen~~ • das Herunterwürgen • das Verhindern • das Zwingen • das Essen •
etwas Schreckliches • etwas Ekliges • etwas Wichtiges • ~~etwas Überlebenswichtiges~~ • genug Gesundes

Teste dich! – Groß- oder Kleinschreibung?

1 In dem Jugendbuch „Red Fox und der weiße Bär" sitzt das Schiff von Adam in der Arktis fest.
Er macht sich mit den anderen auf, um zum Überleben Seehunde zu jagen.

   a Markiere im Text alle 17 Nomen und die beiden Namen. (19 P.)

Als sie nach drei stunden immer noch kein allut gefunden hatten, das noch genutzt wurde, hielten sie an. Qortoq und Pipaluk machten sich daran, ein schneehaus zu

5 bauen, wobei sie alle hilfsangebote ablehnten und sagten, alleine wären sie schneller damit fertig. Pipaluk packte die seehundfelle aus, die Qortoq von seinen früheren fängen aufgehoben hatte, legte sie auf die

bänke aus schnee, die an der innenwand des 10 illuliaq gebaut waren, und zündete einen docht an, der aus einer kleinen schale mit seehundfett herausragte. Da die felle nicht ausreichend behandelt worden waren, verströmten sie einen strengen geruch. Nach- 15 dem sie gegessen hatten, legten sie sich auf die schneebänke. Es war erstaunlich warm und behaglich in ihrem kleinen bienenkorb.

   b Markiere verschiedenfarbig folgende Begleiter von Nomen: vier Adjektive und drei Zahlwörter. (7 P.)
   c An welchen Begleitern erkennst du, dass „Allut" (Seehund) und „Illuliaq" (Iglu) Nomen sind? (2 P.)

2 **a** Umrahme im folgenden Text drei Nomen zum Thema „Iglubau" mit einer typischen Endung. (3 P.)
   b Unterstreiche vier nominalisierte Verben und ein nominalisiertes Adjektiv. (5 P.)

Voraussetzung für das Bauen eines Iglus in einer Schneelandschaft ist das Suchen eines geeigneten Platzes. Hat man ihn gefunden, folgt das Zeichnen einer kreisrunden Fläche, die so groß wie der spätere

5 Igluboden sein muss. Dabei ist die Verwendung von Skistock und Schnur hilfreich. Danach folgt das Aus-

schneiden von Schneeblöcken. Sie werden so um den Kreis gestapelt, dass die Mitte der Eisblöcke die gezeichnete Linie berührt. Die unterste Blockreihe trägt alle anderen Schneeblöcke und muss deshalb 10 ganz stabil sein. Das Beste ist eine leichte Neigung nach vorn.

3 **a** Markiere in der Fortsetzung des Textes zum Iglubau zehn Fehler in der Großschreibung. (10 P.)
   b Beweise durch eine der Nomenproben, dass drei von dir gefundene Wörter Nomen sind. (3 P.)

Auf die erste blocklinie werden nun von innen weitere Blöcke in einer spirale gesetzt. Der iglubauer baut sich also selber zu. Er muss

5 darauf achten, dass alle Blöcke Kontakt zueinander haben. Günstig ist eine neigung der Blöcke nach innen. Wenn der Iglubaumeister im Iglu stehen kann,

setzt er von innen den letzten Block. Den schiebt er mit der schmalen seite durch das Loch und setzt ihn 10 mit der breiteren Seite in die Lücke. Nun sorgen löcher und Spalten noch für Zugluft. Deshalb müssen alle öffnungen mit Schnee verschlossen werden. Zum schluss gräbt man den eingang, der tiefer liegt als der Boden, damit die warme luft nicht aus dem 15 Iglu verschwindet.

4 Prüfe deine Lösungen und die Punktzahl mit Hilfe des Lösungshefts (▶ S. 30).

Getrennt- und Zusammenschreibung

Zusammenschreibung – *los + fahren = losfahren*

Information	Zusammenschreibung

Zusammen schreibt man folgende **Verbindungen:**
- **aus Nomen und Nomen,** z. B.: *Eis + Wüste = die Eiswüste.*
- **mit Adjektiven,** z. B.: *Kornblumen + blau = kornblumenblau, hell + blau = hellblau.*
- **von Verben mit unveränderlichen Wörtern,** z. B.: *hin + gehen = hingehen.*
  Hinweis: Wenn man bei Verben das erste Wort nicht verlängern kann, schreibt man zusammen.

1 Bilde im Heft aus den folgenden Nomen möglichst viele sinnvolle Zusammensetzungen, z. B.: *die Rosinenb…*

Wortspeicher

das Petroleum • das Wunder • die Bilder • die Kinder • die Lampen • die Kerzen • der Rahmen • die Rechte •
die Rosinen • die Lichter • die Dochte • der Morgen • die Falte • die Brote • der Rock • die Sonne • die Kette

2 Wie können Farben sein? Stelle mit den Farbadjektiven *rot* und *blau* zehn Farben deiner Wahl zusammen.

Wasser • tief • Himmel • hell • Kornblumen • schwarz • Feuer • Tomate • Blut • dunkel • Backstein • Alarm	+	rot blau

3 **a** Markiere die unveränderlichen Wörter im Wortgitter.
b Wähle fünf aus und verbinde sie mit einem der Verben.

Verben

gehen • laufen • fahren •
springen • lassen

V	C	F	Z	U	M	H	E	R	I	M	L	O	S
A	U	S	K	A	N	L	L	Y	H	Ä	A	B	N
R	Ä	R	W	D	A	N	E	B	E	N	X	D	A
C	R	Ä	Ä	Z	K	L	G	H	I	N	A	U	F
Y	U	J	D	I	T	E	I	N	C	M	I	T	Q
W	D	C	I	L	E	C	A	U	F	S	S	X	D
I	P	R	Z	U	R	Ü	C	K	R	Q	T	T	F
K	N	T	U	B	Ä	P	W	C	Z	Ä	I	D	X
H	L	H	E	R	U	N	T	E	R	V	Z	K	L
G	U	M	T	T	B	E	I	T	H	F	Ä	H	Ä
G	R	B	T	M	C	Ö	Y	D	H	E	R	A	B
Y	B	G	V	O	R	J	X	Ö	O	Q	W	E	G
H	C	E	N	T	G	E	G	E	N	B	P	L	B
H	E	R	A	N	V	T	Z	H	E	R	U	M	L

umherfahren, umgehen, …

101

Stärken stärken: Zusammenschreibung

●○○ 1 **a** Lies noch einmal die Regeln zur Zusammenschreibung in der Information auf Seite 101.
　　 b Bestimme die markierten Wortzusammensetzungen im Text unten. Schreibe in die Klammern hinter das Wort:
　　　 A für Nomen + Nomen, *B* für Nomen + Adjektiv, *C* für Adjektiv + Adjektiv, *D* für unveränderliches Wort + Verb.

Skilaufen in Afghanistan

Skilaufen ist in Afghanistan eigentlich unbekannt. Aber seit einiger

Zeit gibt es in der Provinz Bamiyan einen Landeswettbewerb (＿＿)

im Skirennen. Die afghanischen Jugendlichen warten ungeduldig

auf den Startschuss (＿＿). Sie wollen loslaufen (＿＿) und bewei-

sen, dass sie gute Skiläufer geworden sind. Die Luft ist kristallklar (＿＿) und die Berge glitzern tiefblau (＿＿)

in der Sonne. Die afghanischen Läufer lösen sich blitzschnell (＿＿) aus der Startergruppe (＿＿) und können

den anderen Teilnehmern ohne Mühe davonklettern (＿＿), denn sie sind an die dünne Luft angepasst. Wäh-

rend sich Teilnehmer aus anderen Ländern den Berg hinaufquälen (＿＿), können die Afghanen schon wieder

den Hang hinunterrasen (＿＿).

●●○ 2 Bilde mit Hilfe der vier Wörterkästen Zusammensetzungen. Ordne sie im Heft in eine Tabelle wie folgt ein.

A **Nomen + Nomen**	B **Nomen + Adjektiv**	C **Adjektiv + Adjektiv**	D **unveränderliches Wort + Verb**	
Korn • Blumen • Feld • Regen • Sonnen • Bananen • Wasser • Himmel • Linie • Kohle • Blüte • Schlangen • Biss • Hagel • Körner • Tropfen • Blut		blau • hell • mittel • dunkel • schwarz • weiß • gelb • rot	an • ab • vorbei • hin • los • weiter • zurück	laufen • rennen • spielen • fahren

●●● 3 Entscheide: Getrennt oder zusammen? Setze die Wörter mit + richtig in die Lücken ein.
　　 Achte auf die Groß- und Kleinschreibung.

Ein afghanischer *Renn+Läufer* ＿＿＿＿＿＿＿＿＿ nach dem anderen *über+quert* ＿＿＿＿＿＿＿＿＿ die

Ziel+Linie ＿＿＿＿＿＿＿＿＿ und alle freuen sich. Der *Sport+Wettbewerb* ＿＿＿＿＿＿＿＿＿＿＿＿

soll den jungen Afghanen die *Chance+bieten* ＿＿＿＿＿＿＿＿＿＿＿＿＿, in ihrer Heimat Geld zu ver-

dienen und dort zu *über+leben* ＿＿＿＿＿＿＿＿＿. Was sich eigentlich unwahrscheinlich anhört, scheint

ein *Erfolg+reiches* ＿＿＿＿＿＿＿＿＿＿＿＿ Projekt zu werden. Man will den Tourismus *an+locken*

＿＿＿＿＿＿＿＿＿ und damit Arbeitsplätze schaffen.

Getrenntschreibung – *da sein* und *Dinge erledigen*

Information	Getrenntschreibung

Getrennt schreibt man in der Regel folgende **Verbindungen:**
- **von Nomen und Verben,** z. B.: *Aufgaben machen, Fußball spielen …*
- **von Verben und Verben,** z. B.: *einkaufen gehen, arbeiten müssen, …*
- **alle Zusammenstellungen mit „sein",** z. B.: *da sein, weg sein, fröhlich sein, …*

1 Verbinde im Heft die Nomen sinnvoll mit den folgenden Verben.

Nomen: Fahrrad • Kartoffeln • Hausaufgaben • Tisch • Socken • Tennis • Zimmer • Aufgaben
Verben: aufräumen • machen • schälen • lösen • decken • stricken • spielen • fahren

2 **a** Verbinde mit Pfeilen die folgenden Verben so, dass sie einen Sinn ergeben.
Wähle für jedes Verb in der oberen Reihe eine Möglichkeit.

einkaufen • bleiben • laufen • lernen • schwimmen • putzen • vorsingen • denken • stehen • arbeiten

dürfen • lassen • müssen • gehen • wollen • sollen • mögen • üben • trainieren • können

b Ergänze die Sätze unten sinnvoll um zwei Verben aus Aufgabe 2 a.

1 Der Lehrer meint, dass die Kinder nicht _____ .

2 Karina und Cara mögen nicht daran denken, dass sie _____ .

3 Luis und Mustafa kriegen gute Laune, weil sie _____ .

3 In dem Wortgitter findest du zwölf Wörter, die häufig mit „sein" verbunden werden.
Markiere sie und schreibe sie auf die Linien neben das Gitter.

W	A	U	S	L	W	H	A	T	H	U
I	Ö	B	K	T	W	U	Q	E	Ä	J
E	Y	Z	U	S	A	M	M	E	N	Q
L	Z	U	R	Ü	C	K	G	H	S	Y
F	E	R	T	I	G	J	R	T	J	J
C	G	B	E	R	E	I	T	Z	C	A
E	D	A	V	V	O	R	B	E	I	H
K	Y	D	R	T	D	A	B	E	I	A
G	S	Ö	F	H	I	N	Ü	B	E	R
A	N	A	U	F	R	H	I	E	R	E
N	N	A	Ä	K	I	F	B	I	J	B

aus sein, …

_____

_____

_____

_____

_____

_____

_____

Stärken stärken: Getrenntschreibung

●○○ 1 **a** Lies noch einmal die Regeln zur Getrenntschreibung in der Information auf Seite 103.
b Um welche Verbindungen handelt es sich bei den markierten Wörtern in den Sätzen unten? Schreibe in die Klammern hinter den Verbindungen: *A* für Nomen + Verb, *B* für Verb + Verb, *C* für Verbindung mit „sein".

1 Wenn du am Nachmittag kommen möchtest (___), werde ich da sein (___).

2 Wir können zuerst die Hausaufgaben machen (___) und uns dann etwas vornehmen.

3 Wir haben die Wahl zwischen Fahrrad fahren (___) und schwimmen gehen (___).

4 Gegen 18:00 Uhr muss ich aber wegen des Fußballtrainings wieder zurück sein (___).

●●○ 2 Bilde mit Hilfe der Wörterkästen je sechs Wortverbindungen. Ordne sie richtig in die folgende Tabelle ein.

	machen • backen • kochen • grillen • holen • denken • laufen • schwimmen • üben • spielen + wollen • müssen • lernen	
Betten • Kuchen • Gemüse • Fleisch • Brötchen • Karten • Fußball • Hausaufgaben • Ski		da • dabei • vorbei • zurück • fertig • zusammen • hinüber • aus • an • auf • bereit • hier

A Nomen + Verb	B Verb + Verb	C Verbindungen mit „sein"
_____	_____	_____
_____	_____	_____
_____	_____	_____
_____	_____	_____
_____	_____	_____
_____	_____	_____

●●● 3 Ergänze die folgenden Sätze A bis C sinnvoll mit Wortverbindungen. Nutze den Wortspeicher.

> **Wortspeicher**
>
> Kleidung • essen • Tisch • auslüften • genervt • sein • nehmen • können • müssen • decken

A Wenn ich von der Arbeit komme, muss ich meine _____, weil sie riecht.

B Für das Abendbrot werde ich den _____, damit ich mit meiner Familie

zusammen _____.

C Ich will nicht ständig _____ und ich will auch nicht immer Rück-

sicht _____.

Teste dich! – Getrennt oder zusammen?

1 Im folgenden Text findest du zehn zusammengesetzte Nomen. Markiere sie. (10 P.)

Heute verbinden wir oft mit Afghanistan Zerstörung und Krieg. Aber das war nicht immer so. Früher reisten viele Auslandstouristen an, um sich die Naturschönheit der Berglandschaft anzusehen. Die Provinzhauptstadt Bamiyan war ein wichtiger Reiseknotenpunkt. Jetzt soll der Tourismus wieder entwickelt werden, und zwar durch den Wintersport. Dabei konnte in Bamiyan niemand Ski laufen, aber der 49-jährige Italiener Rollando hat sich in den Kopf gesetzt, es den jungen Afghanen beizubringen und ihnen als Bergführer, Skilehrer oder Bergretter eine Lebensgrundlage in ihrer Heimat zu geben. Insgesamt 36 Jugendliche trainieren für diese Aufgabe in der Zukunft.

2 Entscheide: Getrennt oder zusammen? Setze die Wörter mit + richtig in die Lücken ein. (8 P.)

Ein *Ski + Gebiet* _____ in den Koh-e-Baba-Bergen könnte den verarmten *Berg + Bewohnern*

_____ im Winter zu einem Einkommen verhelfen, wenn ihre Felder ungenutzt *liegen +*

bleiben _____. Die Politiker, die für das Gebiet *zuständig + sind* _____,

wollen den Tourismus auf jeden Fall *an + kurbeln* _____ und *unter + stützen*

_____. Reiterspiele und Festivals sollen die Touristen *an + locken* _____,

aber so richtig viel Erfolg hatten sie noch nicht. Deshalb freuen sie sich über die Jugendlichen, die voller Begeisterung trainieren und sich auf ihre zukünftige Aufgabe *vorbereiten + wollen* _____.

3 Welcher Grund liegt für die Zusammenschreibung bzw. Getrenntschreibung im folgenden Text vor? Ordne den markierten Wörtern in Klammern den richtigen Buchstaben A, B, C oder D zu. (9 P.)

A Zusammensetzung von Nomen
B Zusammensetzung von Adjektiven
C Zusammensetzungen von Verben
D Zusammensetzung von Verben und unveränderlichen Wörtern

Für viele junge Afghanen war es völlig unbekannt, dass man auf den Berghängen (___) Ski fahren kann. Sie

dachten, dass sie wie ihre Väter und Großväter Kartoffeln anbauen müssten (___). Das bedeutete aber auch

meist, im Winter bitterarm (___) zu sein. Der 19-jährige Sayed Ali Shah, der unbedingt in Kabul zur Schule

gehen wollte (___), traf den Bergführer Ferdinando Rollando und ließ sich überreden (___), das Skilaufen zu

lernen. Heute trainiert er die Jungen aus der Gegend. Auch junge Bergführer werden ausgebildet (___), die

Gruppen von Wanderern in die Berge begleiten. Sie wissen, wie man Lawinensuchgeräte (___) bedient, und die

Schafhirten im Tal sind für den Fall vorbereitet (___), dass sie Touristen aus dem Schnee retten müssen (___).

4 Prüfe deine Lösungen und die Punktezahl mit Hilfe des Lösungshefts (▸ S. 31).

Fit für Tests

So kannst du mit der folgenden Einheit üben:

1 Arbeite den gesamten Test auf einmal durch.
2 Nimm dir fünf Minuten Zeit, um den Text zu lesen.
3 Nimm dir 45 Minuten Zeit, um die Aufgaben (▶ S. 107 bis 111) zu bearbeiten.
4 Stoppe die Zeit. Bleibe nicht an einer Aufgabe „hängen".
5 Lies die jeweilige Aufgabenstellung genau durch. Unterstreiche Wörter, die dir sagen, was du tun musst.
6 Löse am Schluss die Aufgaben, die du noch nicht bearbeitet hast.

Feuer

1 Der Mensch hat das Feuer nicht erfunden – er hat es als Nutzmittel für sich entdeckt. Einige Funde deuten darauf hin, dass der „Homo erectus" bereits vor 1,5 Millionen Jahren die Kraft des Feuers ge-
5 brauchte. Es erhellte ihm das Dunkel, schützte ihn vor Kälte und Tieren und half ihm, seine Speisen genießbar und verdaulich zuzubereiten. Mit Hilfe des Feuers konnte er in Regionen leben, in denen er sonst kaum überlebt hätte. Doch die Fra-
10 ge, ab wann es dem Menschen gelang, Feuer selbstständig zu entfachen, wird auch unter den Forschern noch heftig diskutiert. Viele gehen davon aus, dass dies schon dem Neandertaler mit Hilfe von Feuersteinen vor 40 000 Jahren möglich
15 war.

2 Für ein Feuer sind drei Dinge erforderlich: Brennstoff, Hitze und Sauerstoff. Um ein Feuer in Gang zu setzen, braucht man eine Initialzündung oder Startwärme, mit der der chemische Verbren-
20 nungsprozess des Brennstoffs startet und in einer Art Kettenreaktion fortläuft. Eine Initialzündung kann in der Natur beispielsweise ein Blitz sein, der in einen Baum einschlägt. Das Feuer brennt nun aus sich selbst heraus, bis eine der drei
25 Voraussetzungen – Brennstoff, Hitze oder Sauerstoff – nicht mehr vorhanden ist.

3 Ist das Feuer erst einmal entfacht, kann es schnell außer Kontrolle geraten und innerhalb weniger Minuten für den Menschen lebensgefährliche
30 Ausmaße annehmen. Um einen Brand zu löschen, muss man ihm entweder die Wärme, den Brennstoff oder den Sauerstoff entziehen. Das beste Löschmittel ist häufig Wasser: Es ist billig, umweltfreundlich und fast überall verfügbar.
35 Sprüht man Wasser auf etwas Brennendes, wird der Flamme Energie entzogen – und zwar so viel, bis nicht mehr genug Energie vorhanden ist, um zusammen mit Brennstoff und Sauerstoff das Feuer anzuheizen. Wird Wasser beispielsweise auf ein Stück glühende Holzkohle gesprüht, kühlt 40 der Brennstoff die Kohle immer mehr ab. Die Flamme wird kleiner, bis sie schließlich erlischt. Das heißt, Wasser löscht, weil es kühl ist, und nicht, weil es nass ist.

4 Aber es gibt auch Feuer, die man niemals mit Was- 45 ser löschen sollte, zum Beispiel Flüssigkeitsbrände. Hierbei kann es zu Explosionen kommen. Bei Fettbränden können meterhohe Stichflammen entstehen: Die Wassertropfen dringen in die heiße Flüssigkeit ein und verdampfen in Bruchteilen 50 von Sekunden, wobei sie sich stark ausdehnen. Dadurch werden Brennstoffteilchen in die Luft gerissen, die beim Kontakt mit dem Sauerstoff in der Luft sofort explodieren. Flüssigkeitsbrände löscht man mit Schaum. Dieser trennt den Brennstoff 55 vom Sauerstoff ab. Ein Fettbrand in der Pfanne kann gelöscht werden, indem man einfach einen Deckel auf die Pfanne setzt. Dadurch wird dem Feuer die Luft genommen.

5 Ein Feuer im Haushalt ist schnell entfacht. Eine 60 brennende Zigarette fällt auf den Boden, Kinder zündeln mit Streichhölzern, eine Kerze wird vergessen, ein veraltetes Elektrogerät verursacht

einen Schwel- oder Kabelbrand. Feuerlöscher sollten deshalb im Haushalt stets griffbereit sein. Häufig kommt es nachts zu Bränden und die Brandopfer werden im Schlaf überrascht. Oft werden die Betroffenen durch die Kohlenmonoxide bewusstlos, bevor sie durch Hustenreize aufwachen, und sterben nicht durch die Flammen, sondern an den Folgen der Rauchvergiftung. Rauchmelder können deshalb zu Lebensrettern werden – sie arbeiten optisch und geben einen schrillen Signalton ab, sobald Rauchpartikel in ihre Messkammern eintreten.

1. Teil: Textverständnis   22 Punkte

Aufgabe 1   2 Punkte

Kreuze die zwei richtigen Aussagen an.

Der Autor des Textes

A ☐ informiert darüber, was Feuer für den Menschen bedeutet.

B ☐ fordert dazu auf, Feuer immer ganz umweltfreundlich mit Wasser zu löschen.

C ☐ glaubt nicht, dass die Brandgefahr in den Griff zu bekommen ist.

D ☐ erklärt, dass Menschen auch ohne das Feuer auskommen könnten.

E ☐ gibt sachlich genau begründete Hinweise für verschiedene Löschmethoden.

F ☐ erklärt, wie der Mensch das Feuer erfunden hat.

☐ Punkte

Aufgabe 2   5 Punkte

Die folgenden Überschriften zu den Textabschnitten sind durcheinandergeraten.
Ordne jeder Überschrift die Nummer des entsprechenden Textabschnitts zu.

A ☐ Brandschutz im Haushalt   D ☐ Weitere Löschmethoden

B ☐ Feuer löschen mit Wasser   E ☐ Entdeckung des Feuers

C ☐ Der Verbrennungsprozess

☐ Punkte

Aufgabe 3   5 Punkte

Vervollständige den folgenden Satz mit genauen Informationen aus dem Text:

Der „Homo erectus" nutzte vor 1,5 Millionen Jahren das Feuer, um

_____

_____

_____

☐ Punkte

Aufgabe 4   5 Punkte

Hier siehst du zwei Symbole für „Brandklassen". Womit kann man den Brand der Klasse A
und womit den Brand der Klasse F am besten löschen? (Die Hinweise findest du im Text.)

Hier brennt _____, es lässt sich mit

_____ löschen.

Hier brennt _____, es lässt sich mit _____

oder_____ löschen.   ☐ Punkte

Aufgabe 5   5 Punkte

Das Schaubild stellt das Ausmaß der Waldbrände in Deutschland zwischen 1991 und 2008 dar.
Setze in die Textlücken Informationen und Zahlen ein, die du in der Grafik finden kannst.

Die Anzahl der Waldbrände erreichte ihren Höhepunkt in der vorliegenden Statistik im Jahr_____. Damals

wurden 3 012 Brände registriert. Über 1000 ha Fläche wurden jeweils in den Jahren 1992, 1993, 1994, _____

und 2003 vernichtet. In den Jahren 2002 und 2005 war die Anzahl der Waldbrände _____,

in diesen Jahren wurden jeweils ca. _____ Waldbrände festgestellt. Besonders auffallend in der Statistik

ist das Jahr 2003: Damals war die _____ besonders groß.

Waldbrandgeschehen in Deutschland von 1991 bis 2008

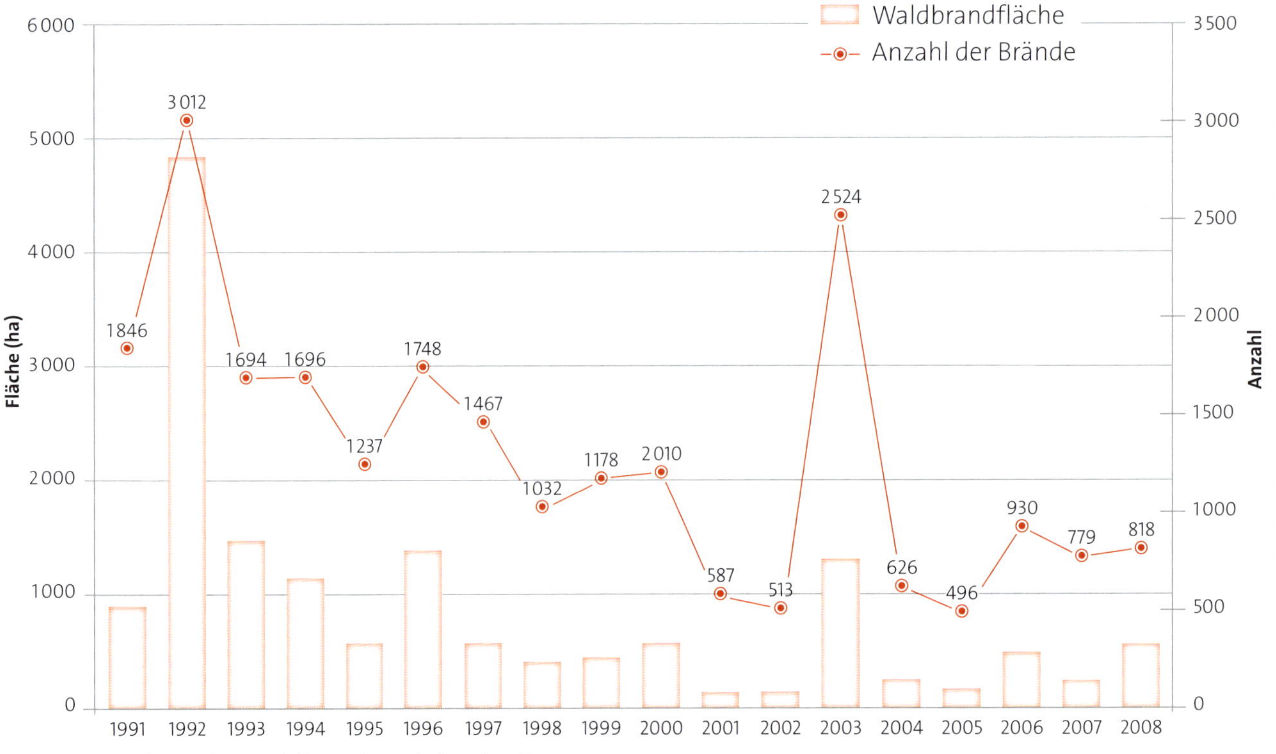

☐ Waldbrandfläche
—●— Anzahl der Brände

Quelle: Bundesanstalt für Landwirtschaft und Ernährung

☐ Punkte

2. Teil: Schreiben   16 Punkte

Aufgabe 6   6 Punkte

Ersetze die unterstrichenen Wörter durch je ein ähnliches oder gleichbedeutendes und schreibe den ganzen Satz auf.

A Die Forscher <u>nehmen an</u>, dass schon der Neandertaler Feuer <u>entfachen</u> konnte.

_____

B <u>Gibt</u> man Wasser auf etwas Brennendes, wird der Flamme Energie <u>entzogen</u>.

_____

C Feuerlöscher sollten im Haushalt immer <u>griffbereit</u> sein, um kleine Brände sofort <u>löschen</u> zu können.

_____

_____ [   ] Punkte

Aufgabe 7   4 Punkte

Erkläre die folgenden Redewendungen. Ein Beispiel ist vorgegeben.

A Er fing Feuer.   *Er war ganz begeistert von der Sache.* _____

B Es brennt mir auf den Nägeln.   _____

C Sie ließ mich schmoren.   _____

D Ich bin Feuer und Flamme.   _____

E Die Wunde brennt.   _____ [   ] Punkte

Aufgabe 8   4 Punkte

Suche jeweils ein passendes Wort aus dem Wortspeicher und setze es sinnvoll in die Lücke ein.

A Es interessiert mich _____   C Benzin ist leicht _____

B Diese Tonfigur ist bereits _____   D Die Situation ist sehr _____!

Wortspeicher

> verbrannt • brennbar • brenzlig • brennend • gebrannt • abgebrannt

[   ] Punkte

Aufgabe 9   2 Punkte

Bringe die Verben ihrer Bedeutung entsprechend in eine absteigende Reihenfolge.

Wortspeicher

> ~~erlöschen~~ • glimmen • flackern • glühen • schwelen • ~~lodern~~

lodern

erlöschen   [   ] Punkte

3. Teil: Rechtschreibung und Zeichensetzung

15 Punkte

Aufgabe 10

5 Punkte

Streiche die fünf falsch geschriebenen Wörter im Text durch und schreibe sie verbessert auf die Linien daneben.

VORSICHT FEHLER!

> „Wohltätig ist des Feuers Macht, wenn Sie der Mensch
>
> bezähmt, bewacht!", heisst es bei dem Dichter Friedrich
>
> Schiller – eine Weißheit, die sich bis heute bewehrt hat.
>
> Das Feuer ist nützlich, aber schon eine kleine Unvor-
>
> sichtigkeit beim umgehen mit Feuer kann schreckliche
>
> Verwüstungen anrichten.

_____

_____

_____

_____

_____

☐ Punkte

Aufgabe 11

4 Punkte

Setze die vier fehlenden Kommas. Vorsicht: Zu viel gesetzte Kommas ergeben Punktabzug!

Im Mittelalter kamen Großbrände bei denen ganze Stadtviertel abbrannten sehr oft vor. Erst ab dem 14. Jahrhundert brannte es seltener da nun Stein immer mehr das Holz als Baumaterial ersetzte. Brandschutzverordnungen enthielten lange Zeit zum Beispiel die Bestimmung dass nachts alle Feuer ausgemacht werden mussten.

☐ Punkte

Aufgabe 12

3 Punkte

Kennzeichne alle möglichen Trennungen in den folgenden Nomen durch einen senkrechten Strich:

| F e u e r w e h r s p r i t z e • B r a n d s t i f t u n g • N a c h t w ä c h t e r | ☐ Punkte |

Aufgabe 13

3 Punkte

Ergänze in den folgenden Sätzen bei der wörtliche Rede bzw. beim Zitat oder Titel die Anführungszeichen und die erforderlichen Satzzeichen:

A Oft wurden die Stadtbewohner mit dem Ruf Feurio! aus dem Schlaf gerissen.
B Bildet vom Brunnen aus eine Kette mit Wassereimern befahl der Brandmeister und reicht sie rasch weiter
C In seinem Lied von der Glocke schildert Friedrich Schiller die Situation bei einem verheerenden Brand.

☐ Punkte

4. Teil: Grammatik   8 Punkte

Aufgabe 14   2 Punkte

Bestimme die Art der unterstrichenen Adverbialsätze.

A <u>Weil die mittelalterlichen Städte eng gebaut waren</u>, stieg die Brandgefahr.

_____

B <u>Nachdem die Brände gelöscht waren</u>, wurde erst das ganze Ausmaß der Schäden sichtbar.

_____

Aufgabe 15   4 Punkte

Kreuze jeweils an, ob es sich um einen Aktiv- oder einen Passivsatz handelt, und wandle Aktivsätze in Passivsätze sowie Passivsätze in Aktivsätze um.

                                                        Aktiv Passiv

A Noch heute berichten die Medien jeden Sommer über verheerende Waldbrände. ...... ☐ ☐

_____

_____

_____

B Riesige Flächenbrände werden oft durch eine weggeworfene Zigarette verursacht. ...... ☐ ☐

_____

_____

_____   ☐ Punkte

Aufgabe 16   2 Punkte

Forme den Satz in die indirekte Rede um. Verwende den Konjunktiv.

Der Feuerwehrmann warnt Peter: „Du musst mit Feuer vorsichtig sein."

_____

_____   ☐ Punkte

Werte deine Ergebnisse aus, indem du deine Antworten mit dem Lösungsheft abgleichst.

☺ 61–47 Punkte	☺ 46–26 Punkte	☹ 25–0 Punkte
Gut gemacht!	Überprüfe, in welchen Bereichen du noch Probleme hast, und übe dort gezielt.	Du hast noch recht große Wissenslücken. Arbeite alle Bereiche noch einmal sorgfältig durch, in denen du viele Fehler gemacht hast.

Autoren- und Quellenverzeichnis

S. 9: Goethe, Johann Wolfgang: Johanna Sebus. Aus: Goethes Werke. Hamburger Ausgabe in 14 Bänden. Hg. von Erich Trunz. Band 1. C. H. Beck Verlag München, 11. überarbeitete Auflage 1978, S. 284 ff. – **S. 28:** Mass, Wendy: Das Leben ist kurz, iss den Nachtisch zuerst (Auszug aus dem Vorspann). Aus dem Amerikanischen von Barbara Küper. cbj-Verlag in der Verlagsgruppe Random-House, München 2009, S. 9–12 – **S. 34:** Hebel, Johann Peter: Das wohlfeile Mittagessen. Aus: Johann Peter Hebel: Schatzkästlein des Rheinischen Hausfreunds. Insel Verlag, Frankfurt/M. o. J. – **S. 42:** Hirschmann, Kai: Das Taj Mahal. Nach: URL: https://www.helles-koepfchen.de/die_vergessenen_weltwunder/der_taj_mahal.html (Stand: 22.12.2016) – **S. 49:** Wolken – lebensnotwendig für alle Lebewesen. Nach: URL: http://www.geo.de/geolino/natur-und-umwelt/7243-rtkl-wetter-die-sprache-der-wolken (Stand: 22.12.2016; gekürzt und verändert) – **S. 51:** Flaschen-Tornado. Idee nach: URL: http://www.tjfbg.de/downloads/experimente/wasser/tornado-in-der-flasche/ (Stand: 22.12.2016) – **S. 87:** Ringkämpfe in der Mongolei. Nach: URL: http://www.mongolei.de/land/naadam.htm (Stand: 22.12.2016) – **S. 89:** Mpira – afrikanischer Sandfußball. Aus: URL: http://www.bleyenberg.de/afrikanische_spiele/indes.html (Stand: 22.12.2016) – **S. 94:** Wolak-walik. Nach: URL: http://material.plan-aktionsgruppen.de/files/wpsc/downloadables/Spiele-in-Asien.pdf (Stand: 22.12.2016; gekürzt) – S. 96: Essen mit Stäbchen. Aus: http://www.br-online.de/kinder/spielen-werkeln/rezepte/2013/03724 (Stand: 22.12.2016) – **S. 97:** Weißenborn, Stefan Robert: Die Ostküste der größten ... Aus: URL: http://www.welt.de/reise/article1930653/Bei-den-Inuit-am-kalten-Ende-der-Welt.html (Stand: 22.12.2016) – **S. 99–100:** Lloyd-Jones, Robin: Red Fox und der weiße Bär. Übersetzt von Gerold Anrich. Dressler, Hamburg 2008, S.142–143 u. 161 – **S. 106:** Harms, Gönke und Silke Rehren: Feuer. Nach: URL: http://www.planet-wissen.de/natur/energie/feuer/ (Stand: 22.12.2016: leicht gekürzt und verändert) – **S. 108:** Waldbrände in der Bundesrepublik Deutschland von 1977 bis 2010. Grafik nach: URL: http://www.ble.de/SharedDocs/Downloads/01_Markt/10_Statistik/Waldbrandstatistik/Waldbrandstatistik-2010-PDF.pdf;jsessionid=223A06190C5216FED5025F2D44F6AEE5.1_cid335?__blob=publicationFile (Stand: 22.12.2016)

Bildquellenverzeichnis

S. 13: Fotolia/V.R.Murralinath – **S. 14:** Fotolia/tanhyushik – **S. 15:** mauritius images/imageBROKER/Frank Bienewald – **S. 16:** akg-images/Roland and Sabrina Michaud – **S. 17:** picture alliance/chromorange – **S. 33:** Coverillustration nach Wendy Mass, Das Leben ist kurz, iss den Nachtisch zuerst, erschienen im cbj Taschenbuch Verlag, München, in der Verlagsgruppe Random House GmbH – **S. 37:** Eoin Colfer: Artemis Fowl. Umschlaggestaltung und Konzeption: RME – Roland Eschlbeck und Cornelia Romberg nach einer Vorlage von Hauptmann & Kompanie Werbeagentur, Zürich. Illustration: Nikolaus Heidelbach. List Taschenbuch Verlag, 2011 – **S. 39:** Colourbox – **S. 42:** Bildagentur Huber/Gräfenhain – **S. 44 oben:** Fotolia/hecke71, **2. Foto von oben:** Fotolia/Delphotostock, **3. Foto von oben:** Shutterstock/Acon Cheng, **unten links:** Carlos Borrell, Berlin – **S. 46:** Fotolia/mdesigner125 – **S. 47:** mauritius images/Science Source/Jim W. Grace – **S. 54 oben:** akg-images, **unten:** Fotolia/Silver – **S. 55:** Reuters/Odair Leal – **S. 56:** picture alliance/dpa – **S. 60:** picture alliance/dpa – **S. 61:** picture alliance/dpa – **S. 62 unten:** picture alliance/akg-images – **S. 64:** picture alliance/dpa – **S. 65:** picture alliance/Mary Evans Picture Library – **S. 66:** ullstein bild/von der Becke – **S. 67:** picture alliance – **S. 68:** ullstein bild/Granger, NYC – **S. 70:** mauritius images/United Archives – **S. 72 links:** action press, **rechts:** akg-images/Rabatti – Dominie – **S. 73:** picture alliance/Ton Koene – **S. 74:** FOTOFINDER.COM/© Xinhua – **S. 75 oben:** Fotolia/andriigorulko, **unten:** Fotolia/Heike Rau – **S. 76:** Fotolia/debiv – **S. 77:** FOTOFINDER.COM/© Lineair – **S. 79:** Fotolia/lorenzot81 – **S. 87:** picture alliance/Udo Bernhart – **S. 96:** Cornelsen Verlag – **S. 98:** picture alliance/Ton Koene – **S. 102:** picture alliance/dpa – **S. 106:** Fotolia/Firma V – **S. 107:** Fotolia/Erdal Torun

Impressum

Teile einiger Kapitel dieses Heftes wurden erarbeitet von Gertraud Bildl, Friedrich Dick, Axel Fahl, Anja Hauenstein, Marianna Lichtenstein, Andrea Mevissen, Angela Mielke, Andrea Wagener, Julia Wiechert, Sonja Wiesiollek.

Redaktion: Dirk Held, Birgit Wernz, Frederike Schlünder

Coverfoto: © Shutterstock/Tom Wang

Illustrationen: Uta Bettzieche, Leipzig: S. 28, 29, 34, 52 – Nils Fliegner, Hamburg: S. 18–20, 57, 58, 62 oben, 63 – Christiane Grauert, Milwaukee (USA): S. 4–11, 23–26, 48 – Sylvia Graupner, Annaberg: S. 110 – Christine Henkel, Dahmen: S. 38, 45 – Susanne Kuhlendahl, Tönisvorst: Umschlagseite 3 – Jutta Melsheimer & Kai Hofmann, Berlin: S. 44 rechts – Ulrike Selders, Köln: S. 78–100

Gesamtgestaltung und technische Umsetzung: werkstatt für gebrauchsgrafik, Berlin

www.cornelsen.de

Druck: Athesiadruck GmbH

Ausgabe ohne interaktive Übungen
1. Auflage, 5. Druck 2022
ISBN 978-3-06-067461-9

Ausgabe mit interaktiven Übungen
1. Auflage, 2. Druck 2023
ISBN 978-3-06-067462-6